Kloster Santa Caterina di Siena, dessen Vorsteherin Schwester Plautilla Nelli ist
Piazza San Marco
Basilica di San Lorenzo
Ospedale degli Innocenti, das Waisenhaus, dessen Vorsteher Vincenzo Borghini ist
Basilica della Santissima Annunziata
Baptisterium San Giovanni
Wohnung von Benvenuto Cellini (59 via della Pergola)
Cattedrale di Santa Maria del Fiore (Kuppel von Brunelleschi)
Wohnung von Agnolo Bronzino (via dei Calzaiuoli)
Wohnung von Jacopo da Pontormo (29 via della Colonna)
Palazzo Vecchio (Palazzo della Signoria) Wohnsitz von Cosimo de' Medici, Herzog von Florenz
Piazza S. Croce
SANTA CROCE
Wohnung von Giorgio Vasari (8 via Borgo Santa Croce)
Basilica di Santa Croce
Ponte alle Grazie (Ponte Rubaconte)
Porta alla Croce
Arno
N
W
O
S
Porta San Miniato
Porta San Niccolò

LAURENT BINET

PERSPEKTIVEN

ROMAN

Aus dem Französischen
von Kristian Wachinger

ROWOHLT

Die Originalausgabe erschien 2023 unter dem Titel
«Perspective(s)» bei Éditions Grasset & Fasquelle, Paris.

Deutsche Erstausgabe
Veröffentlicht im Rowohlt Verlag,
Kirchenallee 19, 20099 Hamburg, April 2025

Satz aus der Bembo Book bei Dörlemann Satz, Lemförde
Druck und Bindung GGP Media GmbH, Pößneck
ISBN 978-3-498-00694-5

Kontaktadresse nach EU-Produktsicherheitsverordnung:
produktsicherheit@rowohlt.de

MIX
Papier | Fördert
gute Waldnutzung
FSC® C014496

Man möge aus meinen Worten und
meinen Farben entdecken, wer ich bin.

Orhan Pamuk, Rot ist mein Name

Schwer sind die Zeiten für die Kunst.

Michelangelo, Brief an seinen Vater

Vorwort

Wenigstens wird man nicht von mir sagen können, ich sei verblendet.

Ich hatte feste Ansichten über Florenz und die Florentiner: vernünftige Leute, gute Manieren, höflich, sogar freundlich, jedoch bar jeden Gefühls, unfähig zum Tragischen und Verrückten. Ganz anders als Bologna, Rom oder Neapel! Warum wohl (dachte ich) ist Michelangelo aus seiner Heimat geflohen und nie mehr dorthin zurückgekehrt? Rom war, obwohl er es sein Leben lang geschmäht hat, die richtige Umgebung für ihn. Und die anderen? Dante, Petrarca, Leonardo da Vinci, Galilei! Alles Ausreißer und Exilanten. Florenz brachte Genies hervor und verjagte sie anschließend, es gelang nicht, sie zu halten, und so hatte die Stadt nach ihrem ruhmreichen Mittelalter ihren Glanz verloren. Ich wollte in die Zeiten der Guelfen und Ghibellinen eintauchen, doch wenig darüber hinaus, denn ich dachte, dass dort nach, sagen wir, 1492 mit dem Tod von Lorenzo il Magnifico alles vorbei war. Der Bußprediger Savonarola hatte nicht nur die Schönheit vernichtet, indem er Botticelli nötigte, seine Gemälde zu verbrennen. Er hatte auch jeglichen Sinn für das Ideal im Keim erstickt, indem er den Idealismus seinem bornierten Fanatismus unterwarf.

Nachdem Leonardo weg war und dann auch Michelangelo – was blieb? Oder besser: Wer blieb? Ich machte mir wenig aus Pontormo, Salviati, Cigoli, und Bronzino schien mir zu trocken und zu kühl, mit all der porzellanenen Haut und seinem harten Strich. Meiner Meinung nach hielt keiner dieser Manieristen dem Vergleich mit irgendwem aus der Bologneser Schule stand, und ich spottete über Vasari, der uns seine Florentiner Maler schmackhaft machen wollte. Hingegen verehrte ich Guido Reni, von dem ich fand, dass er es mit der Schönheit von allen am weitesten gebracht hatte. Den Florentinern gestand ich zu, dass sie zu zeichnen verstanden, aber ich warf ihnen ihren Mangel an Ausdruck vor. Alles war zu brav, zu glatt. Letztlich war mir jeder Niederländer lieber!

Na ja, ich gebe zu, ich lag falsch, und damit sich mir die Augen öffneten, mussten Umstände eintreten, von denen ich Ihnen jetzt erzählen möchte. Denn sehen heißt denken. Der Betrachter muss sich auch als seines Bildes würdig erweisen. Ich war ein Dummkopf, und wenn ich das gewiss auch heute noch bin, so neige ich doch inzwischen dazu, Gerechtigkeit wenigstens derjenigen widerfahren zu lassen, die es wert ist: der Stadt Florenz. Sie war Mitte des 16. Jahrhunderts ein Tiegel, in dem die Leidenschaften brodelten, und zugleich ein Mutterboden, auf dem die Genies gediehen – und das eine erklärt natürlich das andere. Es geht allein um das Wie!

Nun machte ich vor ein paar Jahren eine Toskanareise, und als ich in Arezzo in einem Laden nach einem Mitbringsel für meine Freunde in Frankreich stöberte – und es sollte nicht gerade eine etruskische Kleinplastik sein –, bot mir ein einarmiger Antiquar ein Konvolut von alten vergilbten Briefen zum Kauf an. Ich beschnupperte das Bündel voller Misstrauen und verlangte, es durchblättern zu dürfen, um sicherzugehen, dass sie echt sind – er willigte ein. Nach dem dritten Brief zog ich mein Portemonnaie und kaufte das Paket zu einem stolzen Preis. Ich kenne mich in der Geschichte des 16. Jahrhunderts aus, und ich glaube, dass, so erstaunlich es einem vorkommen mag, alles, was in den Briefen steht, wahr ist. Ich ging wieder ins Hotel und las in einem Zug die Geschichte, die hier folgt.

Ja, es handelt sich wirklich um eine Geschichte, und wer auch immer es war, der mit viel Sorgfalt die Briefe geordnet hat, hat das richtig erkannt, als er diese archivarische Herkulesaufgabe bewältigte: Die Briefe bilden eine lesbare Einheit; bis zum Morgengrauen habe ich sie schier verschlungen, und am nächsten Morgen begann ich gleich nochmal von vorn. Erst dachte ich, eine Geschichte daraus zu machen, am Ende hatte ich verstanden, warum sie besser für sich stehen. Denn was darin zum Vorschein kommt, ist in so hohem Maße unerhört und vielschichtig, dass es den Historikern überlassen bleiben soll, es ganz zu ermessen. Nur das noch: Die Vorstellung, jeder durchlebe beim Lesen dieser Korrespondenz dieselben Gefühle wie ich, verlängert bei mir den Zustand von Erstaunen und Verstörung, in dem ich mich nach meiner ersten Lektüre befand. Ich glaube, allein daher rührte das zwingende Bedürfnis in mir, sie aus dem Toskanischen zu übersetzen.

Diese Übersetzung, die viel Sorgfalt erforderte, hat ganze drei Jahre meines Lebens in Anspruch genommen. Am Ziel angekommen, neige ich zu der Auffassung, dass meine Kenntnisse der italienischen Sprache und Geschichte mir wohl erlaubt haben, den Geist, ja auch den Stil jener Schreibenden getreulich wiederzugeben. Gleichwohl mögen die Leser, wenn sie Fehler finden oder sich an einer banalen Formulierung stoßen, die Güte haben zu bedenken, dass sie möglicherweise nicht mir zuzurechnen oder gar beabsichtigt sind, denn es ging ja auch darum, heute einen Briefwechsel aus dem 16. Jahrhundert zugänglich zu machen, einer fernen, leider kaum noch vertrauten Epoche. Aus Gründen der Bequemlichkeit habe ich die Jahreszahlen geändert und unserem, dem gregorianischen Kalender angepasst: So habe ich bei einem Brief, der mit Januar oder Februar 1556 datiert ist, die Jahreszahl berichtigt auf 1557, denn in Florenz begann damals das neue Jahr am 25. März. Dagegen habe ich weitgehend auf Fußnoten verzichtet, die zwar den Vorteil haben, die umfangreichen Kenntnisse des Herausgebers zur Geltung zu bringen, aber den Nachteil, die Leser in ihre Gegenwart zurückzuholen. Es genügt zu wissen, dass die Geschichte in Florenz spielt, zur Zeit des elften und letzten Italienkrieges.

Allerdings erkläre ich mich – aus tief empfundener Großherzigkeit und obwohl die Versuchung groß ist, Sie ins kalte Wasser springen zu lassen, ohne Sie zuvor schwimmen gelehrt zu haben – bereit, Ihnen eine Liste der Briefschreiber, fast hätte ich gesagt, der *dramatis personae*, zu erstellen, um Ihnen die Lektüre zu erleichtern, die sich Ihnen, wie ich hoffe, als ein großes Gemälde darstellt, oder genauer, als das Fresko an der Wand einer Kirche in Italien.

B.

Liste der Briefschreiber

Cosimo I. de' Medici: Herzog von Florenz, aus der jüngeren Linie der Medici, 1537 durch Zufall an die Macht gekommen, nachdem Alessandro de' Medici von seinem entfernten Verwandten Lorenzino, genannt Lorenzaccio, ermordet worden war.

Eleonora di Toledo: Herzogin von Florenz, Nichte von Fernando Álvarez de Toledo, Herzog von Alba, Vizekönig von Neapel im Krieg gegen Frankreich und Rom, in Diensten von Kaiser Karl V. und dessen Sohn Philipp II., König von Spanien.

Maria de' Medici: Die älteste Tochter des Herzogs und der Herzogin.

Catherine de Médicis: Königin von Frankreich, Gattin von Heinrich II., legitime Erbin des Herzogtums Florenz.

Piero Strozzi: Marschall von Frankreich, Cousin von Catherine, Sohn des Republikaners Filippo Strozzi, den Cosimo umgebracht hatte, Anführer der *fuorusciti* (so bezeichnete man die Exilflorentiner), Cosimos Feind und Rivale um die Herrschaft über die Toskana.

Giorgio Vasari: Maler und Architekt, Autor der *Lebensläufe der berühmtesten Maler, Bildhauer und Architekten (Viten)*, enger Berater Cosimos, von dem er immer mehr Aufträge erhält, darunter die gewaltige Aufgabe der Renovierung des *Palazzo Vecchio*.

Vincenzo Borghini: Historiker, Humanist, Vorsteher des Waisenhauses *Ospedale degli Innocenti*, eng befreundet mit Vasari, dem er bei der Abfassung des zweiten Bandes der *Viten* hilft.

Michelangelo Buonarroti: Bildhauer, Maler, Architekt und Dichter, beauftragt mit der Vollendung des Petersdoms in Rom.

Agnolo Bronzino: Maler, Schüler und enger Freund von Pontormo, offizieller Porträtist der Familie Medici.

Sandro Allori: Maler, Schüler und Gehilfe von Bronzino.

Giovanni Battista Naldini: Maler, Schüler und Gehilfe von Pontormo.

Schwester Plautilla Nelli: Vorsteherin des Dominikanerklosters *Santa Caterina di Siena* in Florenz, Malerin, beeinflusst von den Lehren des Geistlichen Girolamo Savonarola.

Schwester Caterina de' Ricci: Vorsteherin des Klosters in Prato, überzeugte Savonarola-Anhängerin, saß ihrer Freundin Plautilla Modell.

Schwester Petronilla Nelli: Plautillas Schwester.

Benvenuto Cellini: Goldschmied, Bildhauer und Abenteurer, schuf die Bronzestatue *Perseus*, die neben Michelangelos *David* auf dem Vorplatz des Palazzo Vecchio in Florenz steht.

Malatesta de Malatesti: Ein Page des Herzogs von Florenz.

Marco Moro: Handwerker, Farbmischer in Pontormos Diensten.

Ercole d'Este: Herzog von Ferrara, Vater des finsteren Alfonso d'Este, der später Robert Browning zu seinem berühmten Gedicht *My Last Duchess* inspirieren wird.

Giovanni Battista Schizzi: Regent des Herzogtums Mailand.

Paul IV.: Papst seit 1555, aus der großen neapolitanischen Familie der Carafa, die vormals an der Spitze der römischen Inquisition standen. Erbitterter Feind von Protestanten, Juden, Künstlern und Büchern (schuf den *Index librorum prohibitorum*). Mit Frankreich verbündet gegen Spanien. Seine auf die Spitze getriebene Vetternwirtschaft begünstigte den Aufstieg seiner Neffen, des Herzogs von Paliano und von dessen Bruder, dem Kardinal Carlo Carafa, zwei Widerlingen, deren Geschichte ich vielleicht ein andermal erzähle.

Jacopo da Pontormo: Maler.

Ich wurde noch darauf hingewiesen, dass ich auch all jene erwähnen sollte, die zwar keinen Brief geschrieben oder empfangen haben, aber in den folgenden Briefen auftreten. Meiner Meinung nach hieße das die Intelligenz der Leserinnen und Leser beleidigen; schließlich sind sie keine Kinder mehr, die man an die Hand nehmen muss. Hatte ich etwa ein Personenverzeichnis zur Hand, als ich die Briefe las? Sei's drum. Erwähnen wir hier noch Bacchiacca, den alten Maler, der sich auf das Verzieren von Mobiliar und die Innenausstattung von Zimmern spezialisierte; Pier Francesco Riccio, erst Cosimos Lehrer, dann sein Sekretär und Majordomus, zuletzt von seinen Aufgaben entbunden und wegen mentaler Störungen seit 1553 im Irrenhaus untergebracht; Benedetto Varchi, vormaliger Republikaner, der zum Hofberichterstatter wurde, die berühmte *Paragone über den Wettstreit der Künste* verfasste und in gewisser Hinsicht für Cosimo das war, was Angelo Poliziano für Lorenzo il Magnifico* war. Doch nun genug. Vorhang auf, Bühne frei: Florenz 1557.

* im Original: Laurent le Magnifique. (A. d. Ü.)

1. *Maria de' Medici an Catherine de Médicis, Königin von Frankreich*

Florenz, den 1. Januar 1557

Mein Vater würde mich umbringen, wenn er erführe, dass ich Euch schreibe. Aber wie käme ich dazu, Eurer Hoheit einen dermaßen unschuldigen Gefallen zu verweigern? Er ist mein Vater, aber seid Ihr nicht meine Tante? Was habe ich mit Euern Streitereien zu tun, mit Euerm Strozzi, mit Eurer Politik? Um die Wahrheit zu sagen: Euer Brief hat mir eine Freude gemacht, das könnt Ihr Euch gar nicht vorstellen. Wie bitte? Die Königin von Frankreich bettelt, ich möge ihr Unterhaltsames aus ihrer Heimatstadt berichten, und bietet mir als Gegengabe ihre Freundschaft? Welch schöneres Geschenk könnte der Himmel einer vereinsamten Seele wie der armen Maria machen, die nur von Kindern und Bediensteten umgeben ist? Meine kleinen Brüder sind zu sehr damit beschäftigt, die Prinzen zu geben, meine kleinen Schwestern schwören, sie werden niemals irgendwen heiraten, denn es gebe keine Partie, die sich ihrer würdig erweisen könne – und sei es der Sohn des Kaisers! –, und hier im kalten Gemäuer dieses alten Palazzo bekomme ich sehr wohl mit, wie meine Mutter mit meinem Vater Pläne schmiedet, ohne ein Wort zu mir, so dass die einzige Gewissheit, zu der ich gelange, darin besteht, dass man über meine Verheiratung nachdenkt. Mit wem wohl? Niemand hat es bis jetzt für nötig gehalten, mich darüber aufzuklären. Doch schon missbrauche ich Eure Freundschaft – also genug von mir!

Stellt Euch vor, liebe Tante, in Florenz hat sich ein entsetzliches Drama abgespielt. Vielleicht erinnert Ihr Euch noch an den Maler Pontormo, denn unter all den Künstlern, an denen unser Vaterland so reich ist, war er wohl einer der berühmtesten zu der Zeit, als Ihr Italien noch nicht in Richtung Frankreich verlassen hattet auf dem Weg zu Eurer königlichen Bestimmung. Stellt Euch vor, er wurde in der großen Kapelle von San Lorenzo tot aufgefunden, genau dort, wo er seit undenklichen Zeiten – seit elf Jahren! – gearbeitet hatte. Es heißt, er habe sich das Leben genommen, weil er mit dem Ergebnis nicht zufrieden war. Ich war ihm ein paarmal im Haus seines Freundes Bronzino begegnet: Da wirkte er wie einer dieser alten Narren, die nur noch in ihren Bart murmeln. Gleichviel, es ist sehr traurig.

Zum Glück habe ich nicht nur derlei Tragisches zu berichten, allerdings sonst wohl kaum etwas, das Euch überraschen wird: Wie Ihr wisst, beginnen die Vorbereitungen für Karneval von Jahr zu Jahr früher, so dass schon jetzt die Plätze der Stadt voll von Handwerkern sind, die Bühnen errichten, während in den Häusern die Schneiderinnen ihrer Arbeit nachgehen. Ihr werdet mich frivol finden, wenn ich Euch gestehe, dass es mir gefällt, wie Florenz sich in Festgewänder kleidet, aber was kann ich dafür? Diese Geschäftigkeit stimmt mich fröhlich, und sonst habe ich ja nicht viel Zerstreuung, außer Modell sitzen für eines der unzähligen Porträts, die mein Vater bei

Bronzino von all seinen Angehörigen, tot oder lebend, in Auftrag gegeben hat. Stundenlang stillsitzen: Das macht so richtig Spaß, aber wem sag ich das.

Der Sohn des Herzogs von Ferrara, Alfonso d'Este, den Ihr vielleicht in Frankreich kennengelernt habt, denn er hat mir erzählt, er habe in Flandern an der Seite Eures Gatten gekämpft, ist diese Woche gekommen, um meinem Vater seine Aufwartung zu machen, und der möchte unbedingt, dass ich ihn treffe. Es heißt, er sei ein finsterer Geselle, oh Schreck! Jetzt ruft Mama nach mir. Ich küsse Euch die Hände mit der Inbrunst einer neu gewonnenen Freundin. Wie es Euer Wunsch war, habe ich Euern Brief verbrannt, und ich werde Eure Anweisungen befolgen, um Euch den meinen unbemerkt zukommen zu lassen. Wie schade, dass Ihr Euch über meinen Vater ärgern musstet! Aber ich bin zuversichtlich, dass dieser Zwist vorübergeht und Ihr bald Eure Familie besuchen kommt und Euer geliebtes Florenz wiederseht. Wer weiß, ob Bronzino nicht auch Euch porträtieren soll?

2. Giorgio Vasari an Michelangelo Buonarroti

Florenz, den 2. Januar 1557

Diesmal, verehrter Meister, schreibe ich Euch nicht auf Bitten des Herzogs, um Euch anzuflehen, Ihr möget nach Florenz zurückkehren. Ach, etwas ganz anderes nötigt mich, Eure Tage in Rom zu trüben, von denen ich doch weiß, wie sehr sie mit Euern bewunderungswürdigen Arbeiten ausgefüllt sind und mit den zahllosen Widrigkeiten, denen sich Eure Kunst tagtäglich gegenübersieht, vor allem seit der Wahl unseres neuen päpstlichen Herrschers, der – im Gegensatz zu seinen Vorgängern – so wenig geneigt scheint, die Schönheiten des Altertums oder der Gegenwart zu schätzen.

Erinnert Ihr Euch noch daran, wie ich Euch vor fünfzehn Jahren über all das zu Rate zog? Ihr hattet damals die Güte, mir Euern Rat zuteilwerden zu lassen, und daraufhin widmete ich mich erneut, planvoller und mit mehr Erfolg als zuvor, dem Studium der Architektur, was ich ohne Euch wahrscheinlich nie getan hätte. Auch heute noch muss ich nach Plan vorgehen, wenn auch auf ganz anderem Gebiet. Hat mir doch der Herzog die Ehre erwiesen und sein Vertrauen geschenkt, indem er mir einen gleichermaßen heiklen und ungewöhnlichen Auftrag erteilt hat.

Jacopo da Pontormo, dessen Begabung Ihr ja schon erkannt habt, als er noch ein Kind war, lebt nicht mehr. Er wurde tot aufgefunden in der Kapelle von San Lorenzo, zu Füßen seiner berühmten Fresken, die er mit einem Bretterverschlag vor neugierigen Blicken verbarg. Allein schon diese Nachricht hätte mich dazu bewogen, Euch zu schreiben, denn einer musste Euch ja von dem schrecklichen Unglück erzählen. Aber die Umstände seines Todes verlangen erst recht, dass ich mich an Euch wende.

Denn da seiner Leiche ein Meißel im Herzen steckte, direkt unter dem Brustbein, war die Hypothese eines Unfalls schwer aufrechtzuerhalten. So hat mir der Herzog den Auftrag gegeben, Licht in die unselige Geschichte zu bringen, bei der es erhebliche dunkle Stellen gibt, wie Ihr selber erkennen werdet, wenn ich Euch sage, dass Jacopos Leiche außer dem todbringenden Meißel Male von stumpfer Gewalt am Kopf zeigte, zugefügt mit einem Hammer, der am Fußboden der Kirche zwischen seinem übrigen Werkzeug gefunden wurde. Der arme Jacopo lag auf dem Rücken, vor seinem Sintflut-Fresko, an dem er, wie aus den Spuren frischer Farbe zu schließen war, kurz vor seinem Tod einen Teil übermalt und dabei einen sichtbaren Übergang in Kauf genommen hatte: Ihr wisst so gut wie ich, dass Jacopo gleichermaßen bedächtig und anspruchsvoll in seiner Arbeit vorging und dass er laufend nachbesserte, doch diese Retusche an einem kleinen Stück Wand, die unvermeidlich den Übergang erkennbar ließ an einer Stelle, wo er mitten durch eine Figur ging, hat mich denn doch überrascht. So wie ich ihn kannte, hätte ich angenommen, dass er das ganze Wandfeld neu malt, wenn er auch nur mit einem winzigen Abschnitt nicht zufrieden ist.

Damit aber nicht genug der Ungereimtheiten in der ganzen Geschichte. Nachdem die Leiche entdeckt worden war, begab man sich in Jacopos Wohnung in der Via Laura, eine Art Scheune, die über eine Leiter zu erreichen ist. Und dort fand sich zwischen unzähligen Zeichnungen, Skizzen und Modellen, die in seinem Atelier lagerten, ein Gemälde, das Ihr nur zu gut kennt, denn Ihr habt seinerzeit das Vorbild dafür gezeichnet: Ihr werdet Euch wohl an *Venus und Cupido* erinnern, das mit seiner Beliebtheit ganz Europa zu Nachahmungen angeregt hat – vielleicht wisst Ihr, dass auch ich das Glück hatte, einige davon ins Werk zu setzen, die zwar in keiner Weise an die von Pontormo heranreichen, aber doch Gefallen fanden, denn alles, was sich von Euern Zeichnungen herleitet, wird unweigerlich die Spur Eures göttlichen Ingeniums tragen. Wie weit liegt doch die Zeit zurück, bevor die Inquisition wieder da war, als Kardinal Carafa noch nicht Paul IV. geworden war und wo Aktgemälde noch nicht in Ungnade gefallen, sondern im Gegenteil besonders gefragt waren. Natürlich käme heute niemand auf die Idee, solch ein Bild zu malen, aber Ihr kennt ja die verschrobene Art, die unser treuer Jacopo manchmal an den Tag legte. Dabei ist es keineswegs das, was unsere Aufmerksamkeit am meisten auf sich zog, denn lässt man einmal die vier Jahre beiseite, in denen der Mönch Girolamo Savonarola die Herzen der einfachen Leute aufwiegelte, dann vermögen wir Florentiner durchaus noch die Schönheiten des menschlichen Leibes zu erkennen, ohne sie als teuflisch und obszön abzutun. Übrigens fehlt auf der Kopie, die sich unseren Augen darbot, das Stück Stoff, das Pontormo seinerzeit hinzugefügt hatte, um die gespreizten Schenkel der Göttin zu bedecken. Was uns jedoch viel mehr verwunderte – ich weiß nicht, wie ich das ausdrücken soll, denn es liegt mir daran, niemanden zu beleidigen, vor allem nicht die Familie Seiner Exzellenz –, war, dass Jacopo anstelle des Gesichts der Venus jenes der ältesten Tochter des Herzogs eingesetzt hatte, der Signorina Maria de' Medici.

Ihr seht, welch unangenehme Aspekte die ganze Geschichte hat und warum der Herzog ihre Aufklärung in die Hände eines Mannes seines Vertrauens legen wollte, wobei er gleichzeitig das Gerücht in Umlauf brachte, der arme Jacopo könnte aus immer tiefer gewordener Unzufriedenheit mit sich selbst seinem Leben ein Ende gesetzt haben. Letztlich lässt mich das alles in einem dichten Nebel allein, weshalb ich mir erlaube, mit dem Ziel, die verworrenen Fäden dieser undurchsichtigen Geschichte zu entknoten, Eure große Klugheit anzurufen – von der ich weiß, dass sie fast an Euer Talent heranreicht und es vollständig aufnehmen kann mit Euerm Ingenium.

3. Michelangelo Buonarroti an Giorgio Vasari

Rom, den 5. Januar 1557

Signor Giorgio, mein Freund, ich kann Euch nicht sagen, wie sehr mir das zusetzt – seit einer gefühlten Ewigkeit habe ich das Bett nicht mehr verlassen. Schon unter all den Sorgen, die mir die Petersdom-Baustelle bereitet, brach ich schier zusammen, doch Jacopos Tod hat mir sozusagen den Rest gegeben, und ich vergoss Tränen, als ich Euern Brief las. Jacopo war ein sehr begabter Maler, meiner Meinung nach einer der besten nicht nur seiner Generation (die zwischen Euch und mir geboren wurde, denn ich bin an der Schwelle zum Grab und Ihr seid noch in den besten Jahren), sondern einer ganzen Epoche. Ich weiß nicht, ob Ihr mit Eurer Bitte um Hilfe bei der Aufklärung dieses vor Gott und der Welt unerklärlichen Verbrechens bei mir an der richtigen Adresse seid; ich befürchte, Ihr überschätzt meine Klugheit, denn schon seit Längerem sagt man in Rom, ich sei ein vertrottelter alter Mann. Trotzdem, denn ich will Euch den Gefallen nicht verwehren, zumal ich Pontormos Andenken ehren möchte, bin ich bereit, Euch im Rahmen meiner Möglichkeiten zu helfen. Vielleicht wäre Euch ja ein sozusagen schräger Blickwinkel, also von außerhalb Florenz', bei den Ermittlungen hilfreich.

Jedenfalls muss man, wenn man sich der Aufgabe mit der Strenge und Logik eines Brunelleschi oder eines Alberti nähern will, um den Schuldigen zu finden, erst einmal den Anlass feststellen und dann die Ursache – oder auch zuerst die Ursache, und dann den Anlass. Wer könnte Interesse gehabt haben am Tod des armen Jacopo? Und wer war an jenem Abend bei ihm und könnte ihm den tödlichen Stoß versetzt haben? Während ich diese Zeilen schreibe, füllen sich meine Augen mit Tränen, und ich sehe ihn in seinem Blut liegen, das Herz durchbohrt mit einem Werkzeug, das der Lebensunterhalt von uns Künstlern ist, seinem eigenen Meißel, erschlagen mit dem eigenen Hammer – und das ist so, als wäre er von seinen treuesten Gefährten verraten worden. Doch Schluss mit derlei fruchtlosen Ergießungen. Meine Tränen zollen dem Andenken an unseren Freund Tribut, aber sie helfen uns nicht, den Mörder zu ermitteln. Also, erste Erkenntnis: Der Schuldige ist in Florenz, er ist mitten unter Euch.

Ich befürchte, mein lieber Giorgio, dass ich Euch nicht mehr helfen kann, weil mir weitere Details fehlen. Schließlich bin ich nur ein gewöhnlicher Bildhauer, und der Blick von Rom aus reicht nicht bis San Lorenzo. Inständig bitte ich Euch um Jacopos willen, mich auf dem Laufenden zu halten über alles, was Eure Augen sehen und was Eure Ermittlungen zutage fördern.

Ihr habt gar nichts über seine Fresken gesagt. Wie fandet Ihr sie? Man hört, der Herzog habe ihn beauftragt, ein Gegenstück zur Sixtinischen Kapelle zu malen. Sagt mir doch, lieber Giorgio, was Ihr davon haltet; Ihr wisst ja, dass ich stets viel auf Euer Urteil gebe.

4. Giorgio Vasari an Michelangelo Buonarroti

Florenz, den 7. Januar 1557

Verehrter Meister, vorneweg zu Eurer Beruhigung: Pontormos Kirchenmalerei reicht nicht an Eure Sixtinische Kapelle heran. Wie Ihr es von mir erbeten habt, will ich Euch beschreiben, was ich gesehen habe: Zuerst, in mehreren Wandfeldern im oberen Bereich des Chors, die Erschaffung von Adam und Eva, der Sündenfall, die Vertreibung aus dem Paradies, ihre Buße auf Erden, Abels Opferung, Kains Tod, die Segnung der Kinder Noahs, die Erbauung der Arche. Dann folgt auf einer der Seitenwände, die je fünfzehn Klafter breit und hoch ist, die Darstellung der Sintflut, mit einer Unzahl Leichen und Noah im Gespräch mit Gott. Zu Füßen dieser *Sintflut* wurde der arme Pontormo gefunden, und an dieser Wand hatte er einen Teil des Ganzen übermalt, während der Rest seit langem getrocknet war. An der anderen Seitenwand hat er eine Auferstehungsszene dargestellt, wo ein ebenso wildes Durcheinander herrscht wie, soweit man das sagen kann, am Jüngsten Tag. Dem Altar gegenüber sind auf beiden Seiten nackte Figuren angebracht, die aus dem Erdreich heraustreten und gen Himmel fahren. Über den Fenstern Engel, die Jesus umgeben, der in seiner ganzen Herrlichkeit die Toten auferstehen lässt, um über sie zu richten. Offen gesagt verstehe ich nicht, warum Jacopo unter Jesu Füßen Gott abbildet, wie er Adam und Eva erschafft. Auch wundere ich mich darüber, dass er weder die Gesichter noch die Farbe variiert, und außerdem muss ich kritisieren, dass er keinerlei Rücksicht auf die Perspektive nimmt. Mit einem Wort: Zeichnung, Farbgebung und

Figurenführung sind so kläglich, dass ich, obwohl selber vom Fach, zugebe, nichts damit anfangen zu können. Ihr müsstet es mit eigenen Augen sehen, vielleicht könntet Ihr es mir dann erklären, aber ich glaube kaum, dass Euer Urteil allzu sehr von meinem abwiche. Diese Malerei birgt natürlich einige wunderbar ausgearbeitete Torsi, Schenkel und Fesseln, denn Jacopo legte Wert darauf, Kreideskizzen von außerordentlicher Vollkommenheit anzufertigen, doch es fügt sich nicht zu einem Ganzen zusammen. Die meisten Torsi sind viel zu groß, während die Arme und Beine viel zu klein sind. Den Gesichtern fehlt jegliche Anmut und die einzigartige Schönheit, die wir von seinen anderen Gemälden kennen. Hier scheint er nur auf Einzelheiten besondere Sorgfalt gelegt und die wichtigsten dabei vernachlässigt zu haben. Mit anderen Worten: Weit davon entfernt, sich mit diesem Werk dem göttlichen Michelangelo überlegen zu erweisen, ist er hinter sich selbst zurückgeblieben – ein Beweis dafür, dass man, wenn man die Natur bezwingen möchte, sich am Ende der Vorzüge begibt, die man ihrer Freigebigkeit verdankte. Doch hat Jacopo nicht ein Anrecht auf unsere Nachsicht? Sind Künstler nicht wie jeder andere Mensch der Gefahr ausgesetzt, zu irren? Die Frage mag fortan unbeantwortet bleiben, da Jacopo sie mit ins Grab genommen hat: Warum hatte er so kurz vor seinem Tod den Wunsch, einen Teil seiner *Sintflut* zu übermalen? Wer wüsste zu sagen, aus welchem Stoff die verborgensten Träume dieses Mannes waren?

Wie dem auch sei, in seiner großen Weisheit hat der Herzog die Vollendung der Fresken in die Hände von Bronzino gelegt.

5. *Michelangelo Buonarroti an Agnolo Bronzino*

Rom, den 9. Januar 1557

Signor Agnolo, von Vasari habe ich gehört, was für ein schrecklicher Schicksalsschlag Florenz getroffen hat und uns alle, die wir die Künste und das Schöne lieben, indem Euer Meister und Freund niedergestreckt wurde am Schauplatz seiner größten Hoffnungen und – ich weiß das nur zu gut aus eigener leidvollster Erfahrung – seiner größten Qualen. Was gibt es denn Schrecklicheres als Freskenmalen? Den ganzen Tag verrenkt man sich den Hals, arbeitet kopfüber, zehn oder fünfzehn Fuß über dem Boden, und pinselt aus Leibeskräften, bevor der Kalkputz abbindet, denn sonst muss man wieder von vorn anfangen. Hätte Signor Vasari mir nicht die genauen Umstände des Todes berichtet, die wohl kaum Raum für Zweifel lassen, hätte es mich nicht überrascht zu erfahren, dass der arme Pontormo seinem Leben ein Ende gesetzt hätte, denn das ist ein Gedanke, der auch mich an so manchem verzweifelten Abend beschlichen hat, wenn mir von der Arbeit Nacken und Kopf ächzten und vom vielen Kopfüber ein Kropf wuchs, ganz zu schweigen von den missgünstigen und aufdringlichen Schwätzern, die einen unausgesetzt verleumden und gegen einen intrigieren. Ihr wisst, dass mein *Jüngstes Gericht* seit fast zwanzig Jahren regelmäßig angefeindet und verunglimpft wird, wobei Aretino, dieser Hurensohn, Gott sei seiner Seele gnädig, es sogar ein Sündenbabel nannte, das sich in der größten Kirche der Christenheit eingenistet habe. Diese kritischen Stimmen haben nicht nur nicht aufgehört, sondern werden ständig mehr und lauter. Inzwischen ist es so weit, dass Papst Paul IV., als er sogar erwogen hatte, mein Werk schlicht und einfach zu zerstören, meinen guten Freund Signor Daniele da Volterra damit beauftragt hat, meine entblößten Gestalten wieder einzukleiden, so dass der arme Daniele, nachdem er zu diesem würdelosen Tun gezwungen worden war, nun in ganz Rom als «Hosenmaler» verhöhnt wird. So weit sind wir also schon. Lange ist es her, dass die Päpste mich üppig beschenkten. Sogar Paul III., dem die Welt immerhin die Wiederkehr der römischen Inquisition verdankt, hatte mir einen herrlichen Vollblutaraber geschenkt, von dem er behauptete, er sei der hurtigste Botschafter zwischen Morgen- und Abendland. Nichts war ihm damals zu schade, um sich meiner Dienste zu versichern. Und nun verschmachtet das arme Tier in seinem Stall wie ich in meinem Bau.

Ich bin mir sicher, dass Jacopo die gleichen Kränkungen hinnehmen musste, denn ich erinnere mich an boshafte und eifersüchtige Gestalten und Verleumder, die zur Zeit meines Weggangs Florenz bevölkerten, und warum sollten sie keine Nachahmer gefunden haben? Deshalb wüsste ich gern von Euch, wie man Pontormos Fresken aufgenommen hat, und vor allem, was Ihr von seiner Arbeit haltet; denn selbst wenn es keinen Grund gibt, an Vasaris Vorbehalten zu zweifeln, werde ich doch immer daran festhalten, dass zwei Urteile, sofern sie von besonnenen und anständigen Menschen kommen, besser sind als eines.

6. Agnolo Bronzino an Michelangelo Buonarroti

Florenz, den 11. Januar 1557

Ist es nicht so, verehrter Meister, dass Ihr seit dreiundzwanzig Jahren nicht mehr in Florenz wart, trotz der wiederholten Aufforderungen Seiner Exzellenz des Großherzogs, der Eure Freunde mit Bitten Nachdruck verliehen? Vielleicht bricht ja dieses weitere Argument Euern Widerstand, und es gelingt unserem armen Pontormo, woran alle anderen gescheitert waren: Ich schwöre Euch, seine Fresken sind von einem exquisiten Glanz, wie ihn seit Eurer Sixtinischen Kapelle die Welt nicht mehr gesehen hat. Ein Ereignis, das sich der große Michelangelo mit eigenen Augen ansehen muss, denn Worte reichen nicht aus, es zu beschreiben.

Glaubt nicht den Worten Signor Giorgios, der, obwohl ein Mann von Geschmack und unbestreitbarer Redlichkeit, doch auch ein Höfling ist, der sich den Forderungen seines Meisters beugt. Ihr wisst nur allzu gut, davon zeugt Euer Brief, wie sehr die Aktmalerei in Verruf geraten ist, seit die römische Kurie es für richtig befunden hat, dem Oberinquisitor Carafa die Tiara aufzusetzen, einem Mann, der keinerlei Sinn für das Schöne in der Kunst hat und der jegliche Darstellung des menschlichen Körpers als Gotteslästerung ansieht. Die großartige *Sintflut*, dem Geist und den Händen des unvergleichlichen Jacopo entsprungen, hatte nicht das Glück, der Herzogin zu gefallen, deren spanischer Geschmack sich schlecht mit einer so außergewöhnlichen Vision verträgt: nackte Leiber übereinandergestapelt, manche aufgebläht von der langen Zeit unter

Wasser. So viel Naturtreue liegt in diesem Bild, dass das Gerücht aufkam, Jacopo habe Leichen von Ertrunkenen als Vorbild genommen, die er eigenhändig aus den Spitälern entwendete. Derlei Gerede ist offenkundig reines Gespinst, doch Pontormos sagenhaftes Gemälde bestätigt nur die ganze Aufregung: Noch nie hat die Welt lebendigere Ertrunkene gesehen als auf diesen Wänden.

Seine Exzellenz Cosimo billigt zwar nicht die Maßnahmen der Herzogin gegen die Darstellung von nackter Haut – er ist ja kein Carafa, keine Frau und kein Spanier –, doch er strebt schon zu lange nach dem Titel des Königs von Toskana, um nicht Zugeständnisse an den Papst zu machen, denn der ist der Einzige, der ihm eine solche Würde verleihen könnte. Deshalb hat Seine Exzellenz sich gehütet, irgendein Zeichen des Beifalls zu geben, als die Fresken einer kleinen Zahl von Auserwählten gezeigt wurden, nachdem er die Bretterwände hatte öffnen lassen, hinter denen Jacopo sie versteckt hielt. Doch ich bin mir sicher, dass die Malereien dem Herzog trotz allem gefallen, und als Beweis dafür sehe ich an, dass er mir die ehrenvolle Aufgabe übertrug, sie zu vollenden; schließlich weiß er, dass ich als der treueste Schüler Pontormos nicht zum Verräter an seinem Erbe werde. So mich Gott als dessen würdig erachtet, werde ich daher, wenn das große Werk von Jacopo da Pontormo von meiner Hand vollendet sein wird, voller Stolz meinen Namen neben den seinen setzen. Das wird seine und unsere Rache sein, denn zweifellos hat man ihn wegen seiner Fresken umgebracht, wegen dieses neuen Zeitgeists – wahrlich düstere Zeiten sind es, und es geht ganz besonders gegen Leute wie uns.

7. Schwester Caterina de' Ricci an Schwester Plautilla Nelli

Kloster San Vincenzo in Prato,
den 5. Januar 1557

Mir fehlen die Worte, Schwester, Dir zu sagen, mit was für Freudenbekundungen hier im Kloster die Nachricht vom Tod dieses Sodomiters aufgenommen wurde. Außer Rand und Band schrien die Mädchen im Refektorium, warfen ihre Hauben in die Luft und dankten dem Herrn Jesus. (Dabei wussten sie noch gar nichts von den obszönen Fresken in San Lorenzo.) Als Vorsteherin muss ich mich unter jeglichen Umständen der größten Zurückhaltung befleißigen, und so habe ich mich natürlich dagegen verwahrt, in ihren Jubel einzustimmen, aber sie zu tadeln, habe ich nicht übers Herz gebracht, auch wenn man sich nie über den Tod eines Menschen freuen darf. Vergangene Nacht wurde mir eine Vision zuteil: Ein Bock mit gespaltenem Schwanz wurde von einem blondgelockten Engel niedergestreckt, sein Kadaver zerteilt und in den Arno geworfen; der Engel hatte das Gesicht von Katharina von Siena, Deiner Heiligen und der meinigen. Gott straft die Bösen und belohnt seine Getreuen, indem er sie zum Werkzeug seiner Bestrafung macht. Florenz kann Gottes Zorn nur entgehen, wenn es sich von seinen Lastern reinigt, sonst erfüllen sich die Prophezeiungen von Girolamo Savonarola, und die Franzosen kommen wieder, oder die Lutheraner aus dem Deutschen Reich fluten uns, oder die Kaiserlichen plündern die Stadt wie damals Rom, oder die Pest flammt wieder auf, tausend Plagen suchen uns heim, und diesmal wäre Bruder Girolamo, Friede seiner Seele, nicht mehr da, um uns zu retten. Im Traum erschien mir ein Heer, das über die Ebene heranzog und von einem Prinzen mit Wolfskopf angeführt wurde. Man munkelt, Pontormo sei Protestant gewesen. Wenn er seinem Schöpfer nicht durch die Gnade einer von Gott gut geführten Hand anheimgefallen wäre, hätte ihn die Heilige Inquisition früher oder später entlarvt und verbrannt. Mag die Stadt Rom auch immer noch der Brandherd von Laster und Irrlehre sein, so steht doch an ihrer Spitze nun ein päpstlicher Herrscher, der nicht zulässt, dass die Ketzerei um sich greift, und wenigstens das ist gut, selbst wenn Paul IV. ansonsten kaum besser ist als Paul III. und alle anderen Vorgänger seit hundert Jahren (nicht zu reden von dem Dreckskerl Borgia, der schlimmer war als alle anderen). Allein deshalb ist es kein Verbrechen, einen reformierten sodomitischen Maler, dessen Bestrafung hienieden oder im Jenseits unausweichlich war, zu Gott zu rufen. Im Gegenteil, es ist eine heilige Tat, die ihrem Urheber beim Jüngsten Gericht zugutegehalten werden wird. Gott konnte diese Angriffe einfach nicht mehr gewähren lassen, und er hat Dich auserwählt, so wie er auch mich auserwählt hat und vor uns Bruder Girolamo, die Stadt Florenz zu retten.

Wir erwarten Dich in San Vincenzo, mit Deinen Leinwänden und Pinseln, wie jeden Monat. Ich werde Dir Modell sitzen, und Du wirst mir alles haarklein erzählen. Bis dahin, Gott sei mir gnädig, werde ich meine Ungeduld zügeln. Gelobt sei der Herr, Schwester, und Kopf hoch.

8. Schwester Plautilla Nelli
an Schwester Caterina de' Ricci

Florenz, Kloster Santa Caterina di Siena,
den 6. Januar 1557

Schwester, Du weißt, dass meine Liebe zu Dir nur von meiner Liebe zu unserem Herrn Jesus übertroffen wird, mit dem Du Dich so jung vermählt hast. Aber bei allem Respekt und aller Bewunderung, die ich für Dich hege, möchte ich Dich doch bitten, solche Herzensergießungen in Deinen Briefen zu unterlassen, denn sollten diese in falsche Hände gelangen, könnten sie uns sehr von Schaden sein.

Auch ich kann es kaum erwarten, dass Du mir wieder Modell sitzt, und ich hoffe, dieses neue Porträt im Laufe des Winters fertigzustellen. Was allerdings die Sache betrifft, von der Du sprichst, so möchte ich nicht, dass Du Dir davon falsche Vorstellungen machst. Anders als Du zu glauben scheinst, habe ich mit dem Tod des Sodomiters nichts zu tun. Ich will damit nicht sagen, dass er seine Strafe nicht verdient hätte. Diese Fresken sind wohl wirklich eine weitere gottlose Ausprägung der Verrohung, die in Florenz herrscht, aber es war Teil von Gottes Plan, sie mich sehen zu lassen. Ich verspreche Dir, dass Du alles erfahren sollst, wenn wir uns sehen. Bis dahin flehe ich Dich an, Deine Begeisterung zu mäßigen. Im Gegensatz zu Dir, die Du stigmatisiert bist wie Er, bin ich von unserem Herrn nicht auserwählt. Ich bin nur eine arme Sünderin, die Dir und Ihm die Füße küsst.

9. Giorgio Vasari an Vincenzo Borghini

Florenz, den 7. Januar 1557

Ich weiß, wie hoch Ihr Pontormo achtet und dass Ihr befreundet wart, aber Euch kann ich es ja sagen: Etwas Erbärmlicheres als seine Fresken habe ich noch nie gesehen, und es ist ein Jammer, dass ein solcher Künstler (denn er verdient ja wirklich, dass man Dantes Begriff auf ihn anwendet) seine grenzenlose Begabung mit solchen Schmierereien vergeudet hat. Ihr kennt meine Meinung zu dieser Frage: Der wahre Schuldige ist Dürer. Die Deutschen sind an allem schuld. Es ist Pontormo nicht vorzuwerfen, dass er diesen altfränkischen Stil nachahmen wollte, der wohl die Seele aller unserer glänzenden Künstler verdorben hat, aber ihm ist vorzuwerfen, dass er das Kleinkarierte der deutschen Manier auf den Gesichtsausdruck und die Körperhaltung der Figuren übertragen hat. Ich will nicht schlecht über einen Toten reden, schon gar nicht einen Freund von Euch, vor allem nicht, nachdem er brutal ermordet wurde, und ich will mich nicht weiter über diese arme verirrte Seele äußern. Jacopo war ein gequälter Mann, der an seiner Liebe zur Veränderung zugrunde gegangen ist, von dem aber, bei allen Fehlern, die er hatte, doch immer Erzeugnisse eines beachtlichen Talents bleiben werden. Gibt es nicht sogar beim guten alten Homer manchmal ermüdende Längen? Aber schaut Euch die Fresken an, ich schwöre, Ihr werdet mir beipflichten: Sie sind grauenhaft.

Doch das kann ja nicht ausreichen, seinen Mord zu rechtfertigen oder zu erklären, es sei denn, ein verrückt gewordener Maler oder Kunstfreund hätte sich heimlich hinter die Bretterwand in der Kapelle geschlichen und, entsetzt über den Irrsinn des schrecklichen Schauspiels, das sich ihm darbot, die Nacht abgewartet, um sich auf sein Opfer zu stürzen. Gewiss reagieren unsere Landsleute manchmal etwas heftig oder beckmesserisch auf Kunst, aber ich bin noch nicht so weit, diese Hypothese ernsthaft in Betracht zu ziehen.

Ich habe zunächst, wie von unserem Meister Signor Michelangelo angeregt, versucht, Anlass und Motiv bei all denen unter einen Hut zu bringen, die den Tod Eures Freundes hätten wünschen können, wenn sie denn die Möglichkeit gehabt hätten, ihren Plan ins Werk zu setzen. Im Ergebnis bleiben gegenwärtig nur sein Gehilfe Battista Naldini, der seit mehreren Jahren bei ihm lebt, und sein Farbmischer Marco Moro, der insbesondere auch für die Bretterwand verantwortlich war. Es ist bekannt, dass beide an den Tagen vor seinem Tod Streit mit ihm hatten, doch es gab ja öfter Streit mit Jacopo, er war kein einfacher Charakter. Um also meine Zeit nicht mit sinnlosen Mutmaßungen zu vertun, machte ich mich daran, den Abend des Mordes zu rekonstruieren. Jacopo hatte mit den Signori Bronzino und Varchi getafelt, die berichteten, er habe Niere gegessen und eine Flasche Wein getrunken, dann über Bauchschmerzen geklagt und sei vor Ende der Mahlzeit aufgebrochen, um sich schlafen zu legen. Ich schließe daraus, dass er sich unmittelbar nach San Lorenzo begab, um an seiner *Sintflut* weiterzuarbeiten, denn man hatte ihn schon öfter nach Einbruch der Dunkelheit in die Kirche gehen sehen, wo er weiterarbeitete. Warum aber hat er an diesem Abend nur einen Teil des Wandfeldes übermalt und nicht das ganze, so dass eine erkennbare

Nahtstelle blieb? Das sieht Pontormo nicht ähnlich, der sein Werk immer wieder von vorn begann und, nie zufrieden, das Ganze neu machte auf der Suche nach einer Vollkommenheit, die es wohl nur in seinen Träumen gab. Er musste wissen, dass beim Übermalen eines bereits getrockneten Bildes die Übergangsstelle für geübte Augen immer sichtbar bleibt wie ein Salbenverband auf einer verletzten Gliedmaße. Pontormo, wie wir ihn kannten, hätte das nicht zugelassen.

Um den Fall noch verworrener zu machen, ist ein weiteres Element hinzugekommen: An einem Tag im vorigen Monat hatte eine Frau Pontormo aufgesucht, er war aber nicht zu Hause. Die Leiter, über die seine Wohnung zu erreichen war, war nicht eingezogen, und die Frau ließ sich von ihrem Kleid nicht daran hindern, hinaufzusteigen. Als sie sich Aug in Auge dem jungen Naldini gegenübersah, wurde sie verlegen und verschwand eilends. Das jedenfalls behauptet Naldini, der sie allerdings nicht beschreiben konnte, weil sie ein Häubchen trug wie eine Nonne, und weil sie leise sprach.

Wenn Ihr auf dem Rückweg von Venedig durch Arezzo kommt, schaut Euch doch die Fresken von Piero della Francesca an, es sind Wunderwerke, man kann sich nicht daran sattsehen.

10. Maria de' Medici an Catherine de Médicis, Königin von Frankreich

Florenz, den 7. Januar 1557

Liebe Tante, ich bin am Verzweifeln und wage kaum, Euch an meiner Schande teilhaben zu lassen – aber wem sonst könnte ich mich anvertrauen? Stellt Euch vor, im Atelier dieses Pontormo wurde ein Gemälde gefunden, auf dem Venus (die Göttin der Liebe also) dargestellt ist, hingegeben, nackt, zwischen ihre gespreizten Schenkel gleitet das Bein eines kleinen molligen Cupido, und – ich wäre lieber tot, als dass ich diese Zeilen schreiben müsste – diese Ausgeburt einer römischen Hure hat mein Gesicht! Könnt Ihr Euch eine tiefere Demütigung vorstellen? Warum hat dieser verdammte Maler mich zum Vorbild seiner obszönen Darstellung genommen? Ich schwöre, nie habe ich ihm Unrecht getan oder ihn in irgendeiner Form beleidigt. Außerdem kannte ich ihn kaum, denn ich bin ihm, wie gesagt, nur ein-, zweimal bei Bronzino begegnet.

Ich wüsste noch gar nichts von dieser Gemeinheit, wäre da nicht die Freundlichkeit eines Pagen meines Vaters, der Mitleid mit mir hatte und nicht wollte, dass vor mir alle anderen von der Schande erführen. Denn ich bin mir sicher, die ganze Stadt tuschelt schon, wenn ich mich blicken lasse, allerdings habe ich am Sonntag in der Messe nichts dergleichen bemerkt. Der Page, er heißt Malatesta de Malatesti, hat mir Mut zugesprochen, und ich glaube, ohne seine Respekt- und Sympathiebekundungen wäre ich unwiederbringlich der Melancholie verfallen. Im Unglück erkennt man wahre Freunde an ihrem Mitgefühl, findet Ihr nicht auch? Dennoch habe ich solche Angst vor dem Eklat, dass ich kurz davor bin, die Fassung zu verlieren; wenn jemand das Wort an mich richtet, bin ich verwirrt und stottere nur, bin kurz vor der Ohnmacht, und Ihr wäret voller Mitleid mit mir, wenn Ihr sähet, wie ich zittere, sobald ich in der Öffentlichkeit erscheine. So hatte ich keine drei Worte für den Sohn des Herzogs von Ferrara, als man ihn mir vorstellte, und auch wenn er das wohl reizend fand, haben seine belustigte Miene und die Verärgerung meines Vaters bei mir nur zu noch größerer Verwirrung geführt. Außerdem war ich so abgelenkt, dass ich nicht die geringste Erinnerung daran habe, was für Sätze wir wechselten, obgleich er mir eine Menge Fragen stellte, was mich in größte Nöte brachte, und ich könnte Euch nicht einmal beschreiben, wie er aussieht, außer dass ich den Eindruck hatte, er trage eine gute Portion Selbstgefälligkeit vor sich her. Das sind ja heitere Aussichten! Gleich nachdem er weg war, fand ich meine Sprache wieder und flehte meinen Vater an, das schreckliche Gemälde zu verbrennen, aber boshaft wie er ist und ohne jede Rücksicht auf seine älteste Tochter, entschied er sich im Gegenteil dafür, es aufzubewahren, und noch schlimmer, es vorläufig in seinem Vestibül zu lagern, einem weitläufigen Saal, in dem tausend Handwerker umherschleichen; er begründete das damit, dass es helfen könne, das Rätsel um den Tod des Malers aufzuklären. Oh, zum Teufel mit ihm, mit seinem Rätsel! Was liegt mir daran, wer diesen Pontormo umgebracht hat? Ich will, dass das Gemälde für immer verschwindet, sonst gehe ich noch daran zugrunde.

11. *Catherine de Médicis, Königin von Frankreich, an Piero Strozzi, Marschall von Frankreich*

Paris, den 10. Januar 1557

Eure Tapferkeit, lieber Cousin, wurde gerade gestern wieder vom König von Frankreich hervorgehoben, dem bewusst ist, dass Ihr einer seiner glühendsten Diener seid, und der ganze Louvre hallt wider von Euern Heldentaten. Aber wisst Ihr auch, Herr Marschall, dass es noch andere Mittel als das Schwert gibt, um den Sieg über seine Feinde davonzutragen? Ihr und ich, wir wollen Florenz, das uns gehört oder zumindest gehören sollte, und Cosimo Popolano, der nicht ein Drittel Eures Mutes und nicht ein Viertel meines Titels hat, versperrt uns schon allzu lange den Weg. Solange dieser läppische Medici unter spanischem Schutz steht, wird es für Euch schwer sein – wüsste ich nicht von Eurer Tüchtigkeit, würde ich sagen: unmöglich –, die Stadt mit einem Militärvorstoß einzunehmen. Doch Ihr kennt die Florentiner: Ein kleiner Anlass, und schon rufen sie nach der Republik. Gewiss, solch einen Anlass werden Eure Freunde im römischen oder venezianischen Exil nicht liefern. Ihr erinnert Euch aber ebenso gut wie ich an ihr außerordentliches Versagen damals, als Lorenzino Alessandro getötet hatte. Diese wahrlich verblüffende Unfähigkeit, eine Gelegenheit beim Schopfe zu ergreifen, wenn sie sich einem bietet, lässt mir keinen Zweifel daran: Von diesen Leuten ist nichts zu erwarten. Sollen sie sich doch zusammenschließen und Ränke schmieden, so viel sie wollen: Eine solche Gelegenheit wird sich nicht noch einmal bieten. Ihr aber, das weiß ich, seid aus anderem Holz geschnitzt. Ihr braucht nicht viel, um den richtigen Augenblick zu ergreifen und Cosimo in die Bedeutungslosigkeit zurückzuschicken, die er nie hätte verlassen dürfen.

Nun will es der Zufall, dass ich ein Mittel gefunden habe, seine Autorität nachhaltig zu schwächen. Es ist das sicherste und unheilvollste von allen: die Lächerlichkeit. Zurzeit gibt es in Florenz ein Gemälde, das die älteste Tochter des Herzogs in Evas Kostüm und in mehr als freizügiger Stellung zeigt. Tragt Sorge, des Gemäldes habhaft zu werden, schickt es nach Venedig, lasst Drucke davon herstellen und verteilt sie in ganz Italien, in ganz Europa und bis hin zum Türken. Zeigt es Aretino, der so treffend als die Geißel der Fürsten bezeichnet wird, und er wird eine Schmähschrift daraus machen, wie nur er es kann. Der Friede zwischen Frankreich und Spanien wird nicht ewig währen. Und dann werden wir sehen, was ein geschwächter Cosimo wert ist, während Philipp mit anderen Schauplätzen befasst ist.

Ich sage nicht, dass es ein einfaches Unternehmen wird: Das Gemälde wird von Cosimo persönlich aufbewahrt, bei ihm zu Hause im Vestibül. Hier kommt es darauf an, den Richtigen zu finden: Er muss dort ein und aus gehen, muss mutig sein und einigermaßen skrupellos. Ich bin schon zu lange weg von Florenz. Aber kennt Ihr vielleicht zufällig einen solchen Mann?

12. Eleonora di Toledo, Herzogin von Florenz, an Cosimo de' Medici, Herzog von Florenz

Florenz, den 8. Januar 1557

Müsst Ihr wirklich so viel Angst haben vor meinen Vorwürfen, dass Ihr dermaßen auf der Flucht seid? Welcher dringendere Grund als der riesige Skandal, der über Eurer ältesten Tochter schwebt, konnte Euch im Morgengrauen auf die Straße treiben, ohne dass Ihr Eure Frau nicht noch zu einem Kuss aufgesucht hättet? Haben die Türken Pisa eingenommen, und Ihr wurdet so dringend dorthin gerufen, dass Ihr dafür alles stehen und liegen lasst? Ich sehe es so, dass dieses niederträchtige Gemälde die Heirat gefährden kann und Prinz Alfonso sich von unserer Tochter abwendet. Als der Politiker, für den Ihr Euch haltet, müsst Ihr doch um den Wert eines Bündnisses mit Ferrara wissen. Aber wer wäre denn bereit, dieses von einem der berühmtesten Maler bei Hofe schlüpfrig als Hure dargestellte Geschöpf zur Frau zu nehmen?

Ich beschwöre Euch, gebt die Anordnung, das Gemälde zu vernichten, und die Fresken dieses schrecklichen Malers gleich mit. Dass er tot ist, ist doch ein Segen. Verflucht sei, wer die Zeichen des Allmächtigen missachtet! Wenn die Fresken nur obszön wären, würde ich Euch vielleicht verzeihen, dass Ihr an ihnen Gefallen findet, denn von Eurer Herkunft her seid Ihr nicht mit spanischem Sinn für Keuschheit und Anstand erzogen; aber Ihr könnt nicht davon absehen, dass sie zwölf Meilen gegen den Wind nach Ketzerei riechen. Das Ganze stinkt nach Juan de Valdés, um nicht zu sagen nach Luther! Glaubt Ihr, Rom werde den Titel eines Königs oder auch nur Großherzogs einem Unterstützer der Ketzerei zuerkennen? Ich beschwöre Euch, mein Freund, tut das Notwendige, lasst das Gemälde vernichten und bittet Bronzino, die Wände der Kirche zu kalken. Damit tut Ihr mir einen Gefallen, rettet die Ehre Eurer Tochter und handelt im eigenen Interesse. Ich sage es noch einmal: Dass Eure Beziehungen zum Papst miserabel sind, muss nicht auf ewig so bleiben. Er ist eben ein Inquisitor, der letztlich mehr mit den Spaniern gemeinsam hat als mit diesen gottlosen Franzosen, von denen er sich Sicherheit kaufen zu können glaubt. Karl V. hat den spanischen Thron seinem Sohn überlassen, und Philipp ist nicht sein Vater, er wird keinen zweiten Sacco di Roma zulassen. Und deshalb müsst Ihr, der Mann mit der größten politischen Begabung, ohne die Ihr nicht da wäret, wo Ihr seid, und ohne die Ihr Euch nicht inmitten all des Schlangengezüchts halten könntet – deshalb müsst Ihr Euch an die alte Weisheit halten, wonach man es sich nie mit der Zukunft verderben darf. Behüt' Euch Gott, und dass Ihr mir bald wiederkommt!

13. Cosimo de' Medici, Herzog von Florenz, an seine Gattin Eleonora di Toledo

Pisa, den 9. Januar 1557

Eleonora, liebe Freundin, die Regierungsgeschäfte bestehen nicht nur aus der Verheiratung unserer Tochter, und die Welt bleibt nicht stehen, nur weil wir zu Hause ein Problem haben. Die Toskana sorgt sich um den Prinzen von Ferrara wie um ihre berühmteste etruskische Statue. Wollt

Ihr eine erneute Belagerung von Siena? Pisa muss wissen, wer es regiert. Und ich muss die Arbeiten von Signor Luca Martini überwachen, um sicherzugehen, dass die Trockenlegung der Sümpfe auf gutem Wege ist, andernfalls wird das Sumpffieber in der Gegend weiter wüten. Wollt Ihr das etwa, Ihr, die Ihr so gerne mit unseren Kindern aufs Land fahrt? Morgen reise ich nach Livorno, und von dort vielleicht nach Lucca, aber ich verspreche Euch, dass ich spätestens in drei Tagen wieder zu Hause bin. So lange habe ich Vasari mit unserer Sache betraut. Versteht mich recht, meine Freundin: Wenn ein Malermörder durch die Straßen von Florenz zieht, muss ich ihn finden. Und vor allem muss ich dieser Geschichte auf den Grund kommen. Ich muss die Fresken und das Bild, das Ihr so sehr hasst, zum Sprechen bringen, denn in ihnen ist ein Geheimnis verborgen, und vor dem Herzog von Florenz darf es keine Geheimnisse geben. Ihr mögt Euch über Pontormos Tod freuen, nichtsdestoweniger müssen wir, zum Wohl des Staates, Licht in die Ursachen für diesen Tod bringen. Ein Fürst, der im Dunkeln tappt, sitzt nicht fest im Sattel. Lebt wohl, Freundin, haltet still, wartet meine Rückkehr ab, und ich bitte Euch herzlich: Lasst Vasari gewähren, und lasst Bronzino in Ruhe. Ihr wisst, dass sie beide vertrauenswürdig sind. Und was den Papst angeht, so rechnet nicht zu sehr mit einem ähnlichen Temperament, nur weil der Herd der Heiligen Inquisition, auf die er sich bezieht, zuerst in Eurer Heimat entflammt ist. War nicht auch dieser Juan de Valdés, den Ihr so schmäht und nach Person und Einfluss auf eine Stufe mit Luther stellt und dessen Einfluss, wie Ihr sagt, auf italienischem Boden immer noch beklagenswert ist – war nicht auch er ein reinblütiger Spanier?

14. Cosimo de' Medici, Herzog von Florenz, an Giorgio Vasari

Pisa, den 10. Januar 1557

Mein lieber Giorgio, ich beschwöre Dich, beeile Dich damit, diese Sache zu entwirren, denn die Herzogin peinigt mich, und Du kennst sie ja. Ich habe eine Tochter zu verheiraten, eine Ehefrau zu besänftigen, ein Land zu regieren und eine Stadt zu verwalten. (Von diesen vier Aufgaben ist meine Frau nicht die leichteste.) Das führt dazu, dass mir kaum Zeit bleibt für unser Rätsel. Du hast mir vom Streit mit einem Farbmischer berichtet. Schau da nochmal genauer hin. Man weiß ja, wohin die niederen Gefühle der kleinen Leute führen können.

15. Giorgio Vasari an Cosimo de' Medici, Herzog von Florenz

Florenz, den 13. Januar 1557

Dank dem hervorragenden Hinweis Eurer Exzellenz habe ich den Handwerker Marco Moro über seinen angeblichen Streit mit Pontormo in den Tagen vor dessen Tod befragt, und hier folgt, was der Farbmischer zu seiner Verteidigung vorbrachte: Ihr wisst, dass Pontormo sich in den elf Jahren, seit denen er sich ganz dem Werk in San Lorenzo verschrieben hatte, niemandem, nicht einmal seinen Freunden, gestattete, die Kapelle zu betreten und einen Blick darauf zu werfen. Nun waren aber voriges Jahr ein paar junge Leute, die in der benachbarten Michelangelo-Sakristei Zeichenstudien betrieben, aufs Kirchendach geklettert und hatten Dachziegel entfernt, so dass ein Loch entstand, durch das sie (so hatte Pontormo es dem Handwerker Moro erzählt) alles sehen konnten, was er bereits gemalt hatte. Jacopo bemerkte das, und obwohl es heißt, er habe versucht, Rache zu nehmen, begnügte er sich schließlich damit, sich noch dichter abzuschotten. Weil er aber Moro die Verantwortung für die Baustelle und die Bretterwand, die sie gegen Blicke schützte, übertragen hatte, machte er ihm heftige Vorwürfe ob seiner Nachlässigkeit. Daraufhin erinnerte der Handwerker ihn daran, dass er mit den Zahlungen der Gage im Rückstand sei (was damals zutraf und, so sagt er, auch heute noch der Fall ist) und dass Pontormo, wenn er eine Wand bis zum Dach der Kirche hochziehen wolle, dies schon selber machen müsse, oder man könne ein zweites Dach unterhalb der Kirchendecke errichten, so wie Brunelleschi es für die Kuppel von Santa Maria del Fiore gemacht hatte, aber für solch ein Werk müsse er ihn dann auch wie einen Brunelleschi entlohnen.

Seit dieser Auseinandersetzung, so behauptet der Handwerker, sei kein Tag vergangen, an dem Jacopo nicht weiteren Streit gesucht habe, bis zum Wahnsinn beherrscht von der Angst, es könnte während seiner Abwesenheit jemand die Bretterwand aufbrechen oder sich Zugang zur Kirche verschaffen. Dem Farbmischer warf er mal Achtlosigkeit, mal Komplizenschaft vor, er war fest davon überzeugt, dass, sobald er den Rücken kehrte, Moro jedem, der vorbeikam, die Kirche öffnen und gegen ein paar Silbergulden Besichtigungen arrangieren würde. Auch ihr letzter Wortwechsel bildete da keine Ausnahme und umfasste die gewohnten Vorwürfe, außer dass Pontormo noch sagte, er sei sich seit einiger Zeit sicher, Schatten durch die Kirche irren gesehen zu haben, und er wisse genau, wonach sie suchten – Moro habe das den üblichen Wahnvorstellungen Pontormos zugerechnet.

16. Piero Strozzi, Marschall von Frankreich, an Catherine de Médicis, Königin von Frankreich

Ostia, den 14. Januar 1557

Euer Plan, liebe Cousine, wäre ideal, wenn Aretino nicht vor drei Monaten das Zeitliche gesegnet hätte. Es erstaunt mich, dass die Nachricht aus Venedig nicht zu Euch gedrungen ist. Man hört, er sei so gestorben, wie er gelebt hat: Er habe mal wieder zu viel über einen seiner eigenen zotigen Witze gelacht. Bei Tisch soll er rücklings vom Stuhl gefallen sein und sich den Schädel gebrochen haben. Kein schlechter Abgang für die Geißel der Fürsten, nicht wahr? Ich bezweifle, dass irgendwann jemand einen Besseren zu nennen wüsste. Wie dem auch sei, aus Euerm schönen Plan wird nichts. Was nichts an meinem Bedürfnis ändert, Euch dazu zu beglückwünschen: Das nenne ich eine wahre Florentiner Seele! Gott bewahre Euch davor, sie je zu verlieren. Da sieht man, was passiert, wenn das Schicksal einer Frau von Sinn und Verstand gestattet, sich politisch zu betätigen: Sie ist uns allen, die wir gerade gut genug sind, durch den Boden der Schlachtfelder zu wühlen, turmhoch überlegen, und man kann vor so viel Erfindungsgeist nur auf die Knie fallen.

Wer weiß, wann wir uns wiedersehen, Caterina? Der Krieg ist ein hässlich Ding, aber Gott hat mich auserwählt, ihn zu führen. In der Zwischenzeit küsse ich Eurer Majestät die Hand und verbleibe mehr denn je als der treue Diener des guten Königs Heinrich, wie ich es auch schon seinem Vater, dem großen Franz, gewesen war.

17. Cosimo de' Medici, Herzog von Florenz, an Giorgio Vasari

San Gimignano, den 15. Januar 1557

Ich gehe wohl recht in der Annahme, Signor Giorgio, dass Ihr diesen Farbmischer nicht von jedem Verdacht freisprecht, denn nach dem, was Ihr mir berichtet, zeugt alles an ihm von Laster und Habgier. Hat er nicht selber zugegeben, wegen einer finanziellen Unstimmigkeit mit Pontormo aneinandergeraten zu sein? Ich will, dass Du da noch weiterbohrst, um zu sehen, wohin uns das bringt – und habt Ihr zuallererst mal überprüft, ob in der Wohnung des Malers Geld weggekommen ist? Was sagt Naldini dazu?

Je eher wir die Sache hinter uns bringen, desto schneller können wir unsere breitgestreuten Projekte weiterverfolgen. Übrigens kam mir in Pisa ein Gedanke, von dem ich Dir unbedingt erzählen muss. Ich möchte Dich gern mit umfangreichen Arbeiten am Palazzo dei Cavalieri beauftragen, und außerdem mit dem Bau einer Kirche, die die Ritter aufnimmt, die ich zur Verteidigung der Christenheit zu versammeln plane. Höre, dass es mein Wille ist, einen Orden zu gründen, der den Namen des heiligen Stephan trägt, zur Erinnerung an den Sieg über Strozzi, den wir vor zwei Jahren in Marciano davongetragen haben, am Festtag von Papst Stephan. Gewiss, der Papst müsste überzeugt werden, und das würde so viele Gesandtschaften benötigen, dass ich schon beim Gedanken daran gähnen muss, aber Du weißt ja, mich kann nichts aufhalten, wenn es darum geht, etwas zugunsten der Erhabenheit von Florenz zu bewirken, und die gleiche Selbstlosigkeit erwarte ich auch von meinen Untertanen. Außerdem, auch wenn man noch so sehr Christi Wort predigt, macht einen das nicht weniger sterblich, und der Papst ist schon achtzig.

Wie Ihr seht, Signor Giorgio, ich habe in den kommenden Wochen, Monaten und Jahren einiges mit Euch vor, auch kann ich Euch nur ermutigen, Euch so bald wie möglich bereitzuhalten, unseren Farbmischer zu überführen. Sprecht doch mal mit Naldini und erstattet mir Bericht, sobald ich zurück bin, morgen oder übermorgen, so Gott will.

18. Piero Strozzi, Marschall von Frankreich, an Catherine de Médicis, Königin von Frankreich

Ostia, den 15. Januar 1557

Rat findet sich des Nachts, meine liebe kleine Machiavellistin, und in der Stille meines Lagerplatzes, die nur unterbrochen wird durch die Rufe von Käuzchen und Nachtwachen, konnte ich noch einmal in Ruhe über Euern genialen Plan nachdenken. Es ist durchaus möglich, dass

Aretinos Tod nicht zwingend dagegen spricht, ihn einzusetzen. Ihr fragtet mich, ob ich jemanden weiß, der beherzt genug ist, als Dieb bis ins Vestibül des Herzogs vorzudringen. Und was würdet Ihr davon halten, wenn der Mann außerdem genug Mumm hätte, die neue Geißel der Fürsten zu werden? Nun ja, ich kenne so jemanden, und Ihr, meine Königin, kennt ihn auch. Wenn mir, wie ich doch hoffe, noch ein wenig Einfluss geblieben ist und ein paar Parteigänger in Florenz, werdet Ihr bald von ihm hören. Ich traue mir zu, ihm einen Brief zukommen zu lassen, der ihn dafür gewinnt, an unserem kleinen Unterfangen mitzuwirken. Bis dahin Gott befohlen, Cousine. Mein Arm gehört Frankreich, aber mein Herz gehört Euch, und das ist gut so, denn es ist ja alles eins.

19. Agnolo Bronzino an Michelangelo Buonarroti

Florenz, den 15. Januar 1557

Lieber und hochverehrter Meister, das Schreiben fällt mir schwer, ich bin noch ganz überwältigt vom Schmerz über den Verlust dessen, der mir zugleich Vater, Bruder und Freund war, der mich die gesamte Malkunst gelehrt und mich damit zu dem gemacht hat, was ich bin, der mich vor der Pest in Sicherheit gebracht hat, indem er mich zu sich nahm, als ich noch ein Kind war, und der mir sein ganzes Leben lang die größte Zuneigung gezeigt hat. Doch ich denke, dass dieses Heftchen in niemandes Händen besser aufgehoben wäre als in den Euren. Es handelt sich um eine Art Tagebuch, das Jacopo führte, worin er seine Gesundheit dokumentiert, seine Mahlzeiten, seine Arbeit in San Lorenzo und kleinere Ereignisse, die seine Tage füllten. Der junge Battista Naldini, sein getreuer Lehrling, der ihm ergeben war wie ein Sohn, hat es beim Aufräumen in seiner Schlafkammer gefunden. Da das Heft keine Tatsachen beschreibt, die uns die Ursachen seines Todes erhellen könnten, erachte ich es für unnütz, es Signor Vasari zukommen zu lassen, der nichts damit anfangen könnte bei seinen Ermittlungen, die zur Ergreifung des Mörders führen sollen. So hoffe ich, dass von uns allen Ihr Euch ein lebendiges Bild von dem bewahrt, der Euch, zu Recht, als seinen Meister achtete und der wohl der Beste war von uns allen, Euern Schülern.

20. Michelangelo Buonarroti an Giorgio Vasari

Rom, den 18. Januar 1557

Mein lieber Freund, Signor Giorgio, der Ihr es versteht, mit Euern bewundernswerten Schriften den Toten Leben einzuhauchen: Könntet Ihr doch dem armen Pontormo das seine wiedergeben … Stattdessen hoffe ich, dass Ihr ihm zumindest die angemessene Reverenz erweist, indem er, solltet Ihr denn, wie man munkelt, den Plan verfolgen, die Liste Eurer *Viten der berühmtesten Maler, Bildhauer und Architekten* fortzusetzen, in einem Folgeband den ihm gebührenden Platz eingeräumt bekommt. Ich muss allerdings ernsthaft befürchten, dass ich das nicht mehr werde lesen können, denn ich war schon mit einem Bein im Grab, und jetzt droht Jacopos Tod, der meine Gicht wieder aufflammen lässt und mir damit den Schlaf raubt, mich vollends hineinzustoßen. In der Zwischenzeit lege ich diesem Brief eine Abschrift bei, die ich von dem Tagebuch habe anfertigen lassen, das er in seinen letzten drei Jahren führte und das Signor Bronzino mir freundlicherweise zugeschickt hat. Ihr werdet sehen, dass es nur Notizen über seine Mahlzeiten und seine Gesundheit sind und über seine Arbeitsfortschritte, mit kleinen Randzeichnungen, außerdem seine Unternehmungen und Begegnungen mit seinen Freunden (zu denen er einige der Euren zählte, etwa die Signori Varchi, Martini oder Borghini). Allerdings – es ist wohl nur eine Kleinigkeit, ich blieb aber doch daran hängen – war mir aufgefallen, was ich mir nicht erklären kann: Zweimal erwähnt das Tagebuch, dass der Herzog sich nach San Lorenzo begeben habe, einmal allein, einmal zusammen mit der Herzogin. Ich habe so meine Zweifel, ob Pontormo bei dieser zweimaligen Gelegenheit den fürstlichen Besuchern wirklich den Zutritt zu seiner Baustelle verweigern konnte. Nun aber hattet Ihr, lieber Giorgio, mir versichert, dass vor Jacopos gewaltsamem Tod niemand seine Fresken hatte sehen können. Übrigens geht aus dem Tagebuch auch hervor, dass ein gewisser Marco Moro den Chor zumauern ließ und damit «San Lorenzo geschlossen» habe. Wenn man diesen Marco Moro mitzählt, sind es zusammen mit dem Herzog und der Herzogin mindestens drei Personen, die vor der Tragödie Zugang zur Baustelle in San Lorenzo hatten. Das bedeutet, dass die Fresken keineswegs jedermann verboten, sondern ganz im Gegenteil einigen bekannt waren. Vielleicht liegt darin des Rätsels Lösung.

Derlei Überlegungen sind wohl nur schlichte Traumgespinste aus der Phantasie eines alten Narren, und ich bitte Euch, sie mir nachzusehen, aber Ihr habt ja um meine Mitwirkung gebeten, und wie Ihr seht, verweigere ich sie Euch nicht – im Rahmen meiner beschränkten Mittel und ungeachtet der Baustelle Petersdom, die mir kaum Luft zum Atmen lässt. Wenn ich ehrlich bin, so ist es nicht nur meine Freundschaft für Euch, die mich dazu nötigt, mich für die Sache zu engagieren; hinzu kommt das Mitleid, das ich mit dem armen Pontormo empfinde. Nicht dass ich ihn besonders gut gekannt hätte oder länger sein Weggenosse gewesen wäre, denn zu lange schon bin ich in Rom, doch letztlich empfinde ich für ihn, heute mehr als je zuvor, eine tiefe Sympathie. Ich habe den Eindruck, dass wir uns ähnlich waren in unserer zurückgezogenen und skrupulösen Art und dass er, genau wie ich, all sein Bemühen in seine Kunst legte, zur höheren Ehre Gottes.

21. *Giorgio Vasari an Vincenzo Borghini*

Florenz, den 20. Januar 1557

Und jetzt, als wäre die Sache nicht schon undurchsichtig genug, stellt Euch vor, Pontormo hat ein Tagebuch geführt, das der toskanischen Sprache nicht eben zum Ruhm gereicht. Urteilt selber:

«montag hab ich irgendeinen brief geschrieben und hat mein durchfall begonnen. dienstag einen oberschenkel gemalt, durchfall wurde mehr, mit viel galle blutig und weißlich, mittwoch schlimmer, mehr als 10mal gegangen, musste einmal pro stunde so dass ich zuhause geblieben und abends ein bisschen Brühe.»

«freitagabend mit Piero gegessen glaube der durchfall hört auf und die schmerzen auch.»

«donnerstag früh zwei feste häufen geschissen und in dem was rauskam, war etwas wie lange baumwollschnüre also weißes fett, sehr gut in San Lorenzo gespeist ein wenig von sehr gutem eintopf und den körper fertiggemalt.»

«sonntag morgen bei Bronzino gespeist [*am Rand hinzugefügt:* «fisch und lamm»] und nichts zu abend gegessen, montag früh schmerzhafte kolik; aufgestanden und wegen kaltem wind wieder ins bett und dort bis 18e stund,* den ganzen tag nicht gut gefühlt. am abend immerhin ein bisschen schweinebacke mit mangoldsauce und butter und warte nun ab, was passiert, ich glaube, es schadet mir sehr, wieder ins bett zu gehen, allerdings jetzt zur 4ten stund** geht es wohl.»

Während Signor Jacopo uns freundlicherweise an den Betrachtungen seiner Innereien teilhaben lässt, liefert er uns zugleich hochinteressante Angaben zu seinen Fortschritten bei der Arbeit:

> «donnerstag hab ich einen arm gemalt,
> freitag den anderen.»
> «mittwoch hab ich diesen kopf unter diesen Leib gemalt, so: [*Krickelkrakel in der Randspalte*]
> donnerstag den schenkel,

* Nach unserer Rechnung Mittag. Die Florentiner Uhrzeit unterscheidet sich von der unseren, denn die Zählung der 24 Stunden beginnt mit Sonnenuntergang (genauer: mit dem Ave-Maria gegen 18 Uhr).

** 22 Uhr. Aus Gründen der Vereinfachung werden im Folgenden die Uhrzeiten nach unserem heutigen System angegeben.

freitag den rücken.»
«am 6. den leib fertig,
am 7. die beine.»

Habt Ihr je etwas Tiefgründigeres, Spannenderes gelesen? Ariost kann sich ein Beispiel daran nehmen! Und so geht es immer weiter: «habe mit Bronzino gespeist, hühnchen und kalbfleisch», «weihnachtsabend bei Bronzino zum essen, den abend geblieben und eine wildgans verspeist», «mit Bronzino eine unze brot gegessen», «mit Bronzino leber- und blutwurst», «sonntag mit Bronzino bei Daniello zu abend, es gab frikadellen» und so weiter und so fort. Kaum zu glauben, wie viel Zeit Bronzino mit dem Alten verbrachte!

Aber jeder, wie er kann und mag, und ich hätte nichts dazu gesagt, wäre ihm nicht die Schnapsidee gekommen, diese Ansammlung von Dummheiten nach Rom zu schicken. Keine Ahnung, was sich im Kopf des Meisters abgespielt und womit Bronzino ihm dermaßen eingeheizt hat, doch letztlich, nach Lektüre dieser erbaulichen Prosa, ist Signor Buonarroti nichts Besseres eingefallen, als mir kaum verklausuliert vorzuschlagen, gegen die Herzogin zu ermitteln, unter dem Vorwand, sie habe die Fresken gesehen, lange bevor sie uns infolge des Dramas enthüllt wurden. (Und wir wissen ja, wie wenig die Fresken dem spanischen Stil entsprechen, nicht wahr? Als hätte das Gotische, von dem sie inspiriert sind, nie etwas mit gebürtigen Florentinern zu tun gehabt! Und als hätte das Konzil von Trient nicht schon, bevor Carafa auf dem Heiligen Stuhl saß, diese Fülle nackter Haut verdammt …)

Jedenfalls habe ich keine Ahnung, was Michelangelo sich vorstellt. Glaubt er, ich werde eine Audienz beim

Herzog verlangen, um ihn zu fragen, wo seine Frau in der Nacht des Verbrechens war?

Und doch enthält das Tagebuch Details, die für meine Ermittlungen von Interesse sein könnten, und denen werde ich nun nachgehen. Pontormo beklagt sich über seinen Lehrling Naldini, mit dem er dauernd Streit hat, den er beschuldigt, undankbar und herzlos zu sein und immer die besten Stücke für sich zu behalten (denn von der Nahrungsaufnahme und -ausscheidung scheint der alte Mann, mehr als von der Malerei, wahrhaft besessen gewesen zu sein) und sogar zu klauen. Gewiss war der Alte nicht leicht zu haben, das Tagebuch berichtet auch davon, dass selbst Bronzino darüber klagt (siehe den Eintrag vom Sonntag, dem 22. März 1556: «Bronzino hätte mich gern zum essen gehabt und in seinem ärger sagte er, es wirkt als würde ich zu einem meiner Feinde kommen; und ließ mich ziehen.») Bronzino hielt sich wohl für besonders schlau, den Weg über Michelangelo zu wählen, um seine Vorwürfe loszuwerden, aber man sieht, dass dieses schmutzige Schriftstück ihm durchaus um die Ohren fliegen könnte. Fällt sie nicht am Ende ihm zu, die – abgesehen von der des Palazzo Vecchio, mit der ich beauftragt bin – renommierteste Baustelle von Florenz? Wem also, außer ihm, nützt dieses Verbrechen noch mehr?

Falls Ihr mal durch Siena kommt, schaut Euch unbedingt die *Verkündigung* von Ambrogio Lorenzetti an. Meiner Erinnerung nach hatte dieses Gemälde einen gewissen Reiz, aber ich weiß nicht mehr, welchen, und ich finde nichts mehr in meinen Notizen, so wenig wie in Euren. Und sagt mir dann bitte Eure Meinung, ob ich es in der nächsten Auflage der *Viten* erwähnen soll.

22. *Eleonora di Toledo, Herzogin von Florenz, an Seine Heiligkeit, Papst Paul IV.*

Florenz, den 20. Januar 1557

Ihr wisst, Heiligster Vater, so gut wie ich, dass Luthers Gefolgsleute überall sind, dass Sodoms Jünger sich nicht mehr verstecken und dass es oft dieselben sind, von denen es überall wimmelt und die immer mehr Einfluss nehmen, getarnt mit der Maske von Kunst und Tugend. Florenz bleibt davon so wenig verschont wie Rom, und zumindest das verbindet Euch mit Seiner Durchlaucht dem Herzog – ungeachtet der Meinungsverschiedenheiten bezüglich Siena und anderer Dinge – zu einer Interessengemeinschaft im Kampf, den Ihr gemeinsam gegen dieses Geschwür führt, wie es jeder gute Christ tun soll. Mir wird das Herz schwer, wenn ich mitansehen muss, wie diese beiden Städte, die, wenn sie sich nur einigten, gemeinsam und einvernehmlich über ganz Italien herrschen könnten, sich in Streitigkeiten zerfleischen, bei denen es gar nicht um ihre eigenen Belange geht.

Ihr sollt erfahren, was für ein Skandal kürzlich die Stadt Florenz in ihrem heiligsten Gemäuer heimgesucht hat, denn obwohl der Herzog alles getan hat, um es geheim zu halten, breitet sich das Gerücht aus wie ein Lauffeuer, das niemand aufhalten kann, und ich zweifle nicht daran, dass es auch schon beim Heiligen Stuhl angekommen ist. Ich gebe Eurer Heiligkeit mein Ehrenwort, weder der Herzog noch ich hatten von diesen obszönen Gemälden Kenntnis, denn der Maler, der schon seit langem den Verstand verloren hat, hatte niemandem erlaubt, sie zu sehen, und zwar seit Jahren.

Glücklicherweise hat es Gott gefallen, den alten Narren zu sich heimzuholen, und wegen seines unverhofften, wenngleich unter bedauerlichen Umständen eingetretenen Todes war es ihm nicht vergönnt, sein gotteslästerliches Unterfangen zu vollenden, das der Herzog, nachdem er die ketzerischen Fresken gesehen hatte, sogleich unterband. So habe ich die Ehre, Eure Heiligkeit in Kenntnis zu setzen, dass es in Florenz keine zweite Sixtinische Kapelle geben wird, nicht heute, nicht morgen, nie und nimmer.

23. Eleonora di Toledo, Herzogin von Florenz, an Agnolo Bronzino

Florenz, den 20. Januar 1557

Ich bin überglücklich, teuerster *Señor* Bronzino, über die Entscheidung des Herzogs, Euch mit der Fertigstellung der Fresken in San Lorenzo zu beauftragen, denn ich weiß, dass Ihr die Euch zugefallene Aufgabe besser zu einem guten Ende bringen werdet als jeder andere.

Natürlich verlasse ich mich auf Euch, *querido maestro*, dass Ihr all die furchtbaren Nacktheiten bedeckt, die in einem Gotteshaus nun wirklich nichts verloren haben. Ich weiß um die Zuneigung, die Euch mit dem armen Pontormo verband, und aus Liebe zu ihm bitte ich Euch, sein Werk zu retten, indem Ihr ihm die Würde wiedergebt, der zu entsagen ihn sein Alter sichtlich veranlasst hat. Der Herzog, der mein Empfinden vollinhaltlich teilt, erwartet daher von Euch, dass Ihr Ordnung in diese Fresken bringt, mit all der Anmut, dem Zartgefühl und dem

Anstand, mit denen Ihr stets die schönen Porträts zum Leuchten brachtet, die Ihr von unserer Familie gemalt habt, eine Aufgabe, mit der wir Euch, so Gott will, noch lange weiter betrauen wollen. Ich für mein Teil zweifle nicht im Mindesten daran, dass Ihr unserm Wunsch nachzukommen in der Lage seid, und um Euch zu bezeigen, wie viel Vertrauen wir in Euch haben, lasse ich Euch hier von Signor Bernadone, dem Geldboten, dreihundert Gulden übergeben.

24. *Benvenuto Cellini an Catherine de Médicis, Königin von Frankreich*

Florenz, den 21. Januar 1557

Gott scheint es, gnädige Frau, gut mit Euch zu meinen, denn er hat mich Euch an den Weg gelegt. Ihr wisst, wie viel Zuneigung der große König Franz, Euer Schwiegervater, mir zu bezeigen geneigt war, als er noch am Leben war und mich seinen Freund nannte. Ich kann guten Gewissens sagen: Alles, was ich bin und was ich an Gutem und Schönem geschaffen habe, verdanke ich diesem wunderbaren König. Und wenn es nun heute darum geht, auf Vermittlung Eurer Majestät seinem Sohn, dem frommen Heinrich, zu dienen, so gibt es da kein Zaudern. Man hat mir in meinem bunten Leben viele schlechte Eigenschaften nachweisen wollen: Ich sei Mörder, Dieb, ungläubig, Sodomiter, ich sei (um ehrlich zu ein, die folgenden sind vielleicht gerechtfertigt) stolz und hochfahrend, waghalsig bar jeder Vernunft aus allzu großer Angst um die eigene

Freiheit. Aber undankbar: niemals. Gewiss wurde ich in Florenz geboren, aber mein Herz schlägt für Frankreich. So bin ich gleich zwiefach Euer ergebener Diener.

Marschall Strozzi, dieser bewundernswerte Kriegsmann, an Tapferkeit einzig in unserem Jahrhundert, hat mir die Ehre erwiesen, mich Euch zu empfehlen: Recht hat er getan. Ist doch dieser Arm, den ich Euch zu Diensten stelle, genau der Arm, der damals den Herzog von Bourbon mit einem Büchsenschuss niederstreckte. Signor Strozzi hat mir Euer Vorhaben skizziert. Es geht also darum, ein Gemälde aus dem Innersten des Palazzo zu entwenden, aus dem Vestibül des Herzogs, dort, wo dieser inmitten einer Masse von Leuten und Wachen mehrere Stunden am Tag zubringt, dann das Gemälde aus dem Palazzo zu tragen, es unbemerkt über die Stadtgrenze zu schaffen und nach Venedig zu schicken? Abgemacht. Die wahnwtzigsten Unternehmungen locken mich immer am meisten. Und wenn ich mich als Aretino ausgeben und eine täuschend echte Schmähschrift verfassen soll, die Ihr ganz nach Euerm Gutdünken verwenden mögt, so werdet Ihr gewiss nicht schlecht damit fahren: Außer einer etwas schwülstigen und mit – übrigens genialen, wenn auch an den Haaren herbeigezogenen – Spitzen gespickten Ausdrucksweise und natürlich seiner unübertroffenen Beredsamkeit sehe ich nichts, was diese sogenannte Geißel der Fürsten den mittelmäßigen Schriftstellern des Jahrhunderts voraushätte.

Ich für mein Teil, und das muss gesagt sein, damit keinerlei Verdacht mangelnder Loyalität unsere noch junge Übereinkunft überschatte, ich für mein Teil empfinde keinerlei Treueverpflichtung gegenüber dem Herzog, der mich schon lange so schlecht behandelt und nie auf den Gedanken gekommen ist, meine Verdienste angemessen zu belohnen, und noch weniger gegenüber der Herzogin, dieser Spanierin, die so hochfahrend und finster ist wie alle von ihrem Schlag, die mich hasst, ohne dass ich ihr je etwas zuleide getan hätte. Ich werde also meinen Auftrag ausführen, voller Freude, Euch zu dienen, und mit dem Wohlgefühl, ihnen einen Streich zu spielen. Eure Majestät hören bald wieder von mir.

25. *Marco Moro an Giovanni Battista Naldini*

Florenz, den 21. Januar 1557

Die Zeiten sind hart, Genosse, für uns arme Schlucker. Verbrenn diesen Brief und alle anderen, hör auf, mir zu schreiben, und vor allem: Lass dich nicht in San Lorenzo blicken und mach keine Versuche, mich zu treffen oder mit mir zu sprechen. Auf Befehl des Herzogs bleiben die Bretter fürs Erste an Ort und Stelle, und ich begebe mich in Bronzinos Dienste, denn der hat den Platz des anderen eingenommen. Letztlich hat sich hier also nichts geändert, außer dass der Neue weniger Zeit in der Kirche verbringt und nicht mehr die Abende, zumindest bis jetzt nicht. Aber wir müssen uns unauffällig verhalten. Jedenfalls brauche ich Deine Dienste nicht mehr. Wenn nötig, melde ich mich wieder bei Dir. Ich lege diesen Zeilen ein Bündel Zettel bei, die ich Dich bitte an die Betreffenden im Atelier zu verteilen, Du weißt schon, an welche.

26. Marco Moro an die Mitglieder der Zunft der Ärzte und Apotheker

Florenz, ohne Datum

Genossen, infolge der Ereignisse, die euch bekannt sind, müssen wir unsere Zusammenkünfte bis auf Weiteres einstellen und dürfen uns nicht blicken lassen. Das heißt, wir müssen San Lorenzo und Umgebung meiden. Gebt diese Notiz weiter an die anderen Gewerke und an alle, die bei den vorigen Treffen zugegen waren oder die Absicht bekundet haben, zu kommen. Doch seid vorsichtig und redet nicht unbedacht. Ihr wisst, die größten Feinde sind stets die Verräter, die vortäuschen, für eine Sache zu stehen, aber doch nur auf ihren eigenen Vorteil bedacht sind. Haltet euch bedeckt. Unsere Zeit wird kommen.

27. Vincenzo Borghini an Giorgio Vasari

Siena, den 23. Januar 1557

Danke, lieber Giorgio, dass Ihr mich zu diesem Abstecher nach Arezzo verlockt habt, ich hatte vergessen, wie herausragend die Fresken von Pietro della Francesca sind. Bei der Gelegenheit habe ich auch Eure Frau besucht, und sie fragte mich, ob Ihr gedenkt, vor Ende des Monats wieder nach Hause zu kommen. Ihr wisst, wie Nicolosa an Euch hängt und sich nach Euch verzehrt, zumal Ihr sie allzu oft ohne ernstzunehmende Gesellschaft allein lasst, und so werde ich wohl nie aufhören, Euch zu drängen, öfter nach Arezzo zu kommen, nicht zuletzt ja auch, um die

Bauarbeiten an Eurer schönen Behausung mitzuverfolgen. Oder Ihr holt sie nach Florenz, dann könnte sie sich um Eure Mutter kümmern und Euch die häuslichen Pflichten abnehmen; Ihr scheint ja, nach fast einem Jahr in der Via Larga, noch nicht einmal alles Mobiliar angeschafft zu haben. So wohnt Ihr zu dritt unter einem Dach und könnt nach Arezzo fahren, wann immer Ihr Ruhe braucht und Euch nach etwas weniger Trubel zumute ist. Glaubt mir, jedes Mal, wenn ich aufs Land nach Poppiano heimkomme, fühle ich mich wie im Paradies.

Zu dem, was Ihr mir über Eure Ermittlungen wegen des armen Pontormo schreibt, und weil Ihr mir die Ehre erweist, Euer Freund und Ratgeber zu sein, halte ich es für meine Pflicht, Euch ein paar Tatsachen in Erinnerung zu rufen. Vorweg: Nicht immer schon habt Ihr Dürer für den leibhaftigen Satan gehalten; in unserer Jugend gab es sogar eine Zeit, da saht Ihr einiges Schöne bei ihm, erinnert Ihr Euch? Bei den Fresken von San Lorenzo, die Ihr gnadenlos verreißt, als ginge es um die Auslage einer Fleischerei, kann ich natürlich nicht dagegenhalten, denn ich habe sie noch nicht gesehen; doch nach dem, was Ihr mir darüber gesagt habt, ist die *Idee* nicht frei von Bezügen zur Sixtinischen Kapelle. Solange es Michelangelo war, der nackte Leiber aufeinanderstapelte, fandet Ihr das – korrigiert mich, wenn ich irre – wunderbar. Natürlich weiß ich, dass sich die Zeiten ändern, aber niemand verlangt, dass Ihr Euch mit ihnen ändert.

Erlaubt, dass ich Euch für die Aufgabe, die Euch zugefallen ist, noch ein paar Ratschläge gebe: Geht systematisch vor. Enthaltet Euch jeglicher Gefühle. Betrachtet die Fakten nüchtern und wägt sie unparteilich ab. Lasst

Euch nicht ablenken von Ärger oder Interessen. Denkt immer an die Weisheiten von Marsilio Ficino: Einzig die Wahrheit macht glücklich. Ich zweifle nicht daran, dass Ihr meine bescheidenen Empfehlungen berücksichtigen werdet, denn wer den richtigen Rat gibt, überzeugt leichter und wirkungsvoller. Fertigt also eine *vollständige* Liste all derer an, die Jacopo hätten töten können oder wollen (oder sogar beides). Wenn ich Euch gut zugehört habe, haben wir da den Handwerker Marco Moro, über den ich Euch nichts sagen kann, denn ich kenne ihn nicht, den Lehrling Battista Naldini, den ich kenne, weil ich ihn als Zeichenlehrer am Ospedale degli Innocenti eingestellt habe, und mit dem es nie die geringsten Scherereien gab, unseren Freund Bronzino (wie abwegig diese Annahme auch scheinen mag, dürfen wir uns nicht davor scheuen, sie in Betracht zu ziehen), die Herzogin (widersprecht nicht, es geht hier um ein Gedankenspiel, nichts anderes) und die rätselhafte Frau, die (laut Battista) während Jacopos Abwesenheit in seiner Wohnung war. Nehmen wir auch noch den Herzog dazu, damit Ihr mir nicht nachsagen könnt, ich hätte jemanden ausgelassen! Eigentlich können ja alle Personen, die zu der Zeit in Florenz waren, das Verbrechen begangen haben, nicht wahr? Aber nur eine einzige hat ein Interesse, das mächtig genug ist, den Plan auszuführen. Welcher Art kann dieses Interesse gewesen sein? Das eben müssen wir herausfinden. Handelt es sich um einen ungut eskalierten Streit, dann könnte die niederträchtige Tat im Affekt begangen worden sein. Eine Geldgeschichte, aus Habgier? Eine Künstlerrivalität, von Stolz oder Eifersucht befeuert? Ein politisches oder religiöses Motiv, was die Sache noch heikler machen würde? Ihr wisst so gut wie ich, dass Pontormo durchaus ansprechbar war für kirchliche Reformbestrebungen, und auch wenn der Name heute in Florenz geächtet ist, so lässt sich nicht leugnen, dass die Thesen des Juan de Valdés die Runde machten, vermittelt durch Signor Francesco Riccio, der viel mehr war als nur herzoglicher Majordomus und der (Ihr seid zu klug, um das nicht zu wissen) auf uns alle starken Einfluss ausübte, bevor er den Verstand verlor. Denkt nur daran, dass der Herzog ihn in Borgo San Lorenzo eingesperrt hat, wo er sich nun seit drei Jahren ausruht. Vielleicht könntet Ihr ihn dort einmal besuchen? Ich habe gehört, er sei nicht so verrückt, für wie ihn der Herzog gern erklärt. Was mich angeht, so pflüge ich mich weiterhin durch Italien, mit Blick auf unsere nächste revidierte und korrigierte – und vor allem erweiterte! – Auflage der *Viten*. Ach ja: Habt Ihr Euch eigentlich schon überlegt, was Ihr über Pontormo zu schreiben gedenkt? Da ich Euch gut kenne, bin ich sicher, dass Ihr, zumindest im Kopf, wenn nicht schon auf dem Papier, mit der Abfassung des Kapitels begonnen habt, das ihm gewidmet sein wird.

Vergesst nicht, was ich Euch über Arezzo gesagt habe. Nicolosa hofft auf Euch jeden Tag, den der liebe Gott werden lässt. Schreibt ihr wenigstens. Eine Zeile vom berühmten Schriftsteller Vasari ist doch wohl das mindeste, nicht wahr?

28. Michelangelo Buonarroti an Giorgio Vasari

Rom, den 23. Januar 1557

Teuerster Signor Freund Giorgio, je länger ich darüber grüble, desto mehr glaube ich, dass des Rätsels Lösung in diesem Gemälde von Venus und Cupido liegt. Warum mag er das Gesicht durch das von der Tochter des Herzogs ersetzt haben? Obwohl ich selber damals das Vorbild dazu gemalt habe, einzig um neben Amors Schönheit auch die Gefahren und Fallstricke darzustellen, kann ich nicht davon absehen, dass dieses Auswechseln eine provozierende Absicht verrät und eine Feindseligkeit gegenüber der herzoglichen Familie, denn ich vermute, dass die junge Maria, die kaum mehr als siebzehn Lenze alt sein mag und die ihr Vater wohl zu vermählen gedenkt, weder physisch noch charakterlich viel mit meiner lasziven und erblühten Venus gemeinsam hat. Andererseits glaube ich kaum, dass der wackere Pontormo mit über Sechzig plötzlich seinen lüsternen Geschmack für unschuldige Jungfern entdeckt hat. Ich denke, es ist nicht die Tochter, auf die dieses Gemälde abzielt, sondern der Vater. Doch warum sollte Pontormo seinem Beschützer und Wohltäter übelgewollt haben, dem er sein ganzes Wirken seit mehr als zehn, eigentlich fast zwanzig Jahren widmete? Da liegt ein Rätsel, das ich mir nicht erklären kann. Ihr habt ja das Gemälde gesehen, habt Ihr denn mit Euerm geübten Malerauge keinerlei Hinweis ausfindig machen können? Angenommen, Naldini hätte die Wahrheit gesagt über den nächtlichen Besuch einer Frau mit Häubchen, was kann sie gewollt haben, außer etwas in Zusammenhang mit diesem Bild? Und wer außer dem Herzog und seiner

Familie hätte sich von solch einem Gemälde beleidigt fühlen können? Wisst Ihr, ob es erklärte Bewerber um die Hand der jungen Maria gibt? Ist einer unter ihnen, der, falls er von dieser Unverfrorenheit Wind bekommen hätte, empfindlich genug gewesen sein könnte, daran Anstoß zu nehmen? Mein lieber Giorgio, haltet mich doch bitte auf dem Laufenden über den Fortgang Eurer Ermittlungen.

29. Giorgio Vasari an Michelangelo Buonarroti

Florenz, den 25. Januar 1557

Verehrter Meister, zweitgrößter Schöpfer nach Gott, ich kann Euch nicht genug danken für die Überlegungen, die Ihr die Güte habt mit mir zu teilen. Ja, es gibt einen erklärten Bewerber um die Hand der jungen Maria. Es handelt sich um den Herzog von Ferrara, den jungen Fürsten Alfonso, der, um ehrlich zu sein, keinen besonders guten Ruf hat, aber letztlich ist das bei jungen Männern oft der Fall, und ich will da keine vorschnellen Schlüsse ziehen. Inzwischen habe ich mir das Gemälde in aller Ruhe ansehen können, und soweit ich meinem Auge trauen kann, lege ich die Hand ins Feuer, dass es sich um ein vollständig von Pontormo gemaltes Bild handelt, inspiriert durch Eure Zeichnung. Von daher ist es gut möglich, dass die Frau mit dem Häubchen des Nachts kam, um das Gemälde zu stehlen, in der zutreffenden Annahme, der Maler sei abwesend, aber ohne mit der Gegenwart Naldinis zu rechnen, der sie wohl bei ihrem Unterfangen störte.

Ich kann mir nicht vorstellen, dass die Herzogin nach Einbruch der Dunkelheit wie eine Diebin durch die Straßen von Florenz läuft. Die Hypothese, wonach es Maria selbst war, die in Pontormos Haus drang, setzt voraus, dass sie von der Existenz des Gemäldes wusste, und darauf gibt es gegenwärtig keinerlei Hinweise. Doch werde ich Euern Rat befolgen, von dem mir bewusst ist, wie sehr er sich Euerm Wohlwollen und Eurer Liebe zu mir und zur Gerechtigkeit verdankt, und mich also dazu entschließen müssen, sie zu vernehmen.

30. Marco Moro an Giovanni Battista Naldini

Florenz, ohne Datum

Genosse, kannst du mich mit Bronzinos Lehrling zusammenbringen, einem gewissen Sandro Allori? Ich habe gehört, auch er wohnte bei seinem Meister.

31. Agnolo Bronzino an Michelangelo Buonarroti

Florenz, den 25. Januar 1557

Den Spaniern die Pest an den Hals! Die Herzogin will, dass ich die Fresken nach ihrem Geschmack neu male, aber mit ein paar Gulden lasse ich mich nicht kaufen. Ich werde das Werk meines Meisters so ehrbar wie möglich zu Ende führen, so, wie er es gewollt hätte, mit meinen schwachen Kräften, wie Gott sie mir mit auf den Weg gegeben hat. Das schwöre ich Euch, Euch und dem Gedenken unseres betrauerten Freundes. *O tempora, o mores:* Sie tragen immer noch ihren Cicero auf den Lippen, doch wir haben genauso viel zu bieten. Diese Leute halten sich für die Anwälte aller Tugenden und sehen nicht, dass ihnen die Botschaft der Evangelien entglitten ist, sie sind nichts als irregeleitet und in der Seele verdorben.

32. Michelangelo Buonarroti an Agnolo Bronzino

Rom, den 27. Januar 1557

Ich kann Euch gar nicht sagen, Signor Agnolo, wie große Erleichterung mir Euer Schwur verschafft, und doch ist meine Seelenruhe dahin seit dem Tod unseres armen Freundes. Ohne sie gesehen zu haben, bin ich sicher, dass Pontormos Fresken um jeden Preis erhalten werden müssen, denn sie verteidigen eine Idee der Kunst und des Göttlichen, die wir beide teilen. Die Idee, mein lieber Bronzino! Wir beide wissen, dass es nichts Erhabeneres gibt. Deshalb habe ich keinen Zweifel, dass Ihr besser als jeder andere und so gut wie ich das Zeug dazu habt, der Idee Eures Meisters treu zu bleiben und sein Werk in seinem Sinne zu vollenden. Bei diesem Unterfangen werdet Ihr an dem Kampf teilhaben, den wir gegen reichlich düstere Mächte führen, und Ihr werdet Euch schrecklichen Gefahren aussetzen, denn unsere Feinde kriechen auf uns zu wie Spinnengezücht. Hier in Rom fürchte ich tagtäglich um meine Sixtina, gerade fragte ich mich, ob ich nicht den armen Volterra beauftragen muss, meine Aktfiguren zu bekleiden, was noch das geringere Übel wäre gegenüber der Gefahr, dass das Ganze zerstört wird. Eigentlich bin ich nahe daran, mir den Tod zu wünschen, um nicht mitansehen zu müssen, was mit meinem Werk geschieht, denn ich habe keinen Zweifel mehr daran, dass es mich nicht lange überleben wird. Außerdem fühle ich mein Ende nahen, bin von tiefer Müdigkeit niedergeschlagen und weiß kaum noch, wie ich es trotz meiner Schmerzen schaffen soll, tagtäglich auf die Baustelle im Petersdom zu gehen. Ohne die Überzeugung, zur Ehre Gottes zu wirken, und wäre da nicht die Sorge, meinen Neffen Leonardo sowie die Familie meines lieben verblichenen Urbino, die ich ernähren muss, im Stich zu lassen: Ich hätte mich wohl schon ins Bett gelegt und auf den Tod gewartet. Höchst grausam sind die Zeiten, mein Freund, für die Anwälte der Kunst und der Schönheit.

33. Maria de' Medici an Catherine de Médicis, Königin von Frankreich

Florenz, den 1. Februar 1557

Liebe Tante, hier kommt die Abschrift eines Briefs, den ich von jenem jungen Edelmann erhalten habe, dem Pagen meines Vaters, des Herzogs, und ich kann nicht verhehlen, dass er mich tief berührt hat, obwohl ich spüre, dass es nicht sein dürfte. Wäre es wirklich so schlimm, ihm zu antworten? Er hat das Gemälde gesehen, ich könnte vor Scham sterben. Doch er sagt so nette Dinge zu mir, dass ich vor Behagen erröte. Gleichviel, es ist mir nicht möglich, die folgende entwürdigende Sache zu vergessen: Signor Vasari, einer der engsten Vertrauten meines Vaters, ist zu mir gekommen, um mich über den Tod des Malers auszufragen. Und was besonders ungewöhnlich ist: Ich habe mich schuldig gefühlt, aber woran? Ich habe nicht die geringste Ahnung.

34. Malatesta de Malatesti an Maria de' Medici

Florenz, den 28. Januar 1557

Ich müsste erröten vor Dreistigkeit, gnädige Frau, pochte mir nicht schon das Blut in den Schläfen von einem zugleich edleren und tieferen Gefühl als dem meiner Tollkühnheit. Dabei ist mir durchaus bewusst, dass die Verwegenheit, Euch zu schreiben, ans Unverfrorene grenzen muss in den Augen von jemand, der mir nicht ins Herz blickt. Allein, ich möchte Euch entscheiden lassen, und deshalb werde ich Euch nichts von dem, was hier vor sich geht, verheimlichen. Außerdem spüre ich es so stark in meiner Brust rumoren, dass ich mir Luft machen muss. Bevor dieser Brief nicht geschrieben ist, kann ich nicht ruhig schlafen. Wenn Ihr diese Zeilen lest, werde ich also obendrein den Mut gefunden haben, sie Euch zustellen zu lassen. Doch letztlich frage ich mich, ob Ihr überhaupt viel Neues daraus erfahrt, wenn Ihr mich in den vergangenen Tagen auch nur ein wenig zu beobachten geruhtet. Doch auf der Stirn ist oft das Herz geschrieben – so lehrt uns der große Petrarca, und Eure Blicke auf die meine haben Euch unausweichlich über die zarten Gefühle ins Bild gesetzt, die ich Euch gegenüber hege. Ich weiß um meinen Rang und um Euern, doch wenn ich auch kein Fürst bin, so bin ich doch nicht weniger ein Edelmann, und die Erziehung, die mir meine Eltern angedeihen ließen, hat mich ausreichend darauf vorbereitet, Anmut und Schönheit zu erkennen, sobald ich ihnen begegne. Die größten Maler könnten sich nicht vollkommenere Schönheit vorstellen – Ariost muss an Euch gedacht haben, als er diesen Satz schrieb, und wenn nicht, war er im Unrecht, ohne es zu wissen natürlich, denn er hatte nicht das Glück, Euch zu kennen. Was rede ich? Ich glaube, er hat Euch gekannt, und zum Beweis nehme ich diese Verse:

Ihr blondes Haar zerfloss in ungezählten Locken
Zarter und heller schimmernd noch als Gold.

Oder liegt es an mir, dass ich Euch überall sehe, sogar in den Büchern? Ihr werdet Euch lustig machen über den armen Malatesta, dem Ihr den Verstand geraubt habt.

Ich weiß, gnädige Frau, dass Ihr betrübt seid wegen dieses ehrenrührigen Gemäldes, das bei dem toten Maler gefunden wurde. Das braucht Ihr nicht zu sein. Das Bild ist gut bewacht, geschützt vor den Blicken in einem Schrank im Vestibül des Herzogs. Ich selbst, das will ich Euch nicht verheimlichen, hatte ausgiebig Zeit, es zu betrachten. Gewiss, es entspricht nicht ganz der Ehrerbietung, die ein junges Mädchen von einem Maler am Hof ihres Vaters zu Recht erwarten kann. Doch wenn ich es wagen dürfte, würde ich Euch sagen, dass es trotz obszöner Elemente und der aufreizenden Pose der Liebesgöttin nicht ohne eine gewisse Schönheit ist, denn es beinhaltet ein wenig von Euch. Ich schwöre Euch bei meinem Leben, dass, während ich in die Betrachtung des Gemäldes ganz versunken war, mein Auge stets nur auf Euerm Gesicht ruhte. Was lag mir an diesem Leib, der nicht der Eure ist, der es nicht sein kann, denn offenkundig habt Ihr nichts gemein mit diesem lüsternen Geschöpf, Ihr, die Ihr in Euch die jungfräuliche Unschuld der unbefleckten Jugend vereint mit der hochgemuten Haltung, die Ihr von Eurer königlichen Mutter ererbt habt. Herzogin, Königin, Fürstin, für mich seid Ihr dies alles und noch viel mehr, wenn ich des Abends den Schlaf mache und dabei an Euch denken muss.

Nun bin ich sehr erleichtert, Euch mein Herz anvertraut zu haben, und endlich kann sich meine Hand ausruhen. Ich erwarte keine Gegengabe von Euch, nur eine Antwort.

35. Giorgio Vasari an Vincenzo Borghini

Florenz, den 1. Februar 1557

Es gibt Neuigkeiten aus Florenz, lieber Vincenzo: Ich habe Signorina Maria befragt, und sie weiß nicht nur nichts über Pontormo, dem sie nur ein, zwei Mal in ihrem Leben begegnet ist, sondern auch nichts davon, dass sie dem Herzog von Ferrara versprochen ist. Diese Blauäugigkeit macht sie nicht gerade zur Hauptverdächtigen. Ich habe meine Zweifel, ob das junge Ding überhaupt in der Lage wäre, irgendetwas Unappetitliches anzuzetteln. Jetzt müssen wir Alfonso d'Este in den Blick nehmen, den sie heiraten soll. Habt Ihr die Gerüchte gehört, die über ihn in Umlauf sind? Er gilt als schweigsam und kaltblütig.

Könntet Ihr vielleicht nach Ferrara reisen unter dem Vorwand, die Fresken von Tura und del Cossa zu besichtigen, und bei dieser Gelegenheit ein paar Erkundigungen einholen? Sein Vater, Herzog Ercole, wird Euch freundlichst empfangen, denn er ist ein Humanist und Beschützer der Künste, und ich bin sicher, dass er Euch erst wieder ziehen lässt, wenn er Euch seine Sammlung flämischer Gobelins gezeigt hat, die ihm sehr am Herzen liegt.

36. Eleonora di Toledo, Herzogin von Florenz, an ihren Gatten Cosimo de' Medici

Florenz, den 2. Februar 1557

Mein Freund, man berichtet mir Dinge über Fürst Alfonso, die mir gar nicht gefallen. Es heißt, er schlägt seine Leute und misshandelt die Frauen. Und wisst Ihr, was noch erzählt wird? Dass er als Kind unglücklich vom Pferd gestürzt ist und ihn das seine Manneskraft gekostet hat. Ich beschwöre Euch, macht diesen Plan rückgängig. Ihr wollt doch Eure Tochter nicht einem Kastraten im Gewand eines Grobians ausliefern, der nicht für seine und unsere Nachkommenschaft sorgen kann und allenfalls noch dazu taugt, seine Frau zu misshandeln! Ihr seid der Herzog von Florenz, alle großen Häuser Italiens und Europas wären stolz darauf, mit Euch verschwägert zu sein. Warum nicht ein Orsini, ein Farnese oder auch ein Habsburger? Ich habe gehört, dass der jüngste Sohn von Kaiser Ferdinand, immerhin schon Erzherzog von Österreich und Landesfürst von Tirol, noch unverheiratet ist. Glaubt Ihr, er würde die hübscheste Partie Italiens ausschlagen? Habt Mitleid mit ihr, mein Freund. Aus Liebe zu mir, schreibt an den Herzog von Ferrara. Sagt ihm, unsere Tochter ist zu jung, leidet unter Melancholie, sagt ihm, sie hat die Venusseuche, oder was auch immer. Gebraucht Eure schönsten diplomatischen Floskeln, sagt wenn nötig auch, ihre Mutter ist verrückt und will ihr Kind nicht hergeben, sagt, es geht um meine Gesundheit, erfindet als Entschuldigung, was Ihr wollt, aber verkauft ihm nicht Maria. Das Medici-Blut ist mehr wert, als Euch das Haus d'Este zu bieten hat. Verkauft, wenn verkauft werden muss, aber verscherbelt nicht.

37. Cosimo de' Medici, Herzog von Florenz, an Ercole d'Este, Herzog von Ferrara

Lucca, den 2. Februar 1557

Nur diese Notiz, Herzog, um zu bestätigen, was Euer Sohn Euch wohl schon übermittelt hat: Das Zeremoniell der Bekanntmachung mit meiner Tochter hat stattgefunden, und ich scheue mich nicht zu sagen, dass der junge Fürst einen hervorragenden Eindruck gemacht hat. Ich hoffe nichts so sehr, wie dass es umgekehrt ebenso war, dann könnten wir uns auf einen Termin kommendes Frühjahr einigen. Selbstverständlich wird die Feierlichkeit in Florenz stattfinden, wie es sich gehört, mit allen Ehren, die Eurer Familie zukommen, und allem Prunk, zu dem Florenz fähig ist. Glaubt nicht, dass ich, indem ich das Frühjahr als Zeitpunkt nenne, eine Angelegenheit verzögern will, die mir mehr als jede andere am Herzen liegt, aber schaut, lieber Herzog, Maria ist, auch wenn sie schon im siebzehnten Jahr ist, doch noch ein Kind, hängt sehr an ihren Eltern und an ihrer Stadt, und die Herzogin und ich hätten wenigstens noch ein paar Monate, um sie vorzubereiten auf das große Glück, sich mit Euerm Sohn zu vereinigen.

38. Catherine de Médicis, Königin von Frankreich, an Piero Strozzi, Marschall von Frankreich

Fontainebleau, den 3. Februar 1557

Lieber Cousin, ich möchte Euch zwei Fragen stellen, die mir kürzlich in den Sinn gekommen sind. Warum höre ich nichts von Euerm Mann und seinem Auftrag im Palazzo? Vor hundert Jahren hat er mir das Blaue vom Himmel versprochen, und ich bekomme nichts davon zu sehen. Was mich gleich zu meiner zweiten Frage bringt: Habt Ihr die Möglichkeit in Betracht gezogen, dass der Mann am Ende ein Hallodri ist? Gewiss, König Franz hielt große Stücke auf seine Kunst, aber ich habe ihn nur als einen Haudegen mit großer Klappe in Erinnerung, die meiste Zeit damit beschäftigt, Geld zu fordern für Werke, die er nie fertiggestellt hat. So kam mir der Gedanke, Ihr solltet vielleicht nach jemand anderem Ausschau halten, denn meiner Meinung nach drängt die Zeit, wenn wir das Gemälde retten wollen; es wird nur so lange aufbewahrt, bis die Wahrheit über den Tod des Malers gefunden ist, danach wird es vernichtet.

39. Benvenuto Cellini an Catherine de Médicis, Königin von Frankreich

Florenz, den 7. Februar 1557

Gnädige Frau, Ihr dürft alles in Zweifel ziehen, nur eines nicht: Was ein Mann nur wagen kann, das wage ich. Ihr habt mir einen Auftrag erteilt, den auszuführen unmöglich ist. Nun, für das Unmögliche brauche ich Zeit. Bedenkt, dass es nicht nur darum geht, in eine von tausend Männern bewachte Festung einzudringen, um vor den Augen und mit Wissen aller eine Holztafel von sechs mal vier Fuß Größe hinauszuschaffen. Erst einmal muss das Objekt gefunden werden, und schon das ist keine Kleinigkeit. Ihr habt mir gesagt, er sei im herzoglichen Vestibül – so weit, so gut. Aber dieser Raum ist ein furchtbares Durcheinander, man kann sich das nur vorstellen, wenn man es gesehen hat. Und der Herzog hat es nicht für klug befunden, das Gemälde aufzuhängen, um die Herzogin damit zu erfreuen, deren Gemächer gleich daneben liegen, was weitere Schwierigkeiten nach sich zieht. Ich nehme an, dass besagtes Gemälde in einem der zahllosen Schränke des Vestibüls versteckt gehalten wird, doch die häufigen Besuche des Herzogs, der Herzogin und ihrer Kinder sowie das pausenlose Kommen und Gehen der Maler, Goldschmiede und Handwerker machen es schwierig, den Raum zu durchsuchen. Und gerade, das müsst Ihr Euch mal vorstellen, arbeitet der alte Bacchiacca den ganzen Tag daran, ein für den Herzog bestimmtes Bett mit Holzfiguren zu schmücken, allein seine Gegenwart ist ein Hindernis für meine Suche. Es fehlt mir nicht am Mut zur Ausführung Eures Plans, den Ihr mir in Euerm Weitblick aufgetragen habt, sondern an der Zeit dafür. Wenn ich nur genau wüsste, wohin das Gemälde geräumt wurde, ich würde wohl den richtigen Augenblick finden, um seiner habhaft zu werden. Denn dann wäre es im Handumdrehen getan.

40. Benvenuto Cellini an Piero Strozzi, Marschall von Frankreich

Florenz, den 7. Februar 1557

Ich halte, was ich versprochen habe. Aber weder die Königin von Frankreich noch Ihr selbst, Signor Piero, könnt Euch vorstellen, was für unüberwindlichen Schwierigkeiten sich Euer Diener gegenübersieht. Das Florenz, wie Ihr es kennengelernt habt und wie es, so Gott will, wieder werden wird, ist nur noch ein Bienenstock, in dem sich die kleinen Bienchen tummeln, deren allgemeiner Sammelplatz ausgerechnet das Vestibül des Herzogs ist. Von früh bis spät zieht dort ganz Florenz vorbei, und des Nachts halten tausend Mann Wache. Ich könnte die Hektik der Karnevalsvorbereitungen ins Feld führen, aber ich will Euch nichts vormachen: Am Palazzo Vecchio wird seit fünfzehn Jahren gebaut, und nichts deutet darauf hin, dass die Arbeiten eines Tages enden. Eine Dauerbaustelle, die wir der Herzogshure Vasari zu verdanken haben, der als schneller Arbeiter gilt, es aber gut versteht, seine Aufträge immer in die Länge zu ziehen, damit es weiter Dukaten regnet auf sein kleines Rattengesicht.

Und dann kommt noch hinzu, dass man durch die

Gemächer der Herzogin hindurchmuss, um zum Vestibül zu gelangen. Nun hegt diese seit einer undurchsichtigen Halsbandaffäre, die vor Euch auszubreiten ich nicht für sinnvoll erachte, eine solche Abneigung gegen mich, dass sie meinen Anblick nicht erträgt. Die Folge ist, dass ich jedes Mal, wenn ich in den Palazzo komme, vor Langeweile vergehe, denn die Herzogin verrichtet ihre Notdurft stets in den Vorzimmern, durch die ich hindurchmuss. Da sie die meiste Zeit krank ist, komme ich immer ungelegen. Es ist mir schon passiert, dass ich, wenn ich mich unerwartet in die Privatgemächer schlich, die Herzogin dabei antraf, wie sie sich erleichterte. Da seht Ihr, woran die hochfliegendsten Missionen hängen: an der Darmträgheit einer verklemmten Spanierin.

Doch auch wenn dieses erste Hindernis überwunden ist, muss ich eine weitere Probe bestehen, und die ist schwieriger, als ein Segel in der Osmanischen Flotte auszumachen oder Atahualpas Gold in den Bergen von Peru. Es mangelt ja nicht an Gemälden im Vestibül. An den Wänden hängen Porträts der Medici, denen die Laune des Herzogs die Visage des alten Hurenbocks Aretino hinzugesellt hat, von Tizian selbst gemalt. Das Bild mit der jungen Maria, Ihr ahnt es schon, ist nicht dabei. Andererseits biegen sich die Gestelle unter der Last der etruskischen Kleinplastiken, für die der Herzog schwärmt. Das herzogliche Bett nimmt ein gutes Sechstel des Raumes ein, wenn man Bacchiacca mitrechnet, der den ganzen Tag daran arbeitet. Es finden sich dort auch zahllose mehr oder weniger ausgefallene Gegenstände: ein Spiegel, der das Gesicht dreizehnmal reflektiert, ein präpariertes Chamäleon, Glasflaschen mit vergiftetem Öl, Versteinerungen von Fischen, eine Borte mit sieben aufgenähten Edelsteinen, denen bestimmte Eigenschaften nachgesagt werden; ich erspare Euch das Übrige, denn es tut hier nichts zur Sache. Falls es einem dann gelungen ist, all den Kram hinter sich zu lassen und dabei nicht auf den alten Bacchiacca zu treten, und auch nicht von dem kleinen Giorgio, dieser kläffenden Töle, die dort die ganze Zeit herumschnuppert, gebissen zu werden, dann muss man jeden der dreißig Schränke aufmachen: Man findet dort, außer einer Unzahl weiterer Gemälde, Silberbesteck, Porzellan, Tapisserien und Tuche aller Art. Hat man gefunden, was man sucht, braucht man nur noch umzukehren und mit der Beute unterm Arm durch die Gemächer, wo die Herzogin aus Leibeskräften scheißt, den Palazzo zu verlassen, nicht ohne den Männern vom Bargello einen Gruß zu entbieten. Gebt zu, das ist gar nicht so einfach.

41. Maria de' Medici an Catherine de Médicis, Königin von Frankreich

Florenz, den 7. Februar 1557

Liebe Tante, helft mir, ich bin am Ende. Mein Vater hat gesprochen, und ich fürchte, es gibt keine Widerrede, wie bei allem, was er entscheidet. Ich soll den Sohn des Herzogs von Ferrara heiraten, diesen Alfonso d'Este, den ich ziemlich unheimlich fand und von dem man die niederträchtigsten Dinge hört. Von meiner Mutter habe ich keinerlei Unterstützung zu erwarten, sie steht ganz hinter dem Plan ihres Gatten, wie immer: Da haben sich die beiden Richtigen gefunden, noch nie habe ich irgendeine Meinungsverschiedenheit bei ihnen erlebt. Ich habe also nur Euch, an die ich mich wenden kann. Ich glaube zu wissen, dass Ihr einmal am französischen Hof mit ihm zu tun hattet – sagt mir doch bitte, dass dieser Fürst ein Edelmann ist, liebenswerter, als er auf den ersten Blick wirkt, und dass die Ehe nicht zu dem Gefängnis wird, das ich gerade vor mir sehe. Sagt mir vor allem auch, dass ich meinen Malatesta weiterhin treffen kann.

Ja, nachdem Ihr es mir nicht ausdrücklich verboten habt, sollt Ihr erfahren, dass ich auf seinen Brief geantwortet habe, was eine beträchtliche Auswirkung auf ihn hatte. Davor hatte er immer so traurig dreingeschaut, und nun plötzlich so fröhlich! Großartig, was auf Papier geschriebene Worte ausrichten können. Seine wiedergefundene Fröhlichkeit scheint seinen Mut angestachelt zu haben: Seither hat er keine Gelegenheit ausgelassen, mich zu treffen, und wir plauderten miteinander wie Bruder und Schwester und als kennten wir uns schon immer. Soll ich Euch verraten, dass er einen Augenblick, wo niemand zugegen war, nutzte, um mich in die Kapelle meiner Mutter zu ziehen, und dort versucht hat, mir einen Kuss zu rauben? Ich schwöre Euch, ich wollte widerstehen, aber meine Lippen haben den Gehorsam verweigert. Es war göttlich, ich fühlte mich wie im siebten Himmel. Warum sollte das von Übel sein?

Während ich also in höchster Glückseligkeit schwebe, sehe ich am Horizont schweres Unglück heraufziehen. Ist das Leben immer so? Oder bin ich als Einzige solch großem Unheil ausgeliefert? Wie grausam kann Gott sein, dass er uns wieder entzieht, was er uns gerade eben erst gewährt hat? Ich glaube, hinter alldem steckt eine Absicht, aber in der Verzweiflung und Verwirrung, die mich befallen, weiß ich nicht, was für eine.

42. *Catherine de Médicis, Königin von Frankreich, an Piero Strozzi, Marschall von Frankreich*

Paris, den 9. Februar 1557

Gott ist mit uns, lieber Cousin! Lest mal diesen Brief von der Tochter des Popolano, und meine Antwort darauf, von der ich Euch eine Abschrift beilege. Sagt Euerm Mann, dass der Page ihm zu Hilfe kommen und die fehlenden Hinweise liefern wird, dann hat er keine Entschuldigung mehr, die Sache aufzuschieben.

Ich gestehe, dass mir dieses Mädchen immer mehr ans Herz wächst: Hinter dem Äußeren einer dummen Göre, die nur das Abziehbild dessen ist, was man von ihr erwartet und dem sie sich unbedingt anpassen möchte, verbirgt sich eine klare Wahrnehmung dafür, welch ein Fluch es ist, als Frau geboren zu sein, überlagert von dem Willen, sich dem zu entziehen. Das wird uns, wenn sich die Dinge zu unseren Gunsten wenden, sehr zupasskommen. Mithilfe der Kleinen werden wir Cosimo auf den von uns gewünschten Weg bringen: ihn so lange schwächen, bis er mit geringem Aufwand zu vernichten ist.

43. *Catherine de Médicis, Königin von Frankreich, an Maria de' Medici*

Paris, den 9. Februar 1557

Lasst mich zu Euch sprechen, mein liebes Kind, wie wenn Ihr meine eigene Tochter wäret.

Auch ich habe, lang ist's her, von der Liebe geträumt. Doch die Kreuzeslast, als Medici geboren und dazu noch eine Frau zu sein, ließen mich bald erkennen, dass es von unserem Herrn nicht vorgesehen war, sein Geschöpf allzu viel Sorglosigkeit und Glück kosten zu lassen. Verwaist seit meinen ersten Lebenstagen, aufgenommen von meiner allzu früh von Gott heimgerufenen Tante, während der Unruhen 1527 in einem Kloster versteckt, später in einem anderen gefangen gehalten, geschoren, mit gammeligem Eselfleisch ernährt, zehnjährig von aufständischen Republikanern dem Lotterleben ausgeliefert, daraus errettet von meinem Onkel, Papst Clemens, großgezogen von Eurer Großmutter und Euerm Vater, der damals noch nicht in der Stellung war wie heute und bei dem nichts darauf schließen ließ, dass er je dorthin gelangen würde, verliebt in meinen Cousin Ippolito, der von seinem Cousin Alessandro vergiftet wurde, verfrachtet wie eine Handelsware nach Frankreich, um dort den jüngeren Sohn des guten Königs Franz zu heiraten, gestählt von einem schicksalsgebeutelten Leben, beschattet vom Unglück, verhärtet von Demütigungen und gezeichnet von Kränkungen kam ich an den Hof, mit noch nicht fünfzehn Jahren, zerrissen zwischen Heimweh und der Hoffnung auf eine neue Heimat. Doch ein Hof, das werdet Ihr bald genug merken, wenn Ihr es nicht ohnehin schon ahnt, ist nicht gerade der Zufluchtsort, den sich ein junges Mädchen erträumt. Gewiss wurden mir die Ehren zuteil, die meinem Rang zukamen, aber ich musste auch lernen, mit Fallstricken und Intrigen zurechtzukommen, die bedrohlicher waren als in Italien. So wurde ich angeklagt, den Thronfolger ermordet zu haben, weil sein Tod mir die Anwartschaft auf die Krone versprach, und verdanke es nur der Güte des Königs und der aufrichtigen Zuneigung, die er für mich hegte, dass ich nicht unter dem Henkersbeil endete. Zehn Jahre lang wurde ich von meinen Feinden als Trockenfrucht bezeichnet, weil es mir nicht gelang, dem neuen Thronfolger einen Nachkommen zu schenken, und lebte in permanenter Angst, verstoßen zu werden. Als ich dann Mutter und danach auch Königin geworden war, wurde ich die Beschimpfungen allerdings auch nicht los. Die Franzosen, die die Italiener nur als Maler und Erfinder mögen, behandeln mich bis heute als eine Fremde, wohingegen sie Heinrichs Mätresse, meine Cousine Herzogin Diana, als die wahre Königin ansehen. Und, mein Kind, um Euch nichts vorzuenthalten, muss ich Euch gestehen, dass auch der König selbst mich vernachlässigt zugunsten dieser Hure. Dabei war doch ich es, die die Regierungsgeschäfte auf sich nahm, während Heinrich in den Krieg nach Flandern zog, auf mir ganz allein ruhten die Staatsaufgaben, und ich habe für die Verpflegung des französischen Heeres gesorgt, ohne das die kaiserlichen Truppen bis nach Paris vorgedrungen wären. Das kleine Waisenmädchen aus Florenz hat das Königreich Frankreich gerettet.

Die Liebe also hat, wie Ihr seht, in meinem Leben insgesamt einen bescheidenen Rang eingenommen. Ist meine

Ehe glücklich? Das überlasse ich Euerm Urteil, aber ich befürchte, man darf die Dinge nicht mit dieser Elle messen. Wenn Ihr den jungen Herzog von Ferrara ehelicht, so geschieht das aus dem einzigen Grund, Euern Vater mit der mächtigen Familie d'Este zu versöhnen. Wir Frauen sind die Schachfiguren auf dem Spielbrett der Imperien, zwar nicht ohne Wert, aber keineswegs frei in unseren Bewegungen. Eure Aufgabe als Tochter des Herzogs ist es, dem Vater zu gehorchen, Eure Aufgabe als Gattin des Herzogs wird es sein, dem Gatten zu dienen und ihm gesunde und kräftige Nachkommen zu schenken. Ich wünsche Euch, dass Ihr wie ich die Kraft habt, zehn zu bekommen, von denen gottlob noch sieben am Leben sind, und dass Ihr nicht so zerbrechlich seid wie meine Mutter, die meine Geburt nicht überlebt hat. Ihr werdet mit Schweigen die Launen Eures Herrn ertragen, seine Wutanfälle und seine Seitensprünge, und so Gott will, wird er Euch gut behandeln, auch wenn, was ich über seine Wesensart zu hören bekomme, mich dieser Annahme nicht allzu sehr zuneigen lässt.

Da ich aber nun sehe, dass Ihr in den jungen Pagen verliebt seid, von dem Ihr mir mit allen Kennzeichen der Leidenschaft erzählt, und auch deutlich sehe, dass er in Euch verliebt ist, so würde ich meine Aufgaben als Vertraute und Tante verfehlen, wenn ich Euch nicht warnte vor den Gedanken, die jungen Frauen unvermeidlich durch den Sinn spuken. Natürlich würdet Ihr am französischen Königshof mit offenen Armen aufgenommen, falls Ihr die Dummheit beginget, aus Eurer Heimat und zugleich Eurer Familie zu fliehen. Am Ende würde Euch Euer Vater verzeihen – Väter verzeihen immer. Aber stellt

Euch den Skandal vor: In gewisser Weise gäbet Ihr dem Schandgemälde recht, das Euch so viel Kummer und Sorgen um Euern Ruf bereitet. Solange das Bild in Florenz ist, müsst auch Ihr dort bleiben. Doch solltet Ihr, meinen eindringlichen Warnungen zum Trotz, Euch entschließen, die Gefahren einer Flucht und eines Abenteurerlebens mit dem Mann, den Ihr liebt und der Euch liebt, auf Euch zu nehmen, so muss das Gemälde verschwinden.

Der Zufall will es, dass, zumindest für dieses Vorhaben und ohne einer Entscheidung vorzugreifen, die Euer ganzes Lebensglück aufs Spiel setzt, ich Euch vielleicht behilflich sein kann. Sagt Euerm Freund, er möge Signor Cellini informieren, wo das Bild versteckt ist. Der wird dann schon weiterwissen.

Gott befohlen, liebe Nichte, ich beschwöre Euch, macht keine Dummheit und vergesst nicht, dass es für eine Frau nichts Wichtigeres gibt als ihre Ehre – und ihre Pflicht.

44. *Marco Moro an die Mitglieder der Zunft der Ärzte und Apotheker*

Florenz, den 9. Februar 1557

Genossen, die Ereignisse von San Lorenzo dürfen und können nicht beeinträchtigen, was wir begonnen haben. Das hier ist ein Zwischenhalt, noch nicht das Ende. Weil unsere Sache gerecht ist, ist uns der Sieg auf Dauer gewiss. Derweil müssen wir uns unauffällig an den Männern des Herzogs vorbeischleichen, die überall wie Hunde herumschnüffeln. Wer hat den Maler umgebracht? Eine Frage, die uns nicht interessiert, die uns nicht betrifft. Unsere Entlohnung und unsere Rechte, darum muss es gehen. Armut und Hunger, das beschäftigt uns. Wenn Pontormos Mörder gefunden wäre, hätten wir dann ein besseres Los? Die herzoglichen Schnüffeleien werden nachlassen, und nach einer Woche oder einem Monat setzen wir unsere Zusammenkünfte fort, in San Lorenzo oder sonst wo.

Manche von uns trauten sich nicht, sich auf eigene Faust zusammenzutun, denn obwohl es für die Sache der kleinen Leute war, dachten sie, man könne sie für dünkelhaft halten oder ihnen vorwerfen, sich wichtigzumachen. Doch nachdem wir beobachten, wie sich Tag für Tag und ohne jede Vorsichtsmaßnahme zahlreiche Florentiner in privaten Räumlichkeiten und in unterschiedlichsten Gruppen versammeln – keineswegs im Interesse der Allgemeinheit, sondern aus persönlichem Ehrgeiz –, sind wir zu der Auffassung gekommen, dass die, die sich zu Nutz und Frommen der Allermeisten organisieren, keine Angst haben dürfen, wo doch die, die es um der Bereicherung ihrer Klasse oder um irgendwelcher Nichtigkeiten willen tun, nicht das Geringste zu befürchten haben. Und was haben wir nun gesehen? Auf jedem unserer Treffen sind Handwerker der anderen Gewerke hinzugekommen, denn was wir für uns fordern, wollen auch sie für sich haben, woran uns gelegen ist, daran ist auch ihnen gelegen, und ihre Belange sind die unseren sowie unsere die ihren – mit einem Wort: Wir sind Brüder, und es ist nur logisch und legitim, dass wir uns in einem Bruderbund zusammenschließen, der die Grenzen der Berufsstände und die Unterschiede zwischen den einzelnen Gewerken überwindet.

Der Herzog hat den Fehden zwischen den Großen ein Ende gemacht, indem er sie aus der Stadt vertrieben, ihr Vermögen konfisziert oder sie kurzerhand hat töten lassen. Aber was hat er getan, als er entdeckte, dass die Gebildeten sich heimlich zum Philosophieren trafen? Hat er sie etwa bestraft? Nein, er hat im Gegenteil eine Akademie für sie gegründet und sie dort versammelt. Er hat die Zünfte der Künstler und die alten Einrichtungen der Republik erhalten. Und obwohl er Florenz mit eiserner Hand regiert, steht er weder Versammlungen noch deren Teilnehmern feindselig gegenüber, woran wir Tag für Tag erinnert werden durch die vielen Kunstkonsuln, die man in ihren schönen Gewändern aus bestem Tuch einherstolzieren sieht. Es wird nicht mehr lange dauern, bis dem Herzog nichts anderes bleibt, als auf unsere Forderungen einzugehen, denn sie sind legitim, und wir werden von Tag zu Tag mehr, was sich so zusammenfassen lässt: Wir, die wir nichts sind, streben an, etwas zu sein.

45. *Vincenzo Borghini an Giorgio Vasari*

Florenz, den 9. Februar 1557

Ich bin richtig böse mit Euch, Signor Giorgio, denn Ihr müsstet wissen, dass ich, um mich nach Ferrara zu begeben, wie Ihr mich genötigt habt, über Florenz kommen würde. Und da finde ich die Stadt völlig auf den Kopf gestellt, Jongleure, Musikanten, Fechtkünstler, Tänzer, Akademiemitglieder im Überfluss, und mittendrin der rastlose Varchi, Boccaccio als Holzstandbild auf einem

Wagen, und der Herzog höchstselbst heimgekehrt für die Karnevalsfeier. Nur von Vasari keine Spur. Musstet Ihr ausgerechnet diese Woche für Euern Arezzo-Besuch wählen? Dann grüßt wenigstens Eure Frau von mir. Ich tröste mich mit dem Gedanken, dass sie statt meiner die Freude hat, Euch wiederzusehen, und dass sie Euch so zärtlich küsst, wie ich es getan hätte.

Was unsere Angelegenheit betrifft, so sollt Ihr wissen, dass ich Signor Francesco Riccio im Irrenhaus besucht habe, weil Ihr meinen Rat ausgeschlagen und diesen Schritt nicht getan habt, von dem ich glaubte, er könnte nützlich sein für Eure Ermittlungen. Na ja, mein Freund, der Vorstoß war nicht umsonst, und ich denke das jetzt erst recht. Zunächst sollt Ihr erfahren, dass unser Mann vollkommen bei Sinnen ist und genau so klar im Kopf wie in seinen Zeiten als Majordomus beim Herzog, auf den er damals so großen Einfluss hatte. Ihr erinnert Euch vielleicht noch, dass der Herzog ohne Rücksprache mit Riccio keine Entscheidung darüber traf, was Euch Florentiner Künstlern aufzutragen sei, und dass ihm das Groll und Klagen eintrug, wovon Euch wohl auch etwas zu Ohren gekommen sein mag. Übrigens hat Riccio im Verein mit Varchi das Motiv der Fresken in San Lorenzo festgelegt, und bei ihm, mindestens so sehr wie bei Pontormo, müsst Ihr Euch beklagen über die Ratlosigkeit, in der sie Euch zurückgelassen haben – doch dazu später mehr.

Und was ist nun eigentlich passiert? Folgendes hat mir Francesco anvertraut, und ich gebe es getreulich wieder: Nicht Wahnsinn und – obzwar ihn seine Arbeitslast an den Rand der Erschöpfung brachte – auch nicht seine Gesundheit waren der Grund für seine Entmachtung. Der

Herzog besteht auf der Version, er habe ihn zu seinem Schutz entfernt, denn mit dem, was sich beim Konzil von Trient zusammenbraute, sah er nicht mehr, wie er ihm noch seine Sicherheit garantieren könnte bei seinen Valdés'schen Ansichten, die heute als ketzerisch gelten. Und im Grunde, so tolerant der Herzog diesen Ansichten gegenüber auch sei, sei er (so Francesco) doch nur darauf aus, seine eigenen Interessen zu wahren. In seinem Streben nach dem Titel des Königs von Toskana habe Seine Exzellenz Cosimo also seinen treusten Gefolgsmann geopfert. Im vollen Bewusstsein der Gebote der Staatsräson, und ohne so weit zu gehen, ihm dankbar zu sein dafür, dass er ihn entlassen und eingesperrt hat, nimmt Signor Francesco es seinem Herrn nicht übel. Es ist ja allgemein bekannt, dass auch die Großen ihre jeweiligen Abhängigkeiten haben, und als Landsleute eines Machiavelli wissen wir das natürlich am allerbesten.

Es ist mir nicht möglich, alle Äußerungen von Francesco genau zu überprüfen. Vielleicht hat er Recht, vielleicht nicht, wenn er seine Verstoßung den hochfliegenden Plänen des Herzogs zuschreibt. Festzuhalten aber ist: Francesco Riccio ist am Leben, und er ist nicht verrückt. Da wir diese beiden Informationen haben, können wir daraus mit Gewissheit den folgenden Schluss ziehen: Vielleicht hat jemand aus der Umgebung des Herzogs den Mord an Pontormo befohlen, aber der Herzog selbst kann nichts dafür. Wenn er sogar Riccio am Leben gelassen hat, obwohl ihm dessen philosophische und künstlerische Einlassungen erhebliche Schwierigkeiten bereiten konnten, hat er erst recht nicht Pontormo umbringen lassen. Der war, was immer Ihr von ihm halten mögt, stets ein Maler, auf den der Herzog große Stücke hielt. (Übrigens hat er auch Varchi geschont, der ebenso am Freskenprojekt beteiligt ist: Er ist noch immer im Amt und mächtiger denn je, und Riccio versichert, er teile dieselben sündigen Neigungen.) Wir sind also in der angenehmen Lage, uns von einer so schändlichen Vermutung, die ja, wie ich nicht zu betonen brauche, weder von Euch noch von mir kam, endgültig zu verabschieden.

Noch etwas: Ich habe Bronzino auf der Baustelle in San Lorenzo aufgesucht. Ihr wisst, wie selten ich einen Einwand gegen Euer Urteil vorbringe, das ich für eines der sichersten auf der Welt halte, und wie sehr unser beider Geschmäcker und Meinungen fast immer übereinstimmen. Aber ich habe die Fresken gesehen: Sie sind nicht das, was Ihr sagt. Diese aufeinandergestapelten Leiber sind das Schrecklichste, was ich je zu sehen bekommen habe, aber genau das macht ihren Wert aus, denn in puncto Schäbigkeit hat uns Pontormo hier das Schauspiel der Menschheit geschenkt, in all seinem Glanz und Elend. Wenn Bronzino seiner Aufgabe gerecht wird, wie ich es ihm zutraue, wird der Chor von San Lorenzo es mit der Sixtinischen Kapelle aufnehmen können. Ihr wisst genau, dass nicht so sehr die Menschen ihren Geschmack ändern, sondern die Politik die Menschen ändert. Was einen an diesen Malereien verstört außer den nackten Leibern, die heute nicht mehr angebracht sind, ist das Fehlen der Heiligen (außer dem heiligen Lorenzo natürlich), der Engel, Päpste und Bischöfe, wodurch stets an Jesu Vorrangstellung über sie alle erinnert wird. Der Maler hat also seinen Wagemut so weit getrieben, Jesus oberhalb von seinem eigenen Vater darzustellen, denn Riccio und Pontormo wollten die direkte Verbindung der Menschen zu ihrem Erlöser betonen, ohne überflüssige Mittler. Ihr wisst auch, dass es mehr nicht braucht, denn hinfort sieht Rom hinter jeder Tür Protestanten, und schon riecht das alles nach Ketzerei.

Unnötig, Euch zu bitten, mein Freund, darauf zu achten, dass dieser Brief, in dem einige Abschnitte missverstanden werden könnten, nicht in falsche Hände gerät.

46. Giorgio Vasari an Vincenzo Borghini

Arezzo, den 10. Februar 1557

Signor Vincenzo, glaubt mir, ich bin untröstlich, dass ich Euch bei Eurer Rückkehr nicht selber in Empfang nehmen konnte, aber ich rechne fest darauf, dass Ihr auf mich wartet, ehe Ihr wieder nach Ferrara reist, und dann tafeln wir zusammen, um unser Wiedersehen zu feiern. Für meine unvorhergesehene Abwesenheit gab es keinen ungünstigeren Zeitpunkt, mitten im Karneval, wenn die Schaustücke immer erst in letzter Minute fertig werden und alle von mir wollen, dass ich eine Unzahl von Problemen löse – hier ein Bühnenbild, da das Stroh für die Pferde, hier muss ein Wagenrad gewechselt, da ein zerrissenes Kostüm geflickt, dort ein Musiker gerettet werden, der betrunken in den Arno gefallen ist ... Dabei bin ich nicht zu meinem Vergnügen wieder nach Arezzo gereist, sondern um dem Ruf des Rates der Stadtoberen zu folgen, dem ich angehöre und der mich vor einiger Zeit und mit Zustimmung des Herzogs zum Bannerträger gewählt hat. In dieser Eigenschaft soll ich dem Rat nun in einer höchst verworrenen Angelegenheit behilflich sein: Seit Monaten halten Nonnen das Spital von Arezzo besetzt, sie haben sich dorthin geflüchtet, nachdem der Siena-Krieg sie aus ihrem Kloster vertrieben hatte. Dem Rat gelingt es nicht, sie umzusiedeln, und die ganze Zeit schon kann das Spital niemanden mehr aufnehmen, denn alle Betten sind belegt. Die Schwestern würden sich wohl lieber umbringen lassen, als Platz zu machen. Und nun will man von mir, dass ich den *casus belli* in Ordnung bringe.

Ich will Euch nicht weiter mit dieser horndummen Geschichte langweilen und komme zurück zu dem Gegenstand, der uns beschäftigt. Ich bin froh, dass Ihr die Fresken ansehen wart, denn ich möchte gern wissen, was Ihr bei dem übermalten Sintflut-Teil empfindet, mit diesem groben Übergang, den ich mir immer noch nicht erklären kann. Ihr kennt Pontormo: Niemals hätte er einen so deutlich sichtbaren Übergang geduldet, sondern lieber die Arbeit des ganzen Tages noch einmal neu gemacht, zumindest Noahs Leib, das Schaf rechts, die Hufe der Giraffe und dann weiter bis zur Mauerecke. Daher ist mir ein ganz verwegener Gedanke gekommen: Hat er diesen Teil des Bildes vielleicht gar nicht selber übermalt? Hat vielleicht jemand anderes Noah, das Schaf und die Giraffe übermalt? Und warum? Ich habe nicht ansatzweise eine Idee zur Erklärung. Meine Hypothese mag abwegig sein – aber nicht abwegiger als die Vorstellung von einem Pontormo, der bei den Übergängen nachlässig ist. Ich habe dieses Stück so genau wie möglich untersucht, und was ich dabei herausgefunden habe, hat meine Aufregung nur noch zugespitzt: Es entspricht im Stil genau dem Rest des Gemäldes und lässt wohl keinen Zweifel zu, dass es sich um denselben Künstler handelt. Aber in der Farbe, soweit ich das jetzt, da sie halbwegs trocken ist, beurteilen kann, ist etwas, das mir leicht abzuweichen scheint, ja herausfällt. Als hätte Pontormo seine grellen Farben, für die er schon immer eine Vorliebe hatte, nun weiter forciert: Noahs rosa Lendenschurz, blauer Schimmer auf dem Schafrücken, das Blassgelb der Giraffe … als hätte er dieses Stück in Eile übermalt, ohne die Veränderung der Farbe beim Trocknen im Voraus zu bedenken.

Ihr dürft, Signor Vincenzo, solchen Spinnereien eines Irren, denn irre bin ich inzwischen durch das viele Hin-und-her-Wenden der ganzen Sache, nicht allzu viel Bedeutung beimessen. Ich weiß selber nicht, warum ich Euch mit derlei belästige, das wohl kaum Hand und Fuß hat. In meiner ganzen Verwirrung, die von dem kam, was ich in dem Fresko zu sehen geglaubt hatte, habe ich mir noch einmal das Gemälde von Venus und Cupido angesehen, das der Herzog in seinem Vestibül aufbewahrt. Ich weiß nicht, was ich dort suchte, oder besser, ich weiß es nur zu gut, denn ich habe es nicht gefunden: Dieses Gemälde ist mit Sicherheit die Kopie nach einer Zeichnung von Michelangelo, aber ich bin mir fast sicher, dass diese Kopie ganz von Pontormos Hand ist und dass niemand als er selbst dort das Gesicht der Tochter des Herzogs eingesetzt hat. Jedenfalls habe ich nichts Gegenteiliges entdeckt. Nun aber, mein Freund, könntet Ihr, nachdem Ihr die Fresken gesehen habt, Euch in den Palazzo begeben und dort Eurerseits die Venus mit Mariengesicht untersuchen und mir sagen, was Ihr davon haltet? Es ist gut möglich, dass Euerm Scharfsinn etwas auffällt, das mir entgangen ist.

Bis dahin hoffe ich etwas gefunden zu haben, womit ich meine Nonnen beschwichtigen kann, um dann so rasch wie möglich heimzukehren und Euch in die Arme zu schließen. Besorgt doch schon einmal bei Gaddi eine große Flasche Trebbiano für uns, denn ich werde, so Gott will, im Handumdrehen wieder da sein.

47. *Schwester Caterina de' Ricci an Schwester Plautilla Nelli*

Prato, den 10. Februar 1557

Vergib Ihnen, oh Herr, denn sie wissen nicht, was sie tun! Dein Porträt ist so trefflich gelungen, liebe Plautilla, dass es sogleich zu Eifersüchteleien im Herzen des Klosters geführt hat. Gottes Fingerzeig an meiner Wiege hat mich glücklicherweise gegen die Angriffe gewappnet, die mein Auserwähltsein stets hervorrief, und zwar seit meiner frühesten Kindheit, als ich die anderen kleinen Mädchen mit ihren Kinderspielen verließ und die Mysterien der Passion nachspielte vor dem Kruzifix des Klosters, in das mich meine Eltern gesteckt hatten. Ich erinnere mich an alle, die später an meinen Verzückungszuständen zweifelten, wenn unser Herr mir sein Wort sandte, und die so weit gingen, mich zu verdächtigen, ich würde mir die Wundmale seines Leidens selbst zufügen. Doch obwohl alle, sogar Papst Paul III., schließlich die Echtheit meiner Visionen einräumten, hat die Botschaft, die Christus zwölf Jahre lang, als er mir jeden Donnerstag erschien, durch meinen Mund verkündete, nicht ausgereicht, die

Todsünde der Missgunst von der Erde verschwinden zu lassen, die mir Tag für Tag mehr als die schwerste von allen vorkommt. Wie starrsinnig sind wir Geschöpfe doch gegenüber der Lehre des Schöpfers!

Wir müssen Gott dankbar sein, dass er uns solche Plautillas an den Weg legt, aber wir müssen auch hinnehmen, dass die Welt voll von Prüfungen ist, die Er uns schickt und die zu bestehen Er uns auferlegt. Einmal bezeichnete Schwester Maria Gabriella Mascalzoni mich als Hochstaplerin. Nach Deiner Abreise, als wir alle die göttliche Schönheit Deines Gemäldes bewunderten, entstand, ausgehend von Schwester Maria Serafina, ein Gerede, Schwester Maria Perpetua stimmte ein und dann auch Schwester Maria Modestia (Gott möge ihr verzeihen): Indem ich mein Gesicht Deinem Porträt der heiligen Katharina von Siena zur Verfügung stellte, hätte ich mich des Hochmuts und der Scheinheiligkeit schuldig gemacht. Solchen Verleumderinnen wünsche ich die Pest an den Hals! Glücklicherweise kam mir mein Gott, der mich nie im Stich gelassen hat, wieder einmal zu Hilfe und zeichnete mich mit einer außergewöhnlichen Vision, in der mir Bruder Girolamo höchstselbst erschien, halb verbrannt in seiner braunen Kutte und mit funkelndem Heiligenschein, und mir versicherte, dass, da wir keinerlei Mittel mehr hatten, zu erfahren, wie die heilige Katharina von Siena ausgesehen habe, es nur recht und billig sei, mich zum Vorbild zu nehmen und ihr meine Gesichtszüge einzumalen, nachdem ich auf ihren Spuren wandele seit den Tagen, da ich meinen Namen Alessandra gegen ihren Namen Caterina eingetauscht habe, und dass Gott mir alle untrüglichen Zeichen gesandt habe, wonach er mich bestärke, diesen

Weg fortzusetzen. Er hat noch hinzugefügt, Dein Bild sei so schön, dass man es den Augen aller zugänglich machen sollte, und deshalb haben wir es mit Billigung der stellvertretenden Vorsteherin und des Beichtvaters im Refektorium aufgehängt, auf dass alle Schwestern es beim Essen betrachten können, mindestens vier Mal am Tag (und fünf Mal für die Gefräßigen, denn wie Du weißt, sind in San Vincenzo nicht alle frei von dieser Sünde. Möge der Himmel ihnen dazu verhelfen, dass sie aus diesem Gemälde die notwendige Kraft ziehen, um zu einer unserem Stand gemäßeren Bescheidenheit zurückzufinden).

48. Schwester Plautilla Nelli an Schwester Caterina de' Ricci

Florenz, den 11. Februar 1557

Du weißt, dass tief in meinem Herzen Du und die heilige Katharina von Siena eins seid, und ich hätte sie nicht anders als mit Deinem Gesicht malen können, denn ich bin der Auffassung, dass Deine Heiligkeit bereits an die ihrige heranreicht, und an Deiner zukünftigen Seligsprechung hege ich nicht den geringsten Zweifel. Wie dem auch sei, ich empfinde größte Freude darüber zu erfahren, dass Dir mein Porträt zusagt, und auch wenn es dessen kaum würdig ist, schmeichelt es mir doch, dass Du ihm die Ehre erwiesen hast, es im Refektorium von San Vincenzo aufhängen zu lassen. Wenn dort die Todsünde der Völlerei wütet, möge Dein Gemälde unsere irregeleiteten Schwestern wieder auf den rechten Weg bringen, durch das gute Vorbild, das Du ihnen gibst, Du, von der man mir sagte und bei der ich selber beobachtet habe, dass Du Dich jeglichen Fleisches enthältst und Dich weigerst, auch nur ein Ei zu essen, und Dich ausschließlich von Kräutern und Gemüse ernährst.

Doch eigentlich glaube ich kaum, dass die Schwestern von San Vincenzo, für die Du verantwortlich bist, solch schwere Sünderinnen sind, und lade Dich, falls Du einen Ort des Sittenverderbens sehen willst, ein, mich in Florenz zu besuchen, wo zurzeit nicht gerade im Zeichen der Mäßigung gelebt wird, denn es breiten sich in der ganzen Stadt, wie jedes Jahr im Karneval, Laster und Trunksucht aus, so schlimm, dass meine Schwestern und ich es vorziehen, hinter den Klostermauern zu bleiben und nicht auf die Straße zu gehen, wo überall ein unerträglicher Uringestank herrscht, der in meiner Vorstellung bis nach Prato reicht. Dabei kann mir das eigentlich egal sein, denn ich arbeite gerade an einem neuen Gemälde, dem ich fast meine ganze Zeit widme: eine *Kreuzabnahme* in neuem Stil, die, wie ich hoffe, der Gunst teilhaftig wird, Dir zu gefallen, mindestens so sehr wie meine bisherigen Gemälde, wenn nicht sogar noch mehr.

49. Marco Moro an Giovanni Battista Naldini

Florenz, undatiert

Allori weigert sich, mit mir zusammenzuarbeiten und mich über Kommen und Gehen seines Meisters zu informieren. Wenn wir unsere Versammlungen wieder aufnehmen wollen, ist es allerdings notwendig zu gewährleisten, dass Bronzino uns nicht plötzlich überrascht. Derzeit ist mir nicht bekannt, dass er außer unter Tags hereinkommt, um an den Fresken zu arbeiten, doch jedes Risiko ist groß, und wenn er uns überrascht, können wir uns seines Stillschweigens nicht sicher sein. Nach allem, was ich über die Lage bei Hofe zu wissen glaube, wäre es im Gegenteil sehr wahrscheinlich, dass er uns beim Herzog anzeigen würde. Der alte Narr Pontormo war unberechenbar, Bronzino ist es wohl viel weniger, was manche Vorteile mit sich bringt, ihn aber zugleich viel gefährlicher macht, denn wenn er etwas von unseren Umtrieben berichtet, wird man ihm Glauben schenken.

Ich muss Dich nicht daran erinnern, was auf dem Spiel steht, und auch nicht, inwiefern es auch Dich betrifft. Ich zähle auf Dich, dass Du den jungen Allori davon überzeugst, unserer Sache hilfreich zu sein, und sei es, wie Du, gegen Geld.

50. Sandro Allori an Giovanni Battista Naldini

Florenz, den 11. Februar 1557

Battista, kannst Du mir sagen, wer dieser Marco Moro ist? Dieser Kauz kam und redete auf mich ein, nicht die Spur habe ich verstanden. Was ich gern wüsste: Warum sind wir Maler eigentlich der Zunft der Ärzte und Apotheker zugeordnet?

51. Giorgio Vasari an Vincenzo Borghini

Arezzo, den 11. Februar 1557

Ihr glaubt nicht, Signor Vincenzo, wie hartnäckig diese verdammten Dominikanerinnen das Gelände verteidigen, das sie besetzt halten. Es nützen keine Versprechungen, keine Drohungen, sie weigern sich einfach, zu gehen, und dem Rat der Stadtoberen bleibt fast nichts anderes mehr übrig, als das Spital, in dem sie sich verschanzt haben, zu belagern. Beinahe hätten sie mich selbst in meiner Eigenschaft als Bannerträger von Arezzo nicht empfangen, aber auch das nur, um mir zu bedeuten, dass sie keinerlei Absicht hegten, das Feld zu räumen, jedenfalls solange nicht eine andere Bleibe gefunden ist, die ihnen allen Platz bietet.

Natürlich kann ich sie nicht auf die Straße setzen. Ich habe nach Siena geschrieben mit der Aufforderung, man solle sie wieder in ihr vormaliges Kloster aufnehmen, doch da die Verwaltung von Siena noch unter spanischer Kontrolle ist, befürchte ich, dass unsere kaiserlichen Verbündeten sich kaum für ein paar Nonnen interessieren. Sie haben genug damit zu tun, die republikanischen Flüchtlinge nach Montalcino zu jagen.

In der Zwischenzeit werden die Kranken im Duomo San Donato versorgt, doch das kann nur als Übergangslösung dienen, allein schon, weil der Pfarrer sich beklagt, er könne die Messe dort nur noch mit größter Beklemmung lesen. Deshalb hat mich der Rat der Stadtoberen angefleht, hierzubleiben, bis der Wirrwarr aufgelöst ist, und so musste ich meine Rückkehr nach Florenz um ein paar Tage verschieben. Dabei weiß ich gar nicht, wie ich die Lage entwirren soll, und ich habe schon daran gedacht, ob möglicherweise Euer Ospedale degli Innocenti, das ja viel größere Abmessungen hat als das Spital von Arezzo, ein paar Dutzend Nonnen aufnehmen kann – natürlich nur vorübergehend, bis eine Lösung gefunden ist, wo sie untergebracht werden können. Was haltet Ihr davon? Ihr tätet mir einen großen Gefallen! Wie dem auch sei, spätestens übermorgen bin ich wieder in Florenz, und müsste ich gegen die Schwestern Sturm laufen.

52. *Vincenzo Borghini an Giorgio Vasari*

Florenz, den 12. Februar 1557

Ich fürchte, Signor Giorgio, wir haben ganz andere Sorgen als Eure braven Schwestern, und ich wäre höchst verwundert, wenn der Bannerträger von Arezzo, sobald er erführe, worüber ich Euch jetzt in Kenntnis setzen muss, sich nicht auf das nächstbeste Schlachtross schwänge und im Schweinsgalopp nach Florenz eilte, wohin ihn weitaus dringlichere und wesentlichere Verpflichtungen rufen. Überdies, stellt Euch vor, weil Euch die Sache so sehr am Herzen liegt, bin ich Euch zuliebe bereit, bis zu einem halben Dutzend von Euern Nonnen im Ospedale degli Innocenti unterzubringen, aber nicht mehr. Doch lassen wir das, ich beschwöre Euch, und verzeiht mir bitte, wenn ich derlei Quisquilien nicht die volle Aufmerksamkeit schenke. Ihr könnt davon ausgehen, dass ab jetzt das Spital von Arezzo zu den Dingen gehört, die Euch zuallerletzt beschäftigen. Lieber Freund, säße ich nicht an der Quelle dieser unglaublichen Nachricht, die Ihr aus diesem Brief erfahrt, ich würde sie selbst nicht für glaubwürdig halten.

Wie Ihr mich geheißen hattet, bin ich im Vestibül des Palazzo gewesen, um das schmachvolle Gemälde eingehend zu untersuchen. Um dorthin zu gelangen, ließ ich mir den Weg von einem herzoglichen Pagen weisen, der mich durch den Euch wohlbekannten Trubel zu dem Schrank geleitete, in dem man es verstaut hatte. Gott ist mein Zeuge, Giorgio, dass ich nicht von der Sorte bin, Euch Märchen aufzutischen: aber das Bild war nicht mehr da. Ich ließ alle Schränke öffnen, wir verbrachten den ganzen Vormittag damit, wir haben alles durchwühlt. Kein Gemälde, nichts. Aufmerksam geworden durch unser Gepolter, tauchte plötzlich die Herzogin auf, von der ich dachte, sie sei nicht im Haus, denn ich hatte sie auf meinem Weg durch ihre Gemächer nicht gesehen, und fragte nach dem Grund für so viel Wirbel. Ich brauche Euch nicht zu schildern, wie wütend sie wurde, als wir es ihr erklären mussten. Ich glaubte schon, sie würde uns auf der Stelle dem Schicksal der Pazzi zuführen, und während ich diese Zeilen schreibe, glaube ich noch immer, dass sie überlegt, den Pagen und mich an den Galgen zu bringen und mit uns all jene, die zugegen waren: den alten Bacchiacca, der am herzoglichen Bett arbeitete, den jungen Buontalenti, der Pläne zeichnete, Cellini, der dabei war, etruskische Kleinplastiken zu polieren, und all die Wachen und Bediensteten des oberen Stockwerks. Ich habe ziemliche Angst, dass ihre Wut nur ein sanftes und zartes Lüftlein ist gegenüber der des Herzogs, der zum Glück gerade nicht in Florenz weilt, weil er ganz damit beschäftigt ist, sein Königreich Toskana zu schmieden. Allerdings zweifle ich nicht daran, dass die Herzogin ihn ins Bild gesetzt hat, und so müssen wir stündlich mit seiner Rückkehr rechnen. Ich flehe Euch an, Signor Giorgio, beeilt Euch, wenn Ihr nicht den Leichnam Eures Freundes unter den Fenstern des Palazzo baumeln sehen wollt, denn auf niemanden hört der Herzog so wie auf Euch, und Ihr seid der Einzige, der seinen Zorn zu besänftigen versteht.

53. Giorgio Vasari an Cosimo de' Medici, Herzog von Florenz

13. Februar 1557

Um Eure durchlauchtigste Exzellenz wie gewünscht vollumfänglich und bis in jede Einzelheit ins Bild zu setzen über alles, was die Umstände betrifft, die sich auf das unerklärliche Verschwinden des Gemäldes beziehen, welches am 11. Februar von Signor Borghini festgestellt wurde, hier nun der heute verfasste Bericht auf Ersuchen Eurer Durchlaucht durch ihren ergebensten Diener Giorgio Vasari, Maler, Architekt, Geschichtsschreiber und Mitglied im Geheimen Rat Eurer Exzellenz.

Am 11. Februar um die Mittagszeit begab sich Don Vincenzo Borghini, der Vorsteher des Ospedale degli Innocenti, auf Ersuchen von Vasari ins Vestibül Eurer Majestät, um das fragliche Gemälde dahingehend zu studieren, ob er darauf Hinweise oder Spuren fände, die unseren Ermittlungen entgangen sein könnten. Bei dieser Gelegenheit wurde das Fehlen des Gemäldes festgestellt. Zuerst dachte Signor Borghini an einen Irrtum und ließ alle anderen

Schränke öffnen, doch ohne Erfolg. Daraus war, nachdem die huldvoll erteilten Auskünfte Ihrer Exzellenz der Herzogin eingeholt waren, wonach das Gemälde weder auf Anordnung ihrer noch Eurer Exzellenz hin entfernt worden sei, zu folgern, dass es, entgegen aller Logik des Augenscheins, gestohlen worden war.

Nach meinen ersten Erkenntnissen, die ich auch der Mitwirkung Eurer Exzellenz verdanke, kann das Gemälde nur zwischen dem 6. Februar, dem Tag, an dem Eure Hoheit es zuletzt in seinem Schrank verstaut gesehen hat, und dem vorgestrigen Tag entwendet worden sein. Während dieser fünf Tage wurden Signori Varchi, Borghini, Bacchiacca, Ammannati, Bandinelli, Bronzino, Cellini, Bernadone, der Schreiner Girolamo, der Maurer Mariano di Simone, der Sandträger Domenico di Pasquino, die Pagen Eurer Exzellenz, Wachen, Kammerdiener und zahlreiche Handwerker und Bedienstete mit den verschiedensten Aufgaben im Vestibül gesichtet, deren schiere Anzahl, zusammen mit der Unsicherheit, an welchem Tag und zu welcher Stunde genau der Diebstahl stattgefunden haben könnte, es erschwert oder recht eigentlich unmöglich macht, einen von ihnen mehr zu verdächtigen als einen anderen, solange wir nicht einen Anhaltspunkt haben, unseren Verdacht auf diesen oder jenen zu lenken. Zumal erstens niemand etwas gesehen hat und zweitens kein Gemälde von Umfang und Format des geraubten in den Ausgangsbüchern vermerkt ist. Nun, da es sich um ein Tafelbild auf Holz handelt und nicht um eine dieser Leinwände, deren Gebrauch sich bei den Malern von heute einer neuen Mode folgend auszubreiten droht, kann dieses, das sich ja nicht zusammenrollen lässt, unmöglich unsichtbar gemacht worden sein, woraus erhellt, dass sein Verschwinden einem Wunder zu gleichen scheint.

Der Verursacher des Diebstahls muss also ein raffiniertes Mittel ersonnen haben, die Wachen zu täuschen, oder eine andere List angewandt haben, um das Gemälde aus dem Palazzo herauszubefördern, denn es bleibt trotz allem Suchen unauffindbar. Wie auch immer es bestellt sein mag um dieses Rätsel, alle Späher Eurer Exzellenz sind zur Stunde damit beschäftigt, ihm auf die Spur zu kommen, und die Männer vom Bargello durchsuchen die Häuser von all jenen, die in den vergangenen fünf Tagen ihren Fuß in den Palazzo gesetzt haben. Dabei muss, nachdem Eure Exzellenz zu vermeiden wünscht, dass die Sache zu viel Aufmerksamkeit erfährt, unauffällig vorgegangen werden, weshalb es dem Bargello nicht möglich ist, alle Häuser in allen Stadtvierteln zu durchsuchen.

Dies vorausgeschickt, da sich alles um die Ermordung von Pontormo dreht, haben wir noch andere Fährten aufgenommen, von denen ich Eurer Exzellenz versichern kann, dass sie einigermaßen vielversprechend sind und in Bälde Früchte tragen werden, und zwar die Suche nach der Frau, die in der Wohnung des Malers gesehen wurde, oder diese Merkwürdigkeit, die auf einer Wand in San Lorenzo beobachtet wurde und um derentwillen ich noch einmal umgekehrt bin und festgestellt habe, dass die Farben auf dem übermalten Teil sich im Lauf der Tage beim Trocknen von denen des übrigen Gemäldes immer weiter entfernten und nunmehr leicht davon abheben, so dass der übermalte Teil jetzt deutlich sichtbar ist, was nur eines heißen kann: Er muss von einem sehr geschickten Maler gemalt worden sein, aber nicht von Pontormo.

Es besteht wohl kaum ein Zweifel daran, dass, wenn wir das Rätsel um den Tod des Malers aufklären, uns das auch ermöglichen wird, dasjenige um das Gemälde und sein Verschwinden zu verstehen. Deshalb ersuche ich erneut um das Vertrauen, das Eure Exzellenz mir zu erweisen die Güte hatte, seit ich vor zwei Jahren wieder nach Florenz kam, um mich ganz in ihren Dienst zu begeben: Ich gelobe Eurer Exzellenz, mit Gottes Hilfe und der Mitwirkung von Präfekt Borghini, die Sache aufzuklären und das Gemälde wiederzufinden.

54. *Giorgio Vasari an Vincenzo Borghini*

Florenz, den 13. Februar 1557

Vincenzo, diese Zeilen vertraue ich einem Offizier der Miliz an, der Dich hoffentlich im Ospedale degli Innocenti antrifft. Meinen Bericht an den Herzog habe ich hinausgezögert und ihm die Fortschritte der Ermittlung so vorteilhaft wie möglich geschildert, doch ehrlich gesagt hatte ich nicht viel, womit ich seine Ungeduld hätte besänftigen können. Die Schwachköpfe vom Bargello durchkämmen die ganze Stadt, um möglichst alle Prostituierten aufzutreiben; glaubst Du im Ernst, dass sie damit unserer abendlichen Besucherin habhaft werden? Aber ich tauge auch nicht mehr als sie, wenn ich, nur um nicht untätig zu wirken, sie begleite und ziemlich deprimiert in San Lorenzo hocke und mir beim Betrachten der *Sintflut* die Augen verderbe in der Hoffnung, das Rätsel Pontormo zu knacken, während Bronzino sich mit der *Auferstehung der*

Seelen abmüht. Anders als Pontormo zieht sich Bronzino nicht in seine Bärenhöhle zurück, aber wie alle Maler kann auch er es nicht leiden, wenn man ihm bei der Arbeit zusieht; daher habe ich beschlossen, ihn in Ruhe zu lassen. Ich habe die Details des Freskos so penibel in mich aufgenommen, dass ich mich aufgebläht fühle wie eine dieser abscheulichen, Gottes Zorn zum Opfer gefallenen Wasserleichen. Ich gebe gerne zu, dass etwas Beeindruckendes an diesen Wänden ist, an dem heiligen Schrecken, den sie dem Betrachter einjagen, wenn er sich darauf einlässt. Ich glaubte zu ersticken, und jetzt, da ich am Tisch in einem Bordell in Santo Spirito sitze und diesen Brief kritzele, um mich herum die Männer vom Bargello auf der Jagd nach ehrbaren Dirnen im Unterrock, die sich kreischend zur Wehr setzen, erst jetzt bekomme ich wieder Luft. Dieses fröhliche Durcheinander hilft meinem Geist, klarer zu sehen. Natürlich finde ich die Frau, die nach Einbruch der Dunkelheit Pontormo besuchen kam, nicht hier. Doch nach allem, was wir über seinen Geschmack in derlei Dingen wissen, können wir die Hypothese eines Stelldicheins zu Pontormos Erbauung beiseitelegen und sollten eine andere Denkfährte aufnehmen: Vielleicht ist die Frau nicht gekommen, um den Maler zu treffen, sondern weil sie wusste, dass sie ihn nicht antreffen würde. Und wenn es so wäre, wonach suchte sie? Angenommen, Naldini hätte uns nicht angelogen und es gäbe diese Frau, stellen wir uns doch einmal vor, sie sei wegen des Bildes gekommen: Dann müsste ich einräumen, dass wir weder die Herzogin noch ihre Tochter ausschließen können, nach unserer Kenntnis die beiden Einzigen, die ein Motiv haben sowohl dafür, das Gemälde in ihren Besitz zu bringen, als auch, an dessen Schöpfer Rache zu nehmen für die Beleidigung. Natürlich könnte Naldini uns auch belogen haben, und in diesem Falle müsste sich unser Verdacht gegen ihn richten. Es gibt jedoch noch eine dritte Möglichkeit, die wir erwägen sollten: Naldini hätte nicht gelogen und eine Frau wäre tatsächlich des Nachts in Pontormos Wohnung eingedrungen, dies aber nicht wegen des Gemäldes, sondern wegen etwas anderem – aber was könnte das sein? Außer Gemälden, Zeichnungen und Skizzen gab es nichts zu holen. Größtenteils handelte es sich um Entwürfe für San Lorenzo. Es besteht eine zwingende Verbindung zwischen dem Chor von San Lorenzo und Pontormos Werkstatt, und diese Verbindung betrifft das Fresko. Aber ich sehe immer noch nicht, wohin uns das führen kann. Ich bitte Euch herzlich, mein Freund, ich bin darauf angewiesen, dass Ihr mir zu Hilfe kommt, den Nebel zu vertreiben, der diese heikle Geschichte umhüllt: Lasst uns heute Abend zu Daniello gehen, dort eine Flasche Weißwein leeren und ein Zicklein verspeisen, und wenn wir Varchi begegnen, wird er durchblicken lassen, was er vermutet, aber natürlich kein Wort über die Herzogin und ihre Tochter.

55. Giorgio Vasari an Michelangelo Buonarroti

Florenz, den 14. Februar 1557

Dass Ihr nicht in Florenz seid, einzigartiger und großartiger Meister, um mit eigenen Augen das Fresko zu sehen! Denn genau Euer scharfes und unbestechliches Auge bräuchten wir hier dringend. Ich bin mir inzwischen fast sicher, dass der Übergang, den ich in der *Sintflut* bemerkt hatte, nicht von Pontormos Hand ist; ich schließe das aus einer Farbabweichung, die nach ein paar Wochen Trocknen zum Vorschein gekommen ist und für die es meiner Meinung nach nur eine Erklärung gibt: Wer das gemacht hat, kannte nicht die Rezepturen, nach denen Pontormo seine Farben anmischte, und orientierte sich beim Mischen zu sehr an den bereits getrockneten Stellen. Wenn ich damit richtigliege, hat der Fälscher allerdings Großartiges geleistet, und das kann nur einem außerordentlich geschickten und mit großem Talent begabten Maler gelungen sein. (Damit ist der rezepturenkundige, aber in der Malkunst unbewanderte Farbmischer gleich doppelt außer Verdacht.) Gewiss herrscht hier kein Mangel an begabten Malern, und sie alle müssen wir in Betracht ziehen, außer Signor Salviati, der seit einem Jahr in Frankreich ist und dort das Schloss des Kardinals von Lothringen ausmalt. Doch wessen soll man sie verdächtigen? Ein Stückchen Wand übermalt zu haben? Noch immer gelingt es mir nicht, die Verbindung zwischen diesem Gemälde und Pontormos Tod zu fassen zu bekommen, und doch muss beides zusammenhängen. Könnte es sein, dass Pontormo jemanden dabei überrascht hat, wie er seine *Sintflut* übermalte? Er konnte es nicht ertragen, dass man einen Blick auf sein Werk warf, wie viel weniger hätte er geduldet, dass ein fremder Pinsel daran rührt. Ist er wütend geworden? Ist ein Streit entbrannt? Folgt darauf ein Kampf, bei dem der Eindringling ihm einen Schlag mit dem Hammer versetzt und ihn mit einem Meißelstoß umbringt? Wenn die Szene, wie ich sie mir gerade vorstelle, auch nur entfernte Ähnlichkeit hat mit der, die sich unter dem Altar von San Lorenzo abgespielt hat, müssten wir Rivalität als Mordmotiv in Betracht ziehen. Und veranschlagt man eine stupende Fähigkeit zur Nachahmung von Pontormos Malstil mit, läuft alles auf denselben Mann zu. Den jungen Naldini halte ich bei seinem Ausbildungsstand nicht für fähig, seinen Meister mit dermaßener Sicherheit im Strich nachzuahmen. Von allen, die durch Pontormos Schule gegangen sind, gibt es eigentlich nur einen, der ausreichend Meisterschaft beanspruchen kann, um solch ein Ergebnis zu erzielen. Sagt mir, göttlicher Meister, was Ihr von diesen Hirngespinsten haltet, die mir die Schamröte auf die Stirn treiben und den Schlaf rauben, die ich aber erst erschöpfend abhandeln muss, um sie danach besser ausschließen zu können.

56. Agnolo Bronzino an Michelangelo Buonarroti

Florenz, den 15. Februar 1557

Eine ziemlich einzigartige Aufgabe hat mir die unergründliche Vorsehung zuerkannt und mir dabei großen Kummer und große Ehre zuteilwerden lassen, indem sie mir erst Jacopo genommen und mich anschließend beauftragt hat, sein Werk zu vollenden. Wolle Gott, dass ich mich dessen würdig erweise, doch wenn sich herausstellte, dass ich der Herausforderung nicht gewachsen bin, so läge das ganz gewiss nicht daran, dass es mir an Mut oder an Opferbereitschaft mangelte.

Dem göttlichen Michelangelo brauche ich nicht zu erzählen, was es heißt, sich mit Leib und Seele seiner Kunst hinzugeben. Doch ich möchte Euch ein Gefühl vermitteln, das Ihr vielleicht vergessen habt, denn seit der Zeit, da Ihr als junger Lehrling bei Ghirlandaio wart, hat sich Eure Begabung wohl nie mehr einem anderen dienend untergeordnet. Ihr könnt Euch den Zustand von Euphorie gepaart mit Angst kaum vorstellen, in den mich die Baustelle in San Lorenzo versetzt. Schwer drückt mich die Aufgabe, Jacopos Fresken zu vollenden. Aber zugleich, was für eine Freude, in seine Fußstapfen zu treten! Von Tag zu Tag wühle ich mich tiefer hinein in seine Wandgemälde, seine Sintflut, seinen Christus, seinen Moses, seine Ertrunkenen, sein ganzes Bestiarium, ich lebe inmitten der Löwen, Giraffen und Schafe, ich zittere vor Gottes Zorn, ich berausche mich mit Noah, ich sterbe mit den Gestorbenen, ich auferstehe mit Gottes Erwählten, ich besteige die Arche, ich fahre mit den Seelen gen Himmel, und während ich mich damit abmühe, stets den richtigen Farbton zu treffen, bluten mir die Hände wie Adam und Eva unter schwerster Arbeit … Bin ich im Himmel oder in der Hölle? Ich weiß es nicht zu sagen. Wie Eurydike, die hinter Orpheus hergeht, setze ich meine Schritte in die Spuren von Jacopo, ich folge ihm wie sein Schatten, und doch bleibe ich auf seine Begabung angewiesen. Wenn ich nach ihm male, wenn ich den Pinsel an der Wand ansetze, nehme ich kaum etwas wahr von den Störenfrieden, die sein Werk sehen wollen und auch meines. Ich bin mit Jacopo allein. Ich muss fühlen wie er, sehen wie er, malen wie er, denken wie er. Ich muss seine Sprache annehmen. Meine Stimme muss mit der seinen verschmelzen. Ich muss in seine Seele eintauchen. Gewiss, niemand kannte ihn besser als ich, und ich erinnere mich an die Zeiten, als die Leute unser Werk verwechselten, so sehr hatte seine Unterweisung einen Stil bei mir herausgebildet, der dem seinen vergleichbar war. Doch Ihr wisst, göttlicher Meister, dass der Stil nichts ist ohne den Geist, oder vielmehr: dass Stil und Geist ein und dasselbe sind. Je mehr ich an seinem Werk arbeite, desto mehr glaube ich sein Geheimnis zu durchdringen, aber selbst Ihr, unvergleichlicher Meister, dessen Begabung mehr von göttlicher als von irdischer Art ist, dürft nicht verkennen, wie brüchig die Wege der Eingebung sind: Jederzeit kann der Zauber abreißen. Jederzeit kann Jacopos Geist hinter mir auftauchen, mit anklagendem Finger auf mich zeigen und mich ohne ein Wort der Erklärung als unerwünschten Eindringling verabschieden. Ich muss vorankommen, mit Ruhe, entschlossen, im dunklen Wald seiner Seele, dort jeden Baum, jeden Zweig, jeden Erdballen erkennen, das Moosgewebe auf einer Wurzel, wissen, wann ein singender Vogel zu malen ist, wann ein Fuchs, der gerade aus seinem Bau hervorkommt, Pilze zum Pflücken, eine Wildsau, die ihre Jungen säugt, den Harzfluss an einem Baumstamm. Ich muss in seinem Werk zuhause sein. Ich muss bei Jacopo wohnen.

In technischer Hinsicht kann ich mich zum Glück auf seinen Farbmischer verlassen, der mir Auskünfte gibt über die Mixturen und der mir dabei hilft, die Tönungen beizubehalten, die Jacopo zu Lebzeiten festgelegt hat – und so hoffe ich mehr als alles auf Erden, dass Ihr mir Euern Rat geben könnt. Ich bin mir ziemlich sicher, dass der Herzog, Vasari und alle Florentiner nicht unterscheiden können, was von mir ist und was von Jacopo, und ich bilde mir nicht viel darauf ein. Aber als höchsten Erweis möchte ich unser, Jacopos und mein, gemeinsames Werk Euerm Auge vorführen.

Ihr habt richtig geahnt, Meister Michelangelo, unerreichte Berühmtheit in Kunst und Wissenschaft: Ich träume davon, wie alle hier, Euch in Eure Heimat zurückkehren zu sehen, und außer dass das Strahlen Eures Ingeniums sich über uns alle ausbreiten würde, wäre es für mich die Ehre, die Ihr mir erwieset, mir in San Lorenzo einen Besuch abzustatten. Ich weiß nicht, ob Vasari mir bis zur Heraufkunft jenes gesegneten Tages erlaubt haben wird, die wirklich geringe Farbabweichung an Noahs Kopf zu korrigieren, die sich ausgerechnet auf dem letzten von Jacopo bemalten Wandfeld befindet, weshalb Vasari es mir verwehrt, sie zu übermalen; letztlich ist das aber nicht so schlimm, denn trotz der etwas grellen Farbtöne stehen die feine Zeichnung und die Schönheit der Wiedergabe allem anderen in nichts nach.

57. Michelangelo Buonarroti an Giorgio Vasari

Rom, den 16. Februar 1557

Signor Giorgio, mein lieber Freund, Gott sei mein Zeuge, dass ich nur gegen meinen Wunsch und höchst widerwillig vor zehn Jahren auf Anordnung von Papst Paul III. die Aufgabe auf mich genommen habe, den Petersdom in Rom zu errichten, und wenn die Bauarbeiten so fortgeschritten wären, wie sie damals begonnen hatten, wäre das Bauwerk heute in einem Stadium, das es mir erlaubte, nach Florenz zu kommen, wie ich es gerne möchte. Doch die Knappheit der Mittel hat alles verzögert, genau in dem Augenblick, als wir an die wichtigsten und schwierigsten Stellen gekommen waren. Wenn ich hier aufgäbe, würde ich mich dem größten Spott aussetzen; und im Übrigen wäre es Sünde, sich das krönende Lob für all die Mühen entgehen zu lassen, für all die Schmerzen, die ich in diesen zehn Jahren aus reiner Gottesfurcht ertragen habe.

Um auf unser heutiges Thema zu kommen, so müsste ich tatsächlich dieses übermalte Wandfeld, das Euch bei Euern Ermittlungen so wichtig ist, einmal selbst sehen. Seid Ihr denn sicher, dass Bronzino der Einzige ist, der Noah mit seiner Giraffe und seinem Schaf neu malen konnte? Habt Ihr die jüngsten Arbeiten von Naldini gesehen? Der Junge hat vielleicht größere Fortschritte gemacht, als Ihr Euch vorstellen könnt. Und hat nicht Bronzino selbst den jungen Allori als Assistenten, dessen Können ich mit Überzeugung rühme, seit ich mich bei seinem Aufenthalt in Rom davon überzeugen konnte? Und Ihr selbst? Könntet nicht auch Ihr diese Übermalung vorgenommen haben? Wenn man nur genau genug hinsieht, herrscht also in Florenz kein Mangel an Verdächtigen. Überdies muss der Urheber des falschen Übergangs keineswegs der Mörder sein, ja es ist trotz Euern luziden Schlussfolgerungen mitnichten auszuschließen, dass Pontormo selbst sein Werk übermalt hat. Ihr gründet Eure Verdächtigungen zugleich darauf, dass das den Gesetzmäßigkeiten der Freskenmalerei zuwiderliefe und dem, was Euch zur Person bekannt ist, und Euerm Sinn für Logik widerspräche – doch habt Ihr mir nicht selber mehrfach angedeutet, dass Signor Pontormo zumindest einigermaßen exzentrisch, um nicht zu sagen verrückt war? Ich will mich nicht in Eure Ermittlungen einmischen, sondern nur an Eure Bedachtheit appellieren. Meines Erachtens wäre es voreilig, Bronzino anzuklagen, denn letztlich habt Ihr keinerlei Beweis. Mit Sicherheit genügt es nicht, aus einem Verbrechen einen Vorteil zu ziehen, um schon der Schuldige zu sein. Das lebende Beispiel dafür ist Herzog Cosimo, der infolge eines Mordes, mit dem er nichts zu tun hatte, achtzehnjährig plötzlich an der Spitze von Florenz stand.

58. Michelangelo Buonarroti an Agnolo Bronzino

Rom, den 17. Februar 1557

Signor Agnolo, Gott sei mein Zeuge, dass ich nur gegen meinen Wunsch und höchst widerwillig vor zehn Jahren auf Anordnung von Papst Paul III. die Aufgabe auf mich genommen habe, den Petersdom in Rom zu errichten, und wenn die Bauarbeiten so fortgeschritten wären, wie sie damals begonnen hatten, wäre das Bauwerk heute in einem Stadium, das es mir erlaubte, nach Florenz zu kommen, wie ich es gerne möchte. Doch die Knappheit der Mittel hat alles verzögert, genau in dem Augenblick, als wir an die wichtigsten und schwierigsten Stellen gekommen waren. Wenn ich hier aufgäbe, würde ich mich dem größten Spott aussetzen; und im Übrigen wäre es Sünde, sich das krönende Lob für all die Mühen entgehen zu lassen, für all die Schmerzen, die ich in diesen zehn Jahren aus reiner Gottesfurcht ertragen habe.

Glaubt mir bitte, dass ich das bedaure, denn Euer Brief

weckt meine Neugier, indem er ein noch dringenderes, wenn dies denn möglich ist, Bedürfnis hervorruft, das Fresko zu sehen, und ich gebe die Hoffnung nicht auf, dass es mir gelingt, ehe ich von Gott aus diesem Leben abberufen werde, es im von Euch vollendeten Zustand zu sehen, denn ich halte Euch für einen hervorragenden Maler, der seinem betrauerten Meister in nichts nachsteht. Zu der Farbabweichung, von der Ihr sprecht: Wenn Ihr glaubt, dass dieses Detail das Ganze verfälscht, dann muss es neu gemacht und übermalt werden. Wenn Ihr aber befindet, dass die Abweichung so gering und unauffällig ist, dass sie am Ganzen nichts ändert, dann könnt Ihr sie vielleicht so belassen.

Was Eure Vorstellung angeht, ich hätte mich nie in Eurer Lage befunden, die Arbeit eines anderen fortzusetzen und abzuschließen, so schmeichelt Ihr mir, denkt dabei aber zu sehr als Maler. Was, glaubt Ihr, mache ich hier in Rom, seit so vielen Jahren? Es lässt sich nicht leugnen, dass Bramante als Architekt den Besten seit dem Altertum gleichkommt. Als Erster hat er den Plan für den Petersdom gezeichnet, nicht düster, sondern hell und lichtdurchflutet, ringsum freistehend, ohne eine einzige Achse des Palazzo zu stören. So wie Ihr das Werk Pontormos verteidigt gegen die Herzogin, die es gern zerstört sähe, verteidige ich das Erbe Bramantes und möchte es bewahren vor dem Dummkopf Sangallo (Gott sei seiner Seele gnädig) und all den Feinden der Kunst, von denen es heutzutage in Rom und in ganz Italien wimmelt.

59. Marco Moro an Giovanni Battista Naldini

Florenz, den 17. Februar 1557

Glaubst Du, Battista, Deine Lage ähnelt mehr der meinen oder der Deines Meisters? Hast Du, nun da er tot ist, seinen Platz eingenommen? Was mich befremdet: dass ich zwar Bronzino jeden Tag in San Lorenzo begegne, nicht aber Dir. Bronzino bekommt Besuch vom Herzog und wird im Palast empfangen. Bronzino trägt schöne höfische Kleidung, Du trägst ölverschmierte Lumpen. Bronzino verkehrt mit den Oberen, porträtiert sie, spricht von Gleich zu Gleich mit den Varchis, Vasaris und Borghinis. Und Du? Wer interessiert sich für Dich? Glaubst Du, man wird Dich noch lange im Haus Deines Meisters wohnen lassen? Bronzino wird es erben und Dich daraus vertreiben, oder ein entfernter Verwandter, der aus dem Nichts auftaucht, Du wirst sehen.

Pontormo hat Dich nicht als Schüler behandelt, sondern als Dienstboten. Ich mischte ihm die Farben an, Du erledigtest seine Einkäufe, er war nie zufrieden und brüllte Dich und mich die ganze Zeit an, nur dass ich abends nach der Arbeit gehen konnte, während Du in seinem Haus die Nacht verbrachtest. Ihr Schüler haltet große Stücke auf Euer Geschick beim Zeichnen. Und doch kommt es mir so vor, als hätten Dir Deine Zeichenkünste bis heute nicht viel gebracht. Um auf den Markt zu gehen und etwas zu essen einzukaufen, sind Fähigkeiten in Malerei, Bildhauerei, Zeichnen oder Musik nicht sonderlich wichtig.

Battista, hast Du denn vergessen, dass Du andauernd über Deinen Meister lästertest? Warst Du damals zufrieden mit Deiner Lage? Und bist Du es, seit er tot ist? Du wirst mir erwidern, Bronzino sei damals an Deiner Stelle gewesen und jetzt seist wohl Du einmal dran. Aber bedenke, Genosse: Nicht jeder kann ein Michelangelo sein. Ich habe mich über Sandro Allori erkundigt. Er ist der Sohn eines erfolgreichen Schmiedes, der es mit Waffenhandel zu Wohlstand gebracht hat. Mütterlicherseits ist er der Enkel eines Pisaner Großbürgers. Bronzino ist ein alter Freund seines Vaters, der ihn regelmäßig zum Essen einlud. Nun verstehe ich, warum er uns seine Hilfe verweigert. Aber Du, wer bist Du? Der Sohn eines einfachen Seemanns, aufgewachsen im Waisenhaus der Innocenti, von einem galligen alten Maler mehr gekauft als adoptiert, der Dich als Sklaven hielt. Es gibt den *popolo grasso*, der mit dem Adel paktiert hat in der vergeblichen Hoffnung, an seine Stelle zu gelangen, wie einst die Medici den Platz der Albizzi und Strozzi einnahmen. Doch Du, Du gehörst zum *popolo minuto*, und wenn Du nicht aufpasst, rutschst Du wieder in die Plebs, aus der Du Dich herausgekrabbelt wähntest.

Lass es nicht so weit kommen, Battista! Schließe Dich uns an! Wenn das Volk der kleinen Handwerker, Händler und Lehrlinge seine Kräfte mit denen der Arbeiter, Dienstleute und Angestellten vereinigt, dann wird jeder Einzelne daraus den größten Vorteil ziehen, denn unsere Stimme wird genug Gewicht haben, die Gründung neuer Zünfte zu fordern – nicht hierarchisch, sondern in der Breite –, denen neue Rechte zugestanden werden. Die hohen und die niederen Künste wurden immer in Fachgruppen aufgeteilt, aufgereiht wie antike Säulen: Wappen, Bank, Wolle, Seide … Ihre Sprecher sind stets reiche Kaufleute, egal was sie verkaufen, und nicht die, die für sie arbeiten.

Hat ein Wollkämmer nicht mehr gemeinsame Interessen mit dem Seidenweber als mit dem Kaufmann, bei dem er angestellt ist? Ein Bote mehr mit einem Handlungsgehilfen als mit einem Geldwechsler? Und Du, Battista? Was ist Deiner Meinung nach das sicherste Mittel, Dein Los zu verbessern? Abwarten, bis die Oberen sich herbeilassen, Deine Arbeit wahrzunehmen und Dich mit einem Auftrag zu würdigen? Warum sollten sie das tun, wo die Bronzinos, Vasaris, Salviatis und Bandinellis für sie bereitstehen? Da kannst Du Dir gleich einen Lotterieschein kaufen, denn sie werden Dir nicht den Gefallen tun, sich alle auf einmal ermorden zu lassen. Und selbst wenn Bronzino das Zeitliche segnen sollte, wer würde wohl seinen Platz einnehmen? Du oder Allori? Du siehst, wie ungewiss dieser Weg ist. Ich schlage Dir einen anderen vor, auch nicht frei von Hindernissen, aber er hilft Dir aus Deiner Einsamkeit heraus und schenkt Dir Brüder, wie Du sie noch nie hattest und wie es ein Allori, darauf gehe ich jede Wette ein, nie für Dich sein wird. Ehrlich gesagt, habe ich nur eine Bitte: Wenn Du ihn das nächste Mal siehst, finde heraus, an welchem Abend Bronzino wieder eine Essenseinladung macht, und lass es mich so rasch wie möglich wissen.

60. Malatesta de Malatesti an Maria de' Medici

Florenz, den 17. Februar 1557

Kopf hoch, Gnädigste, denn der Gegenstand Eures Missfallens ist verschwunden, durch einen Zauber, an dem mitgewirkt zu haben mich mit Stolz erfüllt; nicht geringer aber ist in mir die Freude darüber, dass Ihr nun aus der Qual erlöst seid, die Euch den Schlaf raubte. Mein ganzer Wunsch ist, Eure Träume mögen nicht von Angst, sondern von Liebe sein, so wie es der jungen Fürstin, die Ihr seid, frommt, und deshalb erbiete ich mich untertänigst, den Stoff dafür zu liefern, denn nach allem, was Euer Gnaden mir zu verstehen gaben, hat meine Person Euch nicht kaltgelassen, so dass ich mir, mit einer Dreistigkeit, über die ich selbst verwundert bin, schmeicheln darf, der Gegenstand Eures zarten Sehnens zu sein.

Nun ist zwar die Gefahr, die Euern Ruf bedrohte, abgewendet, doch jene, die Euer ganzes Leben bestimmen wird, hockt noch immer hinter der Tür, jederzeit bereit, Euer Zimmer zu betreten und bis in Euer Bett vorzudringen. Sagt mir, ich flehe Euch an, falls es einen Sinneswandel gegeben haben sollte: Könnt Ihr Euch etwa inzwischen ohne Angst ein Leben als Gattin des Herzogs von Ferrara vorstellen? Ist die Göttin, die mir ihre Lippen darbot, bereit, alles andere einem anderen darzubieten? Ein Wort von Euch, und ich verschwinde, zutiefst unglücklich, quittiere den Dienst bei Euerm Vater, und Ihr werdet nie mehr von mir hören.

Sind aber Eure Pläne unverändert, wovon ich ausgehe, denn ich bin mir sicher, dass die Beständigkeit zu all Euern anderen guten Eigenschaften hinzukommt, so seid getrost: Ihr seid frei, jedenfalls schon fast. Frankreich erwartet uns. Denkt daran, nur das Allernötigste mitzunehmen. Wisst Ihr eine Dienerin oder ein vertrauenswürdiges Dienstmädchen, das bereit wäre, uns zu begleiten? Ich besorge Pferde und Wagen. Ihr braucht bloß den Tag der Abreise festzulegen. Ich flehe Euch an, beeilt Euch, denn denkt immer daran, wem Ihr versprochen seid und dass jeder Tag, der vergeht, Euch dieser schrecklichen Heirat näher bringt.

61. Piero Strozzi, Marschall von Frankreich, an Benvenuto Cellini

Rom, den 17. Februar 1557

Nun, mein Freund, was geht da vor? Ganz Florenz raunt von Deinen Erkundungen, und Du hüllst Dich in Schweigen? So viel Zurückhaltung sind wir von Dir nicht gewohnt seit Deinen Zeiten am Hof von König Franz. Die Königin brennt darauf zu hören, wie Du Dich geschlagen hast, und Ihre Majestät hat, das darf ich ja jetzt sagen, kein uneingeschränktes Vertrauen in Dich gesetzt, zumindest was die Erfolgsaussichten Deiner Mission angeht. Lass mich vor allem wissen, wie Du das Ding aus der Stadt zu schaffen gedenkst und ob Du etwa Hilfe dabei benötigst, ich werde zusehen, wie ich Dich unterstützen kann. Gott sei Dank gibt es aus Anhänglichkeit an meine Familie und die Republik in Florenz noch Männer, die bereit sind, Dir zu helfen. Sag mir, mein Freund, was Du brauchst, und nimm in der Zwischenzeit die wärmsten Glückwünsche der Königin sowie die meinen. Dir ist ein Meisterstück geglückt. Es gibt nicht viele, die sich auf der Höhe ihres Ruhmes so zeigen können. Es bleibt Dir nur noch, Dein Werk zu vollenden, indem Du Rom auf unsere Seite bringst, wo Du mit offenen Armen empfangen wirst. Hier gibt es jede Menge zu tun für einen Künstler Deines Ranges, und auch wenn der Papst nicht der größte Freund der Künste ist, so sind es doch wir, die Strozzis, und mit uns alle exilierten Republikaner. Und sollte Dir das nicht genügen, werde ich Dich mit den römischen Familien, den Orsinis und Colonnas, bekannt machen (ich glaube, die Farneses kennst Du bereits). Sobald Du hier bist, werde ich zu Deinen Ehren ein Festbankett veranstalten, und wenn es Dir gefällt, lade ich Michelangelo dazu ein, der mir in tiefer Freundschaft zugetan ist, seit ich ihn vor zweiundzwanzig Jahren nach der Belagerung von Florenz aufgenommen und versorgt habe. Ziehst Du es aber vor, wieder nach Frankreich zu gehen, wo ich wohl bald bin, wenn der Herzog von Guise, der mit meinen Leuten Neapel stürmen will, von diesem Himmelfahrtskommando abgelassen hat, so wäre Dein Empfang dort nicht minder herzlich, und Königin Catherine höchstselbst wird darüber wachen, dass Du genügend Aufträge bekommst. So komm, Benvenuto, komm, denn Du bist willkommen, in Frankreich nicht weniger als in Rom.

62. Maria de' Medici an Malatesta de Malatesti

Florenz, den 18. Februar 1557

Wie eilig Ihr es habt, mein lieber Freund, mich der liebenden Obhut meiner Eltern zu entreißen! Ich kann Euch nicht verhehlen, dass mich Euer Brief zutiefst beunruhigt hat. Glaubt Ihr, ich könnte von heute auf morgen über Land fliehen wie eine Vagabundin? Vor allem aber: Wer sagt denn, mein Ruf sei ungefährdet? Natürlich weiß ich, dass das verdammte Gemälde sich nicht mehr im Vestibül meines Vaters befindet, aber wie kann ich gewiss sein, dass es wirklich vernichtet ist? Habt Ihr es den Flammen geopfert? Könnt Ihr mir die Asche bringen? Wenn ich dem Geschrei meiner Mutter glaube, das im ganzen Palazzo widerhallt, und der Laune meines Vaters, der sich von seinem Zorn gar nicht beruhigen kann, bleibt das Schreckensding unauffindbar, aber wer sagt mir, dass es nicht wiederauftaucht? Bedenkt doch, dass, solange es in seinem Haus war, mein Vater wenigstens darüber wachen konnte, dass es niemand zu sehen bekommt, während jetzt, sollte es je in falsche Hände geraten, jeder beliebige Gebrauch davon gemacht werden kann, und dann, was würde dann aus der armen Maria?

63. Malatesta de Malatesti an Maria de' Medici

Florenz, den 19. Februar 1557

Ich werfe mich vor Euch in den Staub, Gnädigste, und bitte um Vergebung. Mit vollstem Recht zeiht Ihr mich einer beispiellosen Unverfrorenheit. Was für ein Rohling wäre das, der ein junges Mädchen dazu bewöge, Haus, Familie und Heimat zu verlassen und, ohne sich noch einmal umzublicken, mit einem Bündel über der Schulter das Abenteuer zu suchen? Da könnte er ihr gleich vorschlagen, mitten in der Nacht bei Hagel und Sturm aus dem Fenster zu springen!

Möget Ihr aber bitte Folgendes bedenken: Ganz gleich, was kommt, spätestens Ende des Jahres wohnt Ihr nicht mehr im Palazzo Vecchio. Ich weiß, dass es Euch schwerfällt, das schöne Florenz zu verlassen, aber da das nun einmal nicht zu ändern ist, sollte es doch nicht Richtung Ferrara sein, sondern Richtung Paris! Dort würdet Ihr nicht auf einen Herzog von Este stoßen, der Euch fremd, sondern auf eine Tante, die Königin von Frankreich und Euch liebevoll zugetan ist, was sie unter Beweis gestellt hat, indem sie aus der Ferne eine wahrhaft heikle Machination in Gang gesetzt hat. Und vor allem hättet Ihr mich an Eurer Seite, der Euch behütet und bis in den Tod liebt.

Was das Gemälde angeht, so seid unbesorgt: Es ist in der Obhut eines der Unseren, für den ich die Hand ins Feuer lege.

64. *Benvenuto Cellini an Piero Strozzi (mit Abschrift für Catherine de Médicis, Königin von Frankreich)*

Florenz, den 19. Februar 1557

Die übermenschliche Aufgabe, mit der Ihr mich betraut habt, Herr Marschall, ist auf einem guten Weg, allerdings noch nicht abgeschlossen. Erlaubt, dass ich Euch die außergewöhnlichen Umstände schildere, die dazu geführt haben, dass die Lage, was unsere Sache angeht, jetzt so ist, wie sie ist, und Euch erkläre, warum ich das Objekt, das Ihr von mir haben wollt, Euch noch nicht zu Füßen gelegt habe.

Mut und List waren Perseus' Schwert und Schild, um

Medusa zu töten, und ich, der ich nicht nur die Pest überlebt habe, sondern auch den Sacco di Roma, die Belagerung von Florenz und die Kerker des Vatikan, habe mich bei all meinen Handlungen nie anderer Mittel bedient.

Wie ich nun im Vestibül herumschlich unter dem Vorwand, ein kleines feinziseliertes Goldgefäß mit Figuren und anderen schönen Ornamenten in Basrelief zu bearbeiten, stand plötzlich ein junger Schnösel neben mir, mit einer Miene, die hundert Meilen gegen den Wind nach Verschwörung roch. Ich hätte ihn mit einem Fußtritt verjagt, wenn ich, nach dem wirren Zeug, das er mir mit leiser Stimme zustammelte, nicht sogleich sicher gewesen wäre, dass Ihr mir diesen Rotzlöffel geschickt hattet, um mir mitzuteilen, wo sich das Gemälde befand, was er tat, indem er auf den Schrank wies, wo es aufbewahrt wurde. Das Schwierigste war also geschafft, nun musste ich das Gemälde nur noch unter den Arm klemmen und vor den Augen des versammelten Hofes, der Wachen, der Herzogin und des Herzogs selbst wegtragen. Zu meinem Pech verbringt Letzterer sehr viel Zeit im Vestibül, außerdem liebt er es, mir stundenlang bei der Arbeit zuzusehen. Glücklicherweise wurde er zu Geschäften außerhalb von Florenz gerufen, so dass diese Schwierigkeit zumindest für eine Weile entfiel. Allerdings musste ich unbedingt vor seiner Rückkehr zur Tat schreiten.

Ärgerlich genug, dass da, mit oder ohne Herzog, immer noch diese große Zahl von lästigen Menschen war, angefangen von Bacchiacca, der am herzoglichen Bett baute, als handelte es sich um eine venezianische Galeasse, sodann junge Goldschmiede, die mich unausgesetzt ansprachen in der Hoffnung, mir etwas von meinen Berufsgeheimnissen zu entlocken, und natürlich Varchi, der ständig einen türkischen Botschafter, einen römischen Kardinal, einen deutschen Teppichweber oder einen kaiserlichen Gesandten herumführte, sowie die Heuchler Bandinelli und Ammannati und dieser herzogliche Pisspott Vasari. Doch als auch Vasari Florenz verlassen musste, warum auch immer, da wusste ich, dass Gott mir jetzt die Gelegenheit gab, auf die ich gewartet hatte.

Draußen tobte noch der Karneval. Als nach Einbruch der Dunkelheit die ersten Feuerwerkskörper gezündet wurden, liefen die jungen Goldschmiede, die das Schauspiel mitansehen wollten, an die Fenster. Angelockt von ihren begeisterten Rufen verließen bald auch die anderen den Raum, alle außer Bacchiacca. Da der Garderobier mit seinen Verzeichnissen beschäftigt war, war ich nun mit dem Alten allein. Cäsar der Große war schnell im Denken und Handeln. So auch ich. Ich laufe zu dem Schrank, hole das Gemälde heraus, gehe zum herzoglichen Bett und schiebe das Bild unter das Gestell, so dass es für niemanden zu sehen ist, es sei denn, er hätte sich flach auf den Boden gelegt. Als ich das Feuerwerk anschwellen und die bewundernden Rufe meiner Kollegen lauter werden höre, nagele ich Bretter rund um das Gemälde, so dass es in einer Art Kiste unter dem Bett liegt und vollends unsichtbar ist. Das alles schaffe ich im Nu, unter dem versteinerten Blick des armen Bacchiacca. Bevor die anderen zurückkommen, sage ich ihm noch, dass ich ihn umbringe, wenn er nicht den Mund hält, und weil er mich kennt – wir sind seit langem befreundet –, wird er gehorchen. Zunächst merkte niemand, dass das Gemälde entfernt worden war, aber um keinen Verdacht aufkommen zu lassen, ging ich weiterhin jeden Tag in den Palazzo – bis das Verschwinden dann doch entdeckt wurde, von Borghini, dem Arschloch.

Jetzt suchen sie das Gemälde in der ganzen Stadt, wo es doch noch gar nicht weg ist. Ich bin nicht unzufrieden mit diesem Geniestreich, aber Ihr seht, Signor Strozzi, dass sich die Königin von Frankreich noch etwas gedulden muss, bis sie ihren Pontormo bekommt.

65. Malatesta de Malatesti an Maria de' Medici

Florenz, den 20. Februar 1557

Mir ist eine Geschichte aus längst vergangenen Zeiten in den Sinn gekommen, die ich Euch, gnädige Frau, sofort erzählen muss, zu Euerm Nutz und Frommen, und vielleicht auch dem meinen: Es war einmal ein junger Mann, der vor einem Bürgerkrieg aus England floh, wo er Geldwechsler gewesen war, und sich auf den Weg zurück nach Florenz begab, um wieder zu seinen Verwandten zu gelangen. Als er durch Brügge kam, begegnete er einer jungen Engländerin, die ebenfalls auf der Flucht war, über den Grund dafür bewahrte sie Stillschweigen, ebenso wie über ihre wahre Identität, denn sie war als Mönch verkleidet. Die beiden jungen Leute freundeten sich an und beschlossen, gemeinsam den Weg nach Italien fortzusetzen, und als sie an eine vollbelegte Herberge kamen, mussten sie das letzte Bett teilen, das der Wirt noch frei hatte. Als der junge Mann bemerkte, dass er anstatt eines Mönchs eine Frau mit hübsch gerundeten festen Brüsten auf seinem Lager hatte, die davon sprach, wie die Liebe in ihr entflammt war, als sie nebeneinanderher die Straße entlangwanderten, da überkam ihn lebhafte Freude, und ohne mehr über sie zu wissen, willigte er ein, sie zur Frau zu nehmen. So setzte sie sich im Bett auf, reichte ihm einen Ring und ließ sich, vor einem Bildnis unseres Herrgotts, von ihm heiraten. Und dann lagen sie sich in den Armen, beide empfanden großes Vergnügen, und ergötzten sich während des übrigen Teils der Nacht aneinander, zur größten beiderseitigen Lust.

Die Jungfrau war niemand Geringeres als die Tochter des Königs von England, der mit seinem Sohn zerstritten war und sie zur Schaffung neuer Allianzen mit dem hochbetagten König von Schottland vermählen wollte, und ebendeshalb war sie auf der Flucht, als Mann verkleidet; sie trug einen Teil der Kronjuwelen bei sich und wollte sich in Rom dem Papst zu Füßen werfen. Und als sie sich dem Pontifex Maximus dann wirklich vorgestellt hatte, bat sie ihn, öffentlich die Ehe zu verkünden, die sie mit dem jungen Florentiner bereits vor Gott geschlossen hatte. Da Seine Heiligkeit begriff, dass das nicht mehr rückgängig zu machen war, entsprach er ihrer Bitte, und nachdem er die Eheschließung feierlich vollzogen hatte, entließ er die beiden jungen Leute mit seinem Segen. Der junge Geldwechsler und die Prinzessin reisten nun nach Florenz, dann weiter nach Paris, wo sie vom König von Frankreich in Ehren aufgenommen wurden. Von dort geleiteten zwei Ritter die Dame nach England und setzten sich beim König so gut ein, dass er die Tochter in Gnaden und mit großen Freuden wieder aufnahm, und seinen Schwiegersohn nicht minder. Kurze Zeit darauf schlug er ihn mit großen Ehrenbezeigungen zum Ritter und überließ ihm die Grafschaft Cornwall. Der Schwiegersohn erwies sich als so verdienstvoll, dass er den Sohn mit dem Vater wieder versöhnte und dem Krieg ein Ende machte, worauf viel Gutes für das Inselreich erwuchs, was ihm Gunst und Liebe aller Einwohner einbrachte.

Ich hoffe, gnädige Frau, diese höchst wahre Geschichte hat Euch so gut gefallen wie mir; möget Ihr Euch von ihr leiten lassen, in Eurer aufrechten Haltung und in den Entscheidungen, die Ihr zu treffen habt.

66. Maria de' Medici an Catherine de Médicis, Königin von Frankreich

Florenz, den 22. Februar 1557

Liebe Tante, verzeiht, dass ich mich schon wieder an Euch wende, ich muss mit jemandem sprechen, dem ich mich ganz anvertrauen kann. Ihr seid so gütig zu mir! Und ich bin so sehr auf Euern Rat angewiesen. Der Ritter Malatesta drängt mich, Florenz zusammen mit ihm zu verlassen, wie eine Diebin. Er behauptet, das Gemälde befinde sich an einem sicheren Ort. Was tun? Ich bin die Tochter des Herzogs, und keine Diebin. Wie bitte? Über Land ziehen, fliehen, wie Landstreicher? Meinen Vater verraten? Meine Mutter im Kummer ertrinken lassen? Ich bin mir sicher, dass sie den Verlust auch nur eines einzigen ihrer Kinder nicht überleben würde. Letztlich kann mir dieses Gemälde herzlich egal sein. Komme, was da wolle. Ich bin eine Medici. Ich gehöre zu meiner Familie, ich gehöre zu meinem Stamm, ich gehöre Florenz, und ich gehöre Gott.

Ich muss Euch jedoch etwas gestehen. In seiner Eigenschaft als Page meines Vaters kann Malatesta sich nach Belieben frei im ganzen Palazzo bewegen, und so hat er sich gegen Abend in mein Schlafzimmer geschlichen, um mich über die Vorbereitungen zu unserer heimlichen Abreise ins Bild zu setzen. Er wollte, dass wir bereits in dieser Nacht aufbrächen, und um mich zu überzeugen, umfasste er mich an der Taille und flüsterte mir ins Ohr, denn auf keinen Fall durfte meine Gesellschafterin im Zimmer nebenan geweckt werden. So hartnäckig war der Ritter, so fest drückten mich seine Hände. Ich schwöre, ich wollte widerstehen, aber es war, als versagte mein Körper mir den Gehorsam und – nicht ich, die ein «Nein! Nein!» hauchte – gab seinen Liebkosungen nach. Ich konnte nicht um Hilfe rufen, denn dann hätten ihn die Diener in meiner Schlafkammer gefunden, und mein Vater hätte ihn an den Galgen gebracht, da bin ich mir sicher. Ich hatte auch keinen Dolch zur Hand, um es wie Lucrezia zu machen, und ich war ganz außer mir, von brennender Flamme verzehrt. Obendrein fühlte ich mich am Rande der Ohnmacht. Glücklicherweise hat niemand etwas gehört, ich hatte schreckliche Angst, wir könnten überrascht werden, und so verließ mich der Ritter noch in der Dunkelheit, ohne dass ich ihn zu sehen bekam, und schwor mir ewige Liebe. Er sagt, wir seien vor Gott verheiratet, und als Beweis zieht er heran, dass ich irgendwann einmal – ich weiß nicht, wann und wozu – Ja gesagt habe. Ich glaube aber nicht, dass mein Vater seinen Standpunkt teilt. Gott sei Dank ist er zurzeit nicht in Florenz. Ich könnte ihm nicht unter die Augen treten.

Den Rest der Nacht war ich in einem Zustand des

Überrumpelt- und Aufgewühltseins, dass ich kein Auge zutun konnte, und seit heute Morgen muss ich ununterbrochen weinen, so dass meine Mutter, die ja den Grund dafür nicht wissen kann, sich beunruhigt und denkt, ich sei krank. Ach, wie unglücklich ich bin! Es gab einen Augenblick heute Nacht, da war ich ganz außer mir und glaubte zu sterben, und das wäre wohl am besten gewesen. Um Gottes willen, sagt mir, was soll ich nur machen? Oder bin ich schon verloren? Und warum hat er das Bild nicht einfach vernichtet, wenn es doch in seinem Besitz ist? Ach, ich verliere noch den Verstand. Nur Ihr könntet mir helfen, und Ihr seid weit weg. Ich vertraue diesen Brief meiner getreuen Kammerzofe an, die weiß, wie sie es anstellen muss, dass er an den französischen Hof gelangt, ohne einen Verdacht auf mich zu lenken.

67. Catherine de Médicis, Königin von Frankreich, an Maria de' Medici

Fontainebleau, den 25. Februar 1557

Liebes Kind, quält Euch nicht mehr als nötig, und erlaubt, dass ich Euch wieder einmal ein paar Wahrheiten schreibe, die mich das Leben gelehrt hat. Das Wichtigste an Euerm Bericht ist, dass es Euch gelungen ist, nicht zu schreien. Das ist schon mal sehr gut, denn – ganz gleich, was Euer Beichtvater dazu sagt, falls Ihr so dumm wart, ihm von Euerm nächtlichen Abenteuer zu erzählen – nur darin liegt die Schuld, dass man es hört und sieht, und Sünd' ist Sünde nicht, wenn sie geheim geschieht. Da kommt mir in den Sinn, was mir eine reife Frau mitgab, als ich noch um einiges jünger war als Ihr heute: Ehre gründet allein in der Wertschätzung der Öffentlichkeit, und deshalb muss eine Frau ihre ganze Begabung dafür einsetzen, zu verhindern, dass man sich auf ihre Kosten das Maul zerreißt. Die Ehre hängt wirklich nicht daran, was man tut und was man lässt, sondern ob man es versteht, sich einen vorteilhaften Leumund zuzulegen oder nicht. Sündigt, wenn Ihr nicht widerstehen könnt, aber achtet auf Euern guten Ruf. Insofern ist es in Eurer Lage ab jetzt am sichersten, Euern Pagen heimlich zu ehelichen. Und darunter verstehe ich: nicht nur vor Gott in der Einsamkeit Eurer Kammer Schwüre abzulegen, sondern sie vor einem Priester zu wiederholen und damit zurechtzurücken, was sonst ein Augenblick der Blindheit gewesen wäre, den Ihr tief im Herzen vergraben müsstet und die Erinnerung daran ganz allein zu tragen hättet. Wenn Ihr erst einmal vor Gott legitimiert seid, dann spricht nichts mehr dagegen, dass Ihr an der Hand Eures Ehegatten vor Euern Eltern erscheint. Gewiss werden sie ein bisschen verärgert sein, aber dann werden sie beim berührenden Anblick ihrer Tochter als Braut eines ehrbaren, stets pflichtbewussten Ritters zugeben müssen, dass trotz allem und wieder einmal Gottes Wille in Erfüllung gegangen ist.

68. Catherine de Médicis, Königin von Frankreich, an Piero Strozzi, Marschall von Frankreich

Fontainebleau, den 25. Februar 1557

Einen schönen Erfolg nenne ich das, lieber Cousin! Was ist uns damit gedient, dass das Gemälde hier oder dort ist, solange es den Palazzo nicht verlassen hat und Euer Mann noch immer nicht in der Lage ist, es herauszuholen und uns zu bringen?

Die kleine Maria, die mehr gesunden Menschenverstand hat als Ihr, hat schon begriffen: Sie wird sich nicht vom Fleck rühren, bevor sie nicht den Beweis hat, dass wir das Ding in Händen halten oder es vernichtet ist. Letztlich ist das ziemlich egal, oder es ist sogar besser so. Wenn sie an Heinrichs Hof aufkreuzte, vor allem um ihren Liebhaber zu ehelichen, und Frankreich sie mit offenen Armen empfinge, würde das unvermeidlich als das angesehen werden, was es auch wäre: mehr als eine destabilisierende Maßnahme, eher schon eine waschechte Kriegserklärung an den Herzog, der sofort argwöhnen würde, dass ich meine Hände im Spiel habe. Mögen unsere Beziehungen auch einigermaßen eisig sein, so zöge ich es doch vor, unnötige diplomatische Verwicklungen so weit wie möglich zu vermeiden. Es ist sinnlos, den Gefahren und Wirrungen, die die Christenheit gegenwärtig bedrohen, eine weitere Krise hinzuzufügen. Anders gesagt: Gerne eine Krise für Florenz, aus vollem Herzen, aber bitte ohne dass Frankreich offiziell involviert ist. In der Politik wie überall sonst ist immer die erste Regel: Sich nicht erwischen lassen. Und die zweite: Rasch zuschlagen, überfallartig. Sollte sich das arme Kind je zur Flucht mit seinem Pagen entscheiden, dann wäre es am besten, sie nach Venedig, Navarra oder sonst in eine abgelegene Provinz zu schicken.

69. Piero Strozzi, Marschall von Frankreich, an Catherine de Médicis, Königin von Frankreich

Rom, den 1. März 1557

Ihr seid recht streng, liebe Cousine, mit einem Mann, dem es, soweit ich das beurteilen kann, keineswegs an Fähigkeiten mangelt, was mir auch dieser jüngste Streich bestätigt, der es nicht verfehlt, in mir ein wenig Eifersucht zu wecken, so präzis, wie er erdacht und ausgeführt wurde; ich will Euch nicht verhehlen, dass ich gerne selber der wäre, der ihn ersonnen hat. Ihr hattet Kühnheit verlangt, nun seht, um wie viel Kostbareres er Euch bietet: Vorstellungskraft. Jetzt glauben alle, das Gemälde sei entwendet, und umso leichter wird es tatsächlich zu entwenden sein. Während die Männer vom Bargello die Stadt durchpflügen, denkt niemand mehr daran, das Vestibül zu bewachen. Sie suchen überall, nur nicht da, wo es ist, das ist das Geniale an der Sache! Freilich sind wir noch auf halber Strecke, aber ich glaube doch, das Schwerste ist geschafft: Alle Blicke sind jetzt nach draußen gerichtet, und die Aufmerksamkeit der Garden für das, was aus dem Palazzo Vecchio geschafft wird, lässt logischerweise nach.

Geduld, liebe Cousine: Euer Plan wird wunderbar aufgehen. Was die Möglichkeit einer Flucht der jungen Maria zusammen mit ihrem Pagen angeht, so kann ich Euch nur ermutigen, ihr zuzureden: Nichts würde mir mehr Freude machen, als wenn ein Plan zur Ausführung gelangte, der den Herzog von Florenz demütigt und zugleich den von Este, über den alle Welt sagt, dass er ein gottverdammtes Arschloch ist.

70. Flugschrift von Marco Moro an die Mitglieder der Zunft der Ärzte und Apotheker

Florenz, den 1. März 1557

Ein Gespenst geht um im Staate Italien – das Gespenst der Ciompi! Alle Fürsten und Granden, die sich seit so vielen Jahren zerfleischen und von Neapel bis Venedig, vom Papst bis zum Kaiser unsere Städte und Landschaften verwüsten, würden sich von Stund an versöhnen und gemeinsame Sache machen, wenn es darum ginge, dieses Gespenst an seiner Wiederkehr zu hindern: das Bündnis der kleinen Leute und der Plebs.

Bei der Bildung der Zünfte zeigte sich, dass viele Gewerbe, die von den kleinen Leuten und der Plebs ausgeübt wurden, keine eigene Zunft hatten. Sie unterwarfen sich deshalb verschiedenen Handwerken, meist denen, die ihrem Beruf ähnlich waren. Das führte dazu, dass, wenn die Arbeit nicht ausreichend entlohnt oder sie von ihren Meistern unterdrückt wurden, sie nur beim Anführer des Handwerks, an das sie angeschlossen waren, um Hilfe bitten konnten und dieser ihnen nie zu ihrem Recht verhalf.

Es war die Zeit, als die Guelfen und Ghibellinen einen Dauerkrieg führten, dessen Gründe niemand begriffen hat. Als die Guelfen schließlich gesiegt und auch den allerletzten Ghibellinen aus Florenz vertrieben hatten, spalteten sich die Sieger in zwei neue Gruppierungen, die weißen und die schwarzen Guelfen, um weiterhin grundlos Krieg zu führen. Wer hat gewonnen, die Weißen oder die Schwarzen? Das braucht uns wahrlich nicht zu beschäftigen. Dem Lamm ist es egal, welche Farbe das Fell des Wolfes hat, der es gleich verschlingt. Nun leben in unserer trübseligen Welt neunhundert von tausend wie die Schafe, lassen den Kopf hängen, voller närrischer und düsterer Gedanken, während eine Handvoll sich oben dicketut und dafür die Arbeit der anderen ausnutzt. Wenn ihr das Verhalten der Menschen beobachtet, werdet ihr sehen, dass von den Reichsten und Mächtigsten keiner ohne Betrug und Gewalt dorthin gelangt ist; ihr werdet erkennen, dass sie anschließend die Schande ihrer Errungenschaft mit dem Begriff des Gewinns beschönigen und damit legitimieren, was sie durch Täuschung und Machtausübung an sich gerissen haben. Wer sich aus Mangel an Klugheit oder aus Überfluss an Dummheit diesen Methoden widersetzt, versackt in Knechtschaft und Armut. Treue Diener bleiben Diener, und gute Menschen bleiben arme Teufel.

Von manchen von ihnen höre ich den Ruf nach der Republik. Aber wozu soll man die Republik ausrufen, wenn die Macht in den Händen einiger Weniger ist, auf Kosten aller anderen? Wollt ihr wieder anfangen mit dem Affentheater am Palazzo, mit seinen Oberen und den Losen in der Trommel, auf denen immer wieder dieselben Namen stehen? Glaubt ihr, die Strozzis würden euch verteidigen, wenn sie nochmal drankämen? Es kann uns egal sein, ob wir von Einem oder von Mehreren regiert werden. Wir wollen nicht die Republik, sondern Gerechtigkeit, mit anderen Worten: die Republik für alle.

Manche von denen, die ganz aufgegeben haben, sehnen sich nach dem Reich Gottes und vertagen ihre Hoffnungen auf das Leben im Himmel, um sich über ihr irdisches Elend hinwegzutrösten. Was wir wollen, ist aber nicht das Paradies nach dem Tod. Wir wollen das Reich Gottes auf Erden, hier und jetzt, in Florenz im Jahr des Herrn 1557.

Was forderten die Ciompi, als sie den Palazzo erstürmten, und was erreichten sie? Drei neue Zünfte sollten gebildet werden, die erste für die Wollkämmer und Färber; die zweite für die Barbiere, Wamsweber, Schneider und ähnliche Handwerke; und die dritte für die kleinen Leute; weiter wurde gefordert, dass stets zwei Obere aus diesen drei Verbänden benannt und den neuen Verbänden Orte zur Versammlung zugewiesen würden; es sollte für zwei Jahre verboten werden, bei Mitgliedern Schulden unter fünfzig Dukaten einzutreiben; weiter forderten sie, dass die öffentliche Bank keine Zinsen mehr erhebe und nur noch das Kapital zurückverlangen könne. Doch weil sie sehr ungeordnet handelten und Opfer des Verrats ihrer Anführer wurden, nahm ihnen das Schicksal bald wieder, was sie mit der Kraft ihrer Kühnheit errungen hatten.

Hundertsechzig Jahre später verlangen wir nichts anderes, als was das Volk damals gefordert hatte, aber um es zu erlangen und zu behalten, werden wir mit Bedacht handeln und nicht mit Ungestüm, mit Geduld und nicht im Tumult, und wenn wir hinreichend mächtig und organisiert sind, werden wir erreichen, was die Ciompi erreicht haben, aber anders als unsere Brüder von damals werden wir es uns von niemandem wieder nehmen lassen.

71. Schwester Caterina de' Ricci an Schwester Plautilla Nelli

Prato, den 1. März 1557

Dem Teufel, liebe Schwester, gebricht es nicht an kriegerischen Machinationen gegen unsere stets bedrohte Heilige Kirche.

Dein Gemälde ist gut bei mir angekommen. Zum Glück hat es niemand gesehen. Wie hätte ich es irgendjemandem zeigen können? Ich glaube, geliebte Plautilla, der Anblick der obszönen Malereien von Pontormo hat Dich um den Verstand gebracht. Wie kannst Du nur meinen, Du erwiesest unserem Herrn Jesus Christus Ehre, indem Du die Malweise dieses vermaledeiten Sodomiters nachahmst? Muss ich Dich darauf hinweisen, dass er jetzt, Gott sei ihm gnädig, in der Hölle brät? Natürlich ist Dir das bewusst.

All die nackte Haut! Es sieht aus, als wäre der Körper – Gott behüte! – zugleich in Auflösung begriffen und sinnlich, als wecke er die niederen Instinkte der Umstehenden, die bei solch einem Anblick weinen sollten und nicht in diesen ekstatischen Ausdruck verfallen. «Der Geist ist's, der da lebendig macht, das Fleisch ist nichts nütze.» Hast Du diese Worte des Johannes vergessen? Der Malerei, die nur ein Hilfsmittel war, ist es nun gelungen, wie eine Hure zahllose Söhne der Kirche zu verführen und sie damit auf die Abwege ihrer eigenen Fleischeslust zu bringen. So ist es doch: Da mischen Frauen Gift ins Mehl und verstecken es irgendwo, um Geziefer zu töten. Ihre Kinder aber finden es, essen es ahnungslos und sterben daran.

Aufgabe des Malers muss sein, die Menschen mittels einer angemessenen Darstellung an einen Gedanken von

Tugend heranzuführen, genau so, wie man ein Nahrungsmittel ekelerregend und abschreckend darstellen kann, während man Lust drauf weckt, wenn man es zusammen als etwas Schönes und Staunenswertes zeigt. Wieso, geliebte Schwester, hast Du geglaubt, Deine vormalige Malweise ändern zu müssen, die so rein war, so ehrlich, so unschuldig? Ich beschwöre Dich um Gottes willen, besinne Dich wieder darauf, solange das Böse nicht vollends Besitz von Dir ergriffen hat. Komm wieder zu Dir, Plautilla. Ich erwarte, dass Du mich nächstens besuchst, und dann beginnen wir ein neues Porträt. Es hat sich doch nichts geändert? Alles kommt wieder in Ordnung.

72. Giorgio Vasari an Vincenzo Borghini

Florenz, den 2. März 1557

Vincenzo, lieber Freund, begebt Euch unverzüglich zum Kloster Santa Caterina. Bei der Kontrolle eines Boten, der aus Prato kam, haben unsere Leute einen Brief von größter Bedeutung sichergestellt. Ich verlasse den Palazzo Vecchio jetzt mit sechs Mann, wir sehen uns dort. Wir erwarten Euch an der Piazza San Marco.

73. Schwester Petronilla Nelli an Schwester Caterina de' Ricci

Florenz, den 2. März 1557

Schwester, seht meiner Hand das Zittern nach, das sie daran hindert, diese eilends hingekritzelten Worte schöner zu gestalten. Etwas Unerhörtes ist geschehen. Unsere Klostervorsteherin, zu der ich Blutsbande habe, denn sie ist zugleich meine jüngere Schwester, wurde von der herzoglichen Polizei festgenommen. Acht Mann sind gekommen und haben sie abgeholt. Sie haben ihr kaum erlaubt, auch nur einen Mantel überzuziehen. Während sie ihr Zimmer durchsuchten, konnte sie mir – ich war herbeigeeilt, alarmiert durch das ungewöhnliche Treiben – ins Ohr sagen, Ihr müsstet verständigt werden, was ich hiermit tue in der Hoffnung, dass Ihr mir irgendwie heraushelfen könnt aus der Verwirrung, in die mich dieses unerhörte Geschehen gestürzt hat. Worum geht es? Was wollen sie? Was wird ihr geschehen? Niemand wollte mir diese Fragen beantworten. Klärt mich auf, um Gottes willen, denn ich verstehe nichts außer dem einen: Sie waren auf der Suche nach einem Gemälde.

74. Vincenzo Borghini an Giorgio Vasari

Prato, den 3. März 1557

Signor Giorgio, Folgendes wird Euch vielleicht interessieren. Wir kamen kurz vor der Essenszeit am Kloster San Vincenzo an und verlangten nach Schwester Caterina de' Ricci; wir konfrontierten sie mit ihrem Brief, was sie nicht übermäßig verunsicherte, doch sie konnte uns keine zufriedenstellende Antwort geben auf die Frage, was sie mit «obszönen Malereien von Pontormo» meint. Stattdessen fanden wir in ihrer Kammer Werke von dem Dominikanermönch Girolamo Savonarola und in der Feuerstelle des Kamins die abgebrannten Reste von etwas, das sehr gut ein Gemälde im Format dessen, nach dem wir suchen, gewesen sein konnte – freilich lässt sich das nicht mit Sicherheit behaupten angesichts seines praktisch auf Asche reduzierten Zustands. Auch die Briefschaften haben wir in Gewahrsam genommen.

Ich werde wohl gegen Abend wieder in Florenz sein, zusammen mit Schwester Caterina, die ich in den Palazzo Vecchio bringe, damit Ihr sie selber verhören könnt, morgen in der Frühe.

75. Giorgio Vasari an Cosimo de' Medici, Herzog von Florenz

Florenz, den 4. März 1557

Um Eure durchlauchte Exzellenz unverzüglich ins Bild zu setzen über die neuesten Einzelheiten zu Pontormos Tod und zum Verschwinden des respektiven Gemäldes, anbei diese Aktennotiz, von Euerm untertänigsten Diener verfasst nach dem, was zwei Dominikanernonnen zu Protokoll gegeben haben: Schwester Plautilla Nelli, Vorsteherin des Klosters Santa Caterina di Siena an der Piazza San Marco, geboren als Pulisena Margherita, Tochter von Piero di Luca, Kaufmann, und Schwester Caterina de' Ricci, Vorsteherin des Klosters San Vincenzo in Prato, geboren als Alessandra Lucrezia Romala, Tochter von Pier Francesco, Bankier, beide unabhängig voneinander verhört im Palazzo Vecchio seit dem frühen Morgen des gestrigen Tages, Sonntag dem 3. März, ohne Unterbrechung bis heute Nachmittag.

Da die beiden Nonnen dem Dominikanerorden angehören und, wie Dominikaner so oft, vom Gedankengut des verblichenen Bußpredigers Girolamo Savonarola beeinflusst sind, hatten sie sich in den Kopf gesetzt, auf die Jagd zu gehen gegen die Gottlosigkeit, die (ihrer Meinung nach) unter den Florentiner Künstlern im Dienste Eurer Exzellenz herrscht, insbesondere unter den Malern, die sie (unabhängig voneinander, mit drei leichten Abweichungen in der Formulierung) als «degenerierte Sodomiter mit bestialischen Sitten, deren Seele in der Hölle braten muss» bezeichnen.

Auf die Gerüchte um die Fresken in San Lorenzo hin wollten sie mit eigenen Augen das ganze Übel sehen, von dem sie erzählen gehört hatten. Sie hatten wohl die Absicht, dessen Obszönität lautstark bekannt zu machen, aber dafür musste es zumindest einer von ihnen gelingen, die Malereien zu sehen, um deren blasphemischen Gehalt zweifelsfrei festzustellen. Das wollte Schwester Plautilla übernehmen, denn sie lebt in Florenz, nicht weit von der Kirche, während die andere in Prato wohnt.

Somit ist erwiesen, dass Schwester Plautilla nächtens, und zwar mehrfach, in die Kirche San Lorenzo eingedrungen ist, unter Mithilfe des Küsters, der sie einließ mit Berufung auf ihre Eigenschaft als Nonne (so behauptet er) und sich damit über die doch recht strengen Anweisungen hinwegsetzte, die er erhalten hatte. Auch hat sie Pontormos Wohnung aufgesucht, was der junge Naldini bestätigt, der sie wiedererkannt und identifiziert hat. Wobei sie sie dies Letztere auch gar nicht leugnet.

Allerdings bestreitet sie noch, in irgendeiner Form für den Tod des Malers verantwortlich zu sein. Der Brief, den die Bediensteten Eurer Durchlaucht abgefangen haben, lässt jedoch kaum einen Zweifel daran, dass sie im Besitz des Venus-Gemäldes gewesen war, das sie in Pontormos Wohnung gefunden und an ihre Schwester Caterina in Prato gesandt hatte, welche es vernichtete in der Annahme, Plautilla habe es gemalt. (Die unglaublichen Umstände, wie das Gemälde hatte versteckt werden können, müssen noch aufgeklärt werden.) Schwester Plautilla hört nicht auf, bei allen Heiligen zu schwören, dass es sich bei dem von ihr gemalten und an die Schwester gesandten Bild um eine Kreuzabnahme gehandelt habe, aber ihre Aussage lässt sich mit nichts untermauern, während alles darauf hindeutet, dass sie sich eine Ausrede ausgedacht hat, um unschuldig dazustehen.

Die wahrscheinlichste Annahme ist eine Verschwörung der beiden Frauen gegen das von ihnen als degeneriert erachtete Werk eines Malers, dessen Sittlichkeit und Malstil sie gleichermaßen missbilligten. Hat Pontormo Schwester Plautilla in der Kirche überrascht und beschimpft, hat sie ihn geschlagen, um zu entkommen, ohne dass jemand sie verraten konnte, oder hatte sie ihre Verbrechen geplant? All das ist noch im Dunkeln. Wie dem auch sei, Schwester Caterina ist von der Schuld ihrer Freundin überzeugt und sagt, sie habe zur höchsten Ehre Gottes gehandelt.

Jedenfalls betätigt sich auch Schwester Plautilla als Malerin, und das nicht ohne Erfolg. Insbesondere ist im Refektorium des Klosters Santa Caterina an der Piazza San Marco ein von ihr ausgeführtes Gemälde vom *Abendmahl* zu sehen sowie einige Porträts von Schwester Caterina de' Ricci im Kloster San Vincenzo in Prato. Insofern ist, auch wenn sie ihr Verbrechen noch nicht explizit gestanden hat, praktisch ausgemacht, dass Schwester Plautilla ein Motiv, eine Gelegenheit und höchstwahrscheinlich (in diesem Punkt gibt es jedoch ein paar Vorbehalte, die ich weiter unten erläutere) die nötigen Fähigkeiten besaß, ihre Untat unter den Gegebenheiten, die man festgestellt hat, zu vollbringen, das heißt, den Maler, der alt und schwach war, zu erschlagen, aber auch, die beschädigte Stelle zu übermalen. Wenn man weiter bedenkt – was für mich gilt –, dass das fragliche Stück Wand, das den von Tieren umringten Noah darstellt, nicht von Pontormo selbst übermalt wurde, sondern von der Person, die ihn ermordet hat, oder von einer Person, die im Augenblick des Mordes zugegen war, so macht die Tatsache, dass Schwester Plautilla die Malkunst beherrscht, es nur noch wahrscheinlicher, dass sie in die Ereignisse der Mordnacht (selbst wenn wir noch nicht wissen, warum sie sich die Mühe hätte machen sollen, die von ihr geschmähten Teile der Wand zu übermalen) verwickelt ist. Auch ist die Annahme nicht von der Hand zu weisen, dass das bei Pontormo gefundene Gemälde von ihr gemalt oder zumindest übermalt wurde, wie Schwester Caterina wohl vermutet. Der Grund für derlei Majestätsbeleidigung wäre darin zu suchen, Eure Exzellenz absichtlich verletzen zu wollen, indem man Euch die Verantwortung für die

Obszönitäten der Fresken von San Lorenzo in die Schuhe geschoben hätte. Das allerdings würde, da das Gemälde beim Maler zuhause gefunden wurde, bedeuten, dass es Besuche oder vielleicht sogar frühere Begegnungen mit Pontormo gegeben hätte, was wir für wenig wahrscheinlich halten.

Es gibt noch einen anderen Einwand, und das ist die mustergültige Nachahmung von Pontormos Malstil. Es wäre ein Leichtes, an vielerlei Beispielen zu beweisen, dass gerade Frauen sich in allen Wissenschaften und Künsten hervorzutun verstanden, auf die sie sich verlegen wollten. Mag sein, dass Schwester Plautilla als Malerin zunächst mit ihren Kopien auf sich aufmerksam machte. Übrigens zeigt sich an einer Krippenszene, die sie nach Bronzino anfertigte, zu welchen Höhen sie hätte gelangen können, wenn sie wie alle Maler die Möglichkeit zu Studien nach der Natur gehabt hätte. Ihre eigenen Werke aber verraten, dass die Frauengesichter, die ausgiebig zu betrachten ihr erlaubt war, den Männergesichtern, die sie imaginieren musste, bei weitem überlegen sind. Auf ihren Gemälden hat sie oft die Gesichtszüge verschiedener Frauen mit solch hoher Vollkommenheit wiedergegeben, dass keine Wünsche offenbleiben. Das lässt sich von den Männern nicht sagen, die auf ihren Gemälden wie blutleere Hampelmänner aussehen. Es bleibt also die Frage: Hatte Schwester Plautilla, wenn man ihr ausreichend Geschick zutraut, dem Venusleib das Gesicht von Signorina Maria aufzusetzen, hatte sie dann auch die Fähigkeit, in Pontormos Manier Kopf und Leib eines Noah so zu malen, dass es niemandem gelang, die Fälschung zu erkennen?

Ich werde nicht anstehen, Eure Durchlaucht auf dem Laufenden zu halten, sobald ich in der Lage bin, neue Schlüsse zu ziehen.

76. Cosimo de' Medici, Herzog von Florenz, an Giorgio Vasari

Florenz, den 4. März 1557

Nehmt meine herzlichsten Glückwünsche, Signor Giorgio. Wieder einmal hast Du bewiesen, dass mein Vertrauen in Dich gerechtfertigt ist, die Wirksamkeit Deiner Arbeit hat nie versagt, in den nunmehr bald vier Jahren, die Du in meinen Diensten stehst. Natürlich sehe ich, dass es noch ein paar dunkle Punkte in der Geschichte gibt, aber letztlich nichts, was nicht unter der Folter am Wippgalgen zum Vorschein kommen würde. Außerdem habe ich weder Zeit noch Lust, mich in die Einzelheiten einer Verschwörung von savonarolistischen Weibern einzufuchsen. Schick mir das vollständige Geständnis der Nonne, sobald es Dir vorliegt, dann knüpfen wir sie vor den Fenstern des Palazzo auf, und gleich daneben ihre Spießgesellin, wie in alten Zeiten. Auch wenn ich der Sache nicht mehr Gehör verschaffen möchte, als ihr zukommt, weshalb wir nicht zu viel Worte über die Gründe für die Bestrafung machen sollten, ist es doch nie gut, sich zu größerer Milde erweichen zu lassen. Deshalb ist es unser Wille, dass die beiden Verschwörerinnen spätestens an Karneval den Raben zum Fraß vorgeworfen werden.

Was Euch betrifft, Signor Giorgio, schaut doch morgen

gegen neun bei mir vorbei, ich werde Euch von unseren Plänen zum Palazzo Pitti und seinen Gärten erzählen.

77. Vincenzo Borghini an Giorgio Vasari

Florenz, den 4. März 1557

Giorgio, wir haben eine Einladung zum Abendessen bei Varchi, der mit uns die Festnahme der Spielverderberinnen feiern will. Komm doch nachher mit zu Daniello. Bis heute Abend, Herr Inquisitor.

78. Vincenzo Borghini an Giorgio Vasari

Florenz, Ospedale degli Innocenti,
den 5. März 1557

Ich weiß nicht, Signor Giorgio, wie es Euch geht, aber ich finde den Weingott Bacchus ganz schön ungnädig, denn wir haben ihm gestern Abend höchlichst gehuldigt, und er hat mir zum Dank nur einen Hummelschwarm in den Ohren und einen Schwächeanfall hinterlassen, weshalb ich zu nichts zu gebrauchen bin, ja nicht einmal aus dem Haus gehen kann. Ich habe mich kaum bis an den Tisch schleppen können, um Euch diese Botschaft zu schreiben, nachdem ich der Erde ein Gutteil des herrlichen Trebbiano zurückgegeben hatte, den ich, Narr, der ich bin, in unvorstellbarer Menge hinunter- und mich damit ins Verderben gestürzt hatte. So werdet Ihr mich heute Morgen nicht im Palazzo antreffen, und ich flehe Euch an, mir das nachzusehen. Das kommt davon, dass ich nicht Maß hielt und vergaß, dass meine Konstitution im Herbst des Lebens nicht mehr die des jungen Mannes ist, der ich einst war und dem es nichts ausmachte, abends ein Fass zu leeren und am nächsten Morgen mehr oder weniger taufrisch in den Krieg zu ziehen. Dabei möchte ich um nichts in der Welt das Vertrauen enttäuschen, das Ihr so freundschaftlich in mich setzt, und will versuchen, wieder auf die Beine zu kommen, um Euch den Dienst zu erweisen, den Ihr gestern von mir erbeten habt, nämlich die Briefe von Schwester Plautilla auszuwerten, die ich in Prato in der Zelle von Schwester Caterina gefunden habe. Ich werde nicht verabsäumen, Euch darüber getreulich zu berichten und Euch unverzüglich mitzuteilen, ob sich darin ein Hinweis findet, der Euch hilfreich sein könnte, Licht in die letzten Ecken dieser dunklen Geschichte zu bringen.

79. Giorgio Vasari an Vincenzo Borghini

Florenz, Palazzo Vecchio,
den 5. März 1557

Kommt erst einmal wieder auf die Beine, lieber Vincenzo, und gönnt Euch die nötige Ruhe dafür, denn ich brauche Euch für diese Aufgabe so konzentriert, wie nur Ihr es sein könnt. Gewiss, wir haben gestern ein wenig über die Stränge geschlagen, und ich gehe davon aus, dass Varchi heute morgen nicht viel besser dran ist als Ihr. Jedenfalls ist er noch nicht im Palazzo erschienen. Was mich betrifft, so musste ich mich mit Gewalt aufraffen, um das Bett zu verlassen, und ich kann nicht leugnen, dass mein Kopf sich wie im Schraubstock anfühlt. Aber was soll's, es war doch ein netter Abend! Und ich bin mir sicher, dass wir es wie Alberti machen sollten, der seine Tischgespräche aufzeichnete. Ihr wisst jedoch so gut wie ich, dass es mit der Geduld des Herzogs bald ein Ende hat und der Henker schon den Strang flicht, an dem die beiden Nonnen hängen sollen. Es eilt damit, dass die Wahrheit ans Licht kommt. Nun sind über die Nacht meine gestern geäußerten Zweifel keineswegs geringer geworden, und ich will Euch sagen, weshalb.

Ich wisst ja, dass, genau während wir tafelten, die beiden unglückseligen Nonnen verhört wurden, und zwar bis tief in die Nacht. Heute früh hat mir der mit ihrem Verhör Betraute seinen Bericht erstattet. Die Antworten auf seine Fragen passten nicht zusammen, so ist das ja immer. Schwester Plautilla beteuert, sie habe keine Ahnung von einem Gemälde, auf dem die Signorina Maria als Venus dargestellt sei, und behauptet steif und fest, bei dem Bild, das sie nach Prato schaffen ließ, handle es sich um eine *Kreuzabnahme Christi*. Schwester Caterina de' Ricci dagegen leugnet strikt, diese Kreuzabnahme erhalten zu haben, und weigert sich anzugeben, welches Gemälde sie verbrannt hat und weshalb. Die eine beteuert ihre Unschuld, und die andere scheint von der Schuld ihrer Freundin überzeugt. Schwester Plautilla hat ein schriftliches Schuldeingeständnis verfasst, von dem ich eine Abschrift für Euch angefertigt habe; Ihr werdet sehen, dass uns das keinen Schritt weiterbringt. Wie soll man herausfinden, wer die Wahrheit sagt? Ich habe mich noch einmal in das Schreiben von Schwester Caterina hineinvertieft, das uns auf die Spur der Schwester Plautilla gebracht hat, und habe darin Bedenkenswertes gefunden, das ich Euch mitteilen will.

Was wäre, wenn der «zugleich in Auflösung begriffene und sinnliche Körper» nicht der Venus, sondern dem toten Christus gehörte? Denn warum sollten eigentlich die Menschen bei solch einem Anblick weinen, wenn es sich um eine aufreizende Venus nach einer Zeichnung von Michelangelo handelte, die den «Triumph Amors» darstellt? Ihr werdet einwenden, Schwester Caterina könnte, im Gefolge des Mönchs Savonarola, auf den sie sich beruft, an solcher Verletzung der Schamgefühle Anstoß nehmen, und ihrer Ansicht nach müsse womöglich jemand, der derlei Obszönitäten betrachtet, vor Scham in Tränen ausbrechen. Dieser Ansatz ist mir nachvollziehbar, aber ich halte ihn doch für an den Haaren herbeigezogen, denn sie spricht ja erkennbar nicht von den Betrachtern des Gemäldes, sondern gerade von den dargestellten Personen: «der Umstehenden». Und wer sind eigentlich die, von denen sie sagt, sie würden in diesen «ekstatischen Ausdruck» verfallen? Auf Michelangelos Zeichnung so gut wie auf Pontormos Gemälde sind Venus und Cupido ausschließlich von fratzenhaften Masken umgeben, die allegorisch für die Gefahren der Liebe stehen. Wenn man nun annimmt, was Caterina de' Ricci meint, dass es eine *Kreuzabnahme* ist, dann klärt sich alles auf: der ekstatische Ausdruck ist auf dem Gesicht der Mutter des toten Christus und derer, die gewöhnlich zusammen mit ihm dargestellt werden, Maria Magdalena, Josef, Nikodemus, vielleicht ein, zwei Engel, was weiß ich? … Bei dieser Hypothese stößt sich die Nonne nicht an der Obszönität der gespreizten Schenkel der Venus, sondern an der einfältigen Miene Marias und anderer Personen, die sich ihrer Meinung nach über den Tod des Gottessohnes zu freuen scheinen (was, angenommen sie sagt die Wahrheit, aus theologischer Sicht abzulehnen wäre, denn erst Jesu Blut bringt den Menschen die Erlösung – aber letztlich wäre für Viele, und erst recht für religiöse Frömmler, solch ein Gemälde nicht weniger schockierend als alles, was gegen die Tradition verstößt).

Du hast doch Pontormos Venus gesehen: Würdest Du ihren Körper als «in Auflösung begriffen» bezeichnen? Der Kommentar der Ricci, «All die nackte Haut!», trifft eigentlich viel genauer zu. Doch gehört der Hass auf Nacktheit nicht zu gewissen Gottesleuten? Sind nicht gerade die Savonarolas dieser Welt davon besessen? Ich kenne einen Gekreuzigten von Bronzino, der, wie sehr er auch in Auflösung begriffen sein mag, doch mehr als eine Klosterschwester vor Scham erröten ließe.

Und wenn es sich am Ende um die Venus von Pontormo handelt, warum glaubt Schwester Caterina – oder gibt vor zu glauben –, das Gemälde sei ein Werk von Plautilla? Verbirgt sich etwas dahinter? Ist die Ricci so ahnungslos in Fragen der Malerei? Kurz und gut: Wenn, wovon ich überzeugt bin, eine *Kreuzabnahme* von Plautilla in Caterinas Kamin verbrannt wurde, dann sind wir auf dem Holzweg.

80. Schwester Plautilla Nelli an Cosimo de' Medici, Herzog von Florenz

Florenz, den 5. März 1557

Ich trage Schuld, Eure Exzellenz, und so will ich beichten.

Ich trage Schuld, Gott und Schwester Caterina begegnet zu sein, als ich noch ein Kind war.

Ich trage Schuld, in der Heiligen Schrift lesen gelernt und versucht zu haben, ihre Botschaft zu verstehen und sogar Verhaltensregeln daraus abzuleiten.

Ich trage Schuld, auf den Spuren von Bruder Girolamo Savonarola gewandelt zu sein und von einer gereinigten Welt zu träumen. Schuld, wie er, gewollt zu haben, für die Größe unseres Herrn und gegen die Verderbnis der Menschen zu wirken. Schuld, den Stolz bekämpft und das Gelübde der Demut abgelegt zu haben. Schuld, den Wunsch verspürt zu haben, meinesgleichen zur Seite zu stehen, mich der Armen angenommen und die verlorenen Seelen wieder auf den rechten Weg gebracht zu haben.

Ich trage Schuld, seit frühester Kindheit Zeichnen und Malen gelernt zu haben, Schuld, den Pinsel, den mir mein Vater in die Hand gab, nicht in einen Brunnen zu werfen. Schuld, nicht von der Kunst abgelassen, ja sogar einigen Erfolg darin gehabt zu haben. Schuld an dem Wunsch, wie ein Mann zu malen.

Ja, es trifft zu, dass ich Pontormos Tod gewünscht habe. Als ich die Fresken von San Lorenzo zum ersten Mal sah, wollte ich am liebsten zu einer Fackel greifen und alles verbrennen, doch Gott hat meinen Arm zurückgehalten, denn es wäre ein Frevel gewesen, und das in seinem Haus. Ich näherte mein Licht den Wänden, um alles abzufackeln – und sah nach und nach etwas anderes aus diesen Formen entstehen, die ich zuerst für Teufelswerk gehalten hatte. Der anfängliche Schrecken wich beim genaueren Hinsehen großer Bewunderung. Mochte der Mann sittlich verwahrlost sein, von Satan inspiriert war er jedenfalls nicht. In dieser Anhäufung gemarterter Leiber, in diesen von Angst vor dem Tod und dem Jüngsten Gericht verzerrten Gesichtszügen sah ich die Geschichte der Menschheit, ihrer Verdammung, ihrer Erlösung und Rettung an mir vorüberziehen, anschaulicher und erschreckender als in meinen schlimmsten Träumen. Es war wie ein tiefes Eintauchen in Bruder Girolamos Predigten. Als ich diese Wände sah, spürte auch ich die Ekstasen von Schwester Caterina. Und als eine, die nie in Rom gewesen ist und eigentlich kaum etwas von den Florentiner Wundern kennt, habe ich in den von Pontormo gemalten Leibern und Gesichtern eine Kraft und Stärke entdeckt, wie ich sie nie erwartet hätte.

Von da an wollte ich lernen, und auch deshalb trage ich Schuld. Abend für Abend kam ich wieder, spähte aus, wann Pontormo wegging, schlich mich leise hinter die Bretterwand in der Kirche und betrachtete im Fackelschein ausgiebig, ohne Rücksicht auf das heiße Wachs, das mir auf die Finger troff, diese Gestalten, die alles aussagen über das tragische Schicksal der Menschheit. In der Dunkelheit musste ich immer befürchten, überrascht zu werden. Ich wollte den Geheimnissen seiner Kunst weiter auf die Spur kommen. Der Wunsch, seinen Stil zu durchdringen, hatte mich mutiger gemacht, und so ging ich auch zu ihm nach Hause in der Hoffnung, ihm die eine oder andere Zeichnung zu entlocken, die ich zum Vorbild nehmen könnte. Doch Gott hat es nicht gefallen, mein Unternehmen gelingen zu lassen: Entweder war Pontormo gerade zu Hause oder sein Mitarbeiter, und an dem Abend, als dieser mich überraschte, war ich felsenfest überzeugt, dass niemand in der Wohnung war und ich endlich in seine Werkstatt eindringen konnte, die ich mir voll von tausend Wundern ausmalte, und ich hatte meinen Fuß gerade auf die unterste Sprosse der Leiter gesetzt, als der junge Naldini den Kopf hervorstreckte; das jagte mir einen Schrecken ein, der mich davon abbrachte, es noch einmal zu versuchen.

Aber so konnte ich das nicht stehen lassen, denn die Formen, die ich *al fresco* auf die Wände gemalt gesehen hatte, verfolgten mich in den Schlaf, so dass ich schließlich doch wieder zur Kirche ging. An dem Abend, als Pontormo starb, war dort Licht, und ich sah, dass er nicht allein war, weshalb ich umkehrte und nach San Marco ging. Es war nicht das erste Mal, dass ich unverrichteter Dinge heimkam; davor war es mir manchmal passiert, dass ich Stimmen hörte, und dann drehte ich immer sofort um, ohne mehr herausfinden zu wollen.

Hier muss ich schließen, denn ich trage auch die Schuld dafür, dass mir von den Gefängniswärtern die Schulter ausgekugelt wurde, als sie mich mit auf dem Rücken zusammengebundenen Händen aufhängten und dann mehrmals mit voller Wucht ins Leere fallen ließen. Gott hat gewollt, dass ich diese Prüfung bestehe, und ich bin dankbar dafür, denn was ich aus Pontormos Fresken und seiner Kunst gelernt habe, ist so wertvoll, als wäre ich bei Michelangelo selbst zur Schule gegangen.

81. Vincenzo Borghini an Giorgio Vasari

Florenz, Ospedale degli Innocenti,
den 5. März 1557

Signor Giorgio, ich musste mich noch einmal hinlegen und diktiere meine Antwort, denn meinem Bauch und meinem Kopf geht es nicht besonders gut. Trotzdem nötigt mich die langsam sich wieder einstellende Klarsicht, Euch unverzüglich einen Gedanken mitzuteilen, den ich beim Lesen Eures Briefes hatte: Ich bin anderer Ansicht als Ihr und würde nicht sagen, dass Schwester Plautillas Geständnis uns kaum weiterbringt. Es sagt uns ja immerhin eines: dass sie durch ihr Herumstrolchen in San Lorenzo die Kunst von Jacopo ausführlich studiert hat. Habt nicht Ihr selbst eingeräumt, dass sie eine begabte Nachahmerin sei, indem Ihr die großartige Krippenszene erwähntet, die sie als Kopie von einem Bronzino angefertigt hatte? Warum sollte nicht sie Pontormos Venus kopiert, oder, noch einfacher, das Antlitz der Venus mit den Gesichtszügen von Signorina Maria übermalt haben? Denn selbst wenn Naldini sie eines Abends überrascht und am Eindringen in Jacopos Werkstatt gehindert hat, sagt das doch nichts darüber aus, ob ihr das nicht an einem anderen Tag gelungen ist.

Und bei den Fresken in San Lorenzo, deren Übermalung Ihr immer für den Schlüssel zu des Rätsels Lösung hieltet, deutet alles darauf hin, dass das vertiefte Studium seines Malstils ihr geliefert hat, woran es ihr – außer an einem Motiv (zumindest für den Mord, solange ungewiss bleibt, was sie zu der eigenartigen Übermalung gebracht haben mag) und der Gelegenheit – fehlte: die Fähigkeit, Menschenleiber zu malen.

Ich will nicht behaupten, dass sie deshalb Jacopos Mörderin sein muss, aber doch, dass sie zu dem kleinen Kreis von Malern gehört, die an seinen Stil heranreichen und ihn höchst vollkommen nachzuahmen vermögen. In meiner Bedrängnis habe ich diese Maler vor meinem geistigen Auge vorüberziehen lassen und eine Liste erstellt, die ich Euerm klarsichtigen Urteil unterwerfen will.

Vorneweg gilt es, all jene auszuschließen, die es zwar mit Pontormo aufnehmen könnten, aber nicht in Florenz leben oder zum Zeitpunkt des Mordes nicht in der Stadt weilten: Michelangelo und Daniele da Volterra in Rom, Tizian und Tintoretto in Venedig, Salviati in Frankreich … Nun ist unsere Stadt so reich an Begabungen, dass eine lange Liste bleibt: Bronzino, Allori, Naldini, Bandinelli, auch Plautilla Nelli zählt nun dazu … und Ihr selbst, Signor Giorgio. Denn es wäre eine schwere Beleidigung, Euch in dieser illustren Reihe von Namen auszulassen, denen Euer Talent und Euer Ruf in nichts nachstehen! Ich zögere noch, den Namen Cellini auf die Liste zu setzen, denn dieser Schelm ist gewiss nicht mehr als ein Goldschmied und jedenfalls kein Maler, aber er war auch kein Bildhauer, bevor er seinen Perseus goss, der ihm, zugegeben, die Bewunderung aller eingebracht hat und der auf einer Stufe steht mit Michelangelos David.

82. Giorgio Vasari an Vincenzo Borghini

Florenz, Palazzo Vecchio,
den 5. März 1557

Danke, Vincenzo, für Eure stets wertvolle Mitwirkung, sogar heute, wo Ihr nahe daran zu sein scheint, Eure Seele auszuhauchen.

In der Tat habe ich ein paar Anmerkungen zu Eurer Liste. Ich bin Eurer Meinung, dass die jüngsten Erkenntnisse es uns verbieten, Plautilla Nelli darauf zu streichen. Wenn man Eure scharfsinnigen Überlegungen zu den anderen fortsetzt, muss man einräumen, dass wir nichts über Naldinis Entwicklung wissen, und das gilt wohl ebenso oder noch mehr für Allori, dessen frühe Arbeiten bereits eine vielversprechende Begabung erkennen ließen. Hingegen möchte ich bezweifeln, dass Bandinelli, ein längst zur Reife gelangter Meistermaler, sich plötzlich noch einmal hätte steigern können bis zum Rang Pontormos.

Denn das muss ich zugeben, Vincenzo: Wie befremdlich und angekränkelt von der deutschen Malweise, die Pontormos Geist angegriffen und ihn letztlich wohl in den Wahnsinn getrieben hat, diese ineinander verkeilten Leiber auch sein mögen, so übersteigen sie doch die Fähigkeiten irgendeines Dahergelaufenen, und ich gestehe Euch, auch wenn es an meine Eitelkeit rührt, ich selbst wäre nicht in der Lage gewesen, diese Fresken zu malen.

Bleibt Cellini, der allerdings ein Sonderfall ist. Was soll ich sagen. Ich denke, man kann ihn nicht von der Liste nehmen. Vielleicht wäre es geschickt, ihm die Frage zu stellen: «Signor Benvenuto, wäret Ihr in der Lage, die

Fresken im Chor von San Lorenzo genau so zu malen?» Wenn er trotz seiner sprichwörtlichen Eitelkeit Nein sagt, dann ist er der Mörder, unfehlbar!

Aber Schluss mit Spekulationen. Je länger ich Eure Liste betrachte, desto deutlicher tritt darauf, wie Blattgold auf einem Gemälde von Giotto, ein Name hervor. Auch wenn es mir schwerfällt, es auszusprechen, so ist doch der Einzige, der unmittelbar die Bedingungen erfüllt, von denen wir erkannt haben, dass sie zusammenkommen müssen; der Einzige, der einigermaßen an das Niveau eines Michelangelo heranreicht; der beste Schüler Pontormos, mit der größten Begabung, seinen Meister zu imitieren, und den man lange nur mit Mühe von ihm unterscheiden konnte, kein anderer als – Bronzino.

83. Agnolo Bronzino an Michelangelo Buonarroti

Florenz, den 7. März 1557

Hier in Florenz macht jetzt schon das Gerücht die Runde, ich sei Jacopos Mörder. In Gang gesetzt hat es Vasari. Und wirklich: Wer außer mir hätte dieses Stück Fresko übermalen und dabei so vollendet den Stil meines verblichenen Meisters nachahmen können? Und bin ich nicht der Erste, der Gewinn zieht aus seinem Tod, nachdem mich der Herzog beauftragt hat, diese anspruchsvolle Baustelle zu Ende zu führen? Was die nach Eurer Zeichnung gemalte Venus angeht, welch Kinderspiel wäre es gewesen, das Gesicht von Signorina Maria einzusetzen, die mir seit Monaten Modell sitzt, nicht wahr?

Aber auch ich kann Hypothesen aufstellen. Gewiss ist Vasari ein mittelmäßiger Maler, dessen Hauptkunst in seiner Schnelligkeit besteht – manchmal heißt es, seine Schludrigkeit sei unerreicht. Ihr kennt jedoch, verehrter Meister, so gut wie ich jenes Naturgesetz, wonach jeder x-beliebige Maler auch mal einer Erleuchtung teilhaftig wird. Kennt Ihr sein Porträt von Lorenzo il Magnifico? Für einen sonst so eklektischen Maler ist es von gänzlich verblüffender Originalität. So wie dem besten Maler manchmal ein Gemälde missglücken kann, so kann es auch vorkommen, ja so kommt es fast unausweichlich im Lauf eines Lebens vor, dass den schlechten Maler der Genius wie ein Blitz durchfährt und er plötzlich ein makelloses Gemälde zustande bringt, reich inspiriert aus den Tiefen der Seele, vom göttlichen Hauch gestreift, in harmonischen Farben strahlend, bevölkert mit Figuren in vollendeter Form, die lebendiger wirken als die lebenden, und plötzlich stellt ihn das Bild, und nur dieses eine, auf einen Rang mit den größten Meistern seiner Zeit.

Ich glaube ja, dass Vasari vom Herzog den Auftrag hatte, Jacopos Fresko zu zerstören, da es trotz seiner außerordentlichen Schönheit nicht mehr dem Zeitgeist entspricht, nachdem Rom neuerdings alle Nacktheit ächtet. Wer weiß, wie weit das Konzil von Trient mit seinem engstirnigen Fanatismus noch geht? Ihr und ich haben wohl die gleichen Ansichten über diesen verfluchten Paul IV. Dennoch wissen wir beide, dass der Herzog bereit wäre, mit dem Teufel selbst zu paktieren, wenn er sich damit den Titel eines Königs von Toskana sichern könnte, den ihm zu besorgen nur der Mistkerl auf dem Heiligen Stuhl die Macht hat. Hatte der Herzog Vasari befohlen, Pontormo zu töten, oder handelt es sich um ein Unglück? Hat Pontormo ihn überrascht? Ist der Küster aufgewacht? Vielleicht war Vasaris Mission nicht, Pontormo zu töten, aber sein Tod ermöglichte es, die Baustelle abzubrechen. Der Herzog und die Herzogin, denen keine andere Wahl blieb, als mir die Vollendung der Fresken zu übertragen, nachdem Vasari allzu beschäftigt war mit der Neugestaltung des Palazzo, glaubten auf größere Fügsamkeit meinerseits zählen zu dürfen, worin sie sich kaum täuschen konnten: Und kostete es mich meinerseits das Leben, ich würde das Werk meines Meisters verteidigen. So Gott will, überlebt es das von Vasari.

84. Cosimo de' Medici, Herzog von Florenz, an Giorgio Vasari

Florenz, den 8. März 1557

Signor Giorgio, ich sehe die beiden Nonnen noch immer nicht unter den Fenstern des Palazzo baumeln. Dabei weiß ich doch, dass Ihr meine Befehle unverzüglich auszuführen gewohnt seid. Wieso diese Verzögerung, bitte?

85. Vincenzo Borghini an Giorgio Vasari

Florenz, den 9. März 1557

Dem Trunkenen die Pest an den Hals! Giorgio, ich habe Euch enttäuscht, ich habe Euer Vertrauen missbraucht und ich kann nur darum bitten, dass meine schweren Verfehlungen keine nichtwiedergutzumachenden Folgen zeitigen. Neulich, als ich gerade in meinem Weinkeller tätig war, wolltet Ihr, dass ich den Briefwechsel von Schwester Caterina de' Ricci auswerte, doch ich habe Euch, blauäugig wie ich bin, stattdessen abgespeist mit meinen Hirngespinsten und meiner Liste von Malern, die in der Lage sind oder auch nicht, Jacopos Kunst nachzuahmen. Dabei habe ich in dem Stapel der Briefe, den ich in Prato an mich nahm, den einen übersehen, der – von ihrer eigenen Hand geschrieben – Schwester Plautilla von jeder Schuld entlastet. Lest selbst: «Dabei kann mir das eigentlich egal sein, denn ich arbeite gerade an einem neuen Gemälde, dem ich fast meine ganze Zeit widme: eine *Kreuzabnahme* in neuem Stil, die, wie ich hoffe, der Gunst teilhaftig wird, Dir zu gefallen, mindestens so sehr wie meine bisherigen Gemälde, wenn nicht sogar noch mehr.» Zu meiner Entschuldigung sei gesagt, dass dieser Absatz ganz am Ende des fraglichen Briefes stand und mir bei der allzu raschen Durchsicht entgangen war. Doch der Brief datiert vom 11. Februar, das Datum passt zur Antwort von Schwester Caterina de' Ricci, die am 1. März den Erhalt des Bildes bestätigt, über das sie sich sehr aufregt.

Ich flehe Euch an, Signor Giorgio, veranlasst das Nötige, um dieser Unschuldigen das Leben zu retten.

86. Giorgio Vasari an Vincenzo Borghini

Florenz, den 9. März 1557

Seid beruhigt, mein lieber Vincenzo. Wer noch nie zu tief ins Glas geschaut hat, der werfe den ersten Stein – ich werde es ganz gewiss nicht tun.

Eure Entdeckung ist zwar von allergrößter Bedeutung, aber sie entlastet die Nonne nicht. Wenn tatsächlich der Absatz, den Ihr zitiert, beweist, dass es die von Plautilla gemalte *Kreuzabnahme* wirklich gegeben hat, so deutet die kränkende Reaktion von Schwester Caterina darauf hin, dass sich Plautillas Malweise radikal geändert haben muss, was wiederum einleuchtend macht, dass sie in der Lage gewesen sein könnte, Pontormos Stil nachzuahmen und also ebenso gut den Noah des Freskos wie die Venus nach der Zeichnung von Michelangelo zu malen. Wie auch immer, diese Information ist gewichtig genug, um die Hinrichtung der beiden Schwestern aufzuschieben, ja sie vielleicht sogar auf freien Fuß zu setzen.

Vor allem aber: Wenn es wirklich diese *Kreuzabnahme* war, die im Kamin von Schwester Caterina endete, dann bedeutet das noch etwas anderes, nämlich dass das andere Gemälde nicht vernichtet, sondern irgendwo versteckt ist, und wir müssen es finden.

87. Benvenuto Cellini an Piero Strozzi, Marschall von Frankreich

Florenz, den 9. März 1557

Stets gilt es, Signor Piero, für die schwierigsten Probleme die einfachsten Lösungen zu finden. Als sie gestern alle in Santa Croce waren, um das Calciospiel gegen die Mannschaft von Santo Spirito zu sehen, die sich seit Euerm Weggang gut gemacht hat und jetzt sogar besser ist als die von Santa Maria Novella, war der Palazzo praktisch menschenleer. Einzig die Wachen waren da, die die Aufgabe hatten, noch das kleinste Paket, das durchs Tor des Palazzo Vecchio getragen wurde, genauestens zu kontrollieren, und das, seit dem Verschwinden des Gemäldes, mit verdoppelter Wachsamkeit: Denn man hatte sie wohl hart gemaßregelt für diese unglaubliche Schmach, obwohl sie nichts dafür konnten bei dem großartigen Zaubertrick, dessen ich mich schuldig gemacht hatte. Also was nun? Noch einmal besann ich mich auf die einzige Taktik, derer ich je fähig war und die mir so gut geglückt ist: Dreistigkeit ist die Mutter der Übertölpelung. Um an den Wachen am Tor vorbeizukommen, genügte es – nicht durchs Tor zu gehen.

Als alle gegangen waren und nur noch, wie voriges Mal, der alte Bacchiacca da war, der im Vestibül offenbar Wurzeln geschlagen hat und den ich bei einem meiner nächsten Besuche begießen werde, habe ich das Bettgestell abgebaut, das Bild an mich genommen, in meinen Umhang gewickelt und bin über die Festungsmauer des Palazzo geklettert; vorsorglich hatte ich ein Seil bereitgelegt an der von der Piazza am weitesten entfernten Stelle – eine überflüssige Vorsichtsmaßnahme, denn die Piazza war menschenleer wie zu den schlimmsten Zeiten des schwarzen Todes. Ich band das Gemälde an das Seil und ließ es an der Mauer hinab. Jetzt brauchte ich nur noch durch das große Tor hinauszugehen, vor aller Augen, unbeschwert, mit leeren Händen, und das Bild drüben abzuholen.

Doch leider hat mich das Leben gelehrt, wie ja auch Euch, Signor Piero, dass es immer anders kommt, als man denkt, und da macht auch dieses Abenteuer keine Ausnahme. Als ich von der Festungsmauer hinabstieg, hörte ich die Wachen die Treppe heraufkommen. Ich hatte dort nichts zu suchen, und so hätte ich, wenn ich ihnen begegnet wäre, keine Rechtfertigung für mein Hiersein gehabt. Deshalb stieg ich eilends wieder hinauf. Ihr kennt den Palazzo Vecchio besser als ich und wisst daher, dass es keinen Winkel auf der Galerie der Festungsmauer gibt, wo man sich verstecken könnte. Ich lief zu den Schießscharten. Von dort hinabzuspringen, hätte den sicheren Tod bedeutet, sogar für mich. Aber Gott belohnt die Mutigen: Am Fuß des Walls stand ein Karren mit Heu, den ein Stallknecht dort zurückgelassen haben mochte. Dann ging alles wie der Blitz: Entschluss, Vollzug. Ich sprang auf die Brüstung, breitete die Arme aus wie der Gekreuzigte, schloss die Augen und sprang. Während des Falls hörte ich den Schrei eines Adlers, der die Stille zerriss. Ich landete wie auf Federn gebettet, ohne Aufprall, unversehrt.

Nun blieb mir nur noch, das Bild zu holen, es unter dem Heu zu verstecken und wegzuschaffen, indem ich mit vollem Krafteinsatz den Karren zog.

Ich musste meine Beute noch an einen sicheren Ort

bringen. Auch wenn ich den Wachen entkommen war und niemand meinen Verzweiflungssprung gesehen hatte, genieße ich doch einen Ruf, der es geraten sein lässt, dass solch ein Gegenstand nicht in meinem Haus gefunden wird. Ich hatte die Idee zu einer anderen Bleibe: Ich konnte ihn bei dem verstecken, von dem ich wusste, dass – und warum – er nicht zu Hause war. Ich begab mich also zur Wohnung von Bacchiacca und stellte dort unser Gemälde ab, ganz hinten in seiner Werkstatt, zwischen alten verstaubten Zeichnungen. Und da ist es noch jetzt, zur Stunde, da ich diesen Brief schreibe. Grüßt Königin Catherine von mir, und geizt nicht mit dem Bericht meiner Erfolge: Der französische Königshof hat ein Recht darauf, sie zur Kenntnis zu nehmen.

88. Marco Moro an Giovanni Battista Naldini

Florenz, den 9. März 1557

Nun höre, Battista, die Geschichte jenes Wollkämmersohnes, der da hieß Donatello. Als der begnadete Bildhauer alt war und es ans Sterben ging, kamen Verwandte ihn besuchen in der Hoffnung, mit einem Vermögen von dannen zu ziehen, das er in Prato besaß. Und was erwiderte dieser große Mann auf ihr Ansinnen: «Den Gefallen kann ich euch nicht tun, denn es erscheint mir vernünftig, dieses Gut dem Bauern zu überlassen, der es stets bis an den Rand seiner Kräfte bearbeitet hat, und nicht euch, die ihr nichts daran getan habt und es nun mit einem Besuch erben wollt. Gehet hin und seid gesegnet.»

Du kannst nicht wissen, Battista, welcher entfernte Vetter bald kommt und Dich aus der Werkstatt Deines Meisters verjagt, wohin er nie zuvor einen Fuß gesetzt hat. Und wer setzt sich dann für Deine Belange ein?

89. Giovanni Battista Naldini an Marco Moro

Florenz, den 15. März 1557

Heute in vier Tagen esse ich mit Allori bei Bronzino zu Abend. Der gehört nicht zu denen, die mitten in der Nacht malen gehen, das heißt: freie Bahn den ganzen Abend bis in die Morgenstunden.

90. Giovanni Battista Naldini an Giorgio Vasari

Florenz, den 15. März 1557

Ihr wisst, Signor Giorgio, wie sehr ich an meinem Meister hing, dem guten Jacopo, der, trotz gelegentlicher Anwandlungen von übler Laune, immer wie ein Vater zu mir war. Und da ich weiß, dass Ihr damit befasst seid, seinen Tod zu rächen, so möchte ich Euch gerne behilflich sein. Heute in vier Tagen gibt es eine geheime Zusammenkunft in San Lorenzo. Das ist alles, was ich Euch dazu sagen kann, denn mehr weiß ich selber nicht, doch es ist möglich, dass die Menschen, die Ihr dort antrefft, etwas mit dem Verbrechen zu tun haben. Sie versammeln sich im Chor der Kirche, zur Abendessenszeit.

91. Giorgio Vasari an Cosimo de' Medici, Herzog von Florenz

Florenz, den 20. März 1557

Um Eurer durchlauchten Exzellenz Bericht zu erstatten über die Aufgabe, mit der Euer ergebenster Diener sich betraut sieht, in Bezug auf die Nachrichten betreffs einer geheimen Zusammenkunft in der Kirche San Lorenzo, gemäß den von Signor Naldini gemachten Angaben, hier die genaue Auflistung der Vorkommnisse am gestrigen Abend, gefolgt von der Abschrift der Rede, die während selbiger Versammlung zu vernehmen war.

Nun denn. Nachdem die Wachen vom Bargello das Gebäude umzingelt hatten nach Vergewisserung, dass eine ungewöhnlich große Zahl von Besuchern nächtlicherweile eingedrungen war, schlich sich Euer ergebener Diener durch die neue Sakristei in die Kirche, gelangte unbemerkt zum Chor und sah und hörte, versteckt im Schatten der Passionskanzel des beachtlichen Donatello, Folgendes.

Etwa sechzig Personen in sichtlich schäbigem Aufzug lauschten einem Redner, der ihnen von dem Gerüst herab, das Pontormo hinterlassen hat, eine Rede mit aufrührerischen Thesen hielt.

Anfangs glaubte ich, es handele sich um die Versammlung von Ketzern, und war darauf gefasst, die ketzerischen Thesen eines Juan de Valdés oder eines Reginald Pole wiederzuerkennen, die das gotteslästerliche Gift des deutschen Mönches nun auch Florenz ins Ohr träufeln sollten, im Angesicht Gottes, ja im Schoß der Kirche der Ahnen Eurer Durchlaucht.

Doch nachdem sich meine Augen an die Dunkelheit

gewöhnt hatten, erkannte ich den Handwerker Marco Moro (den besonders genau zu überwachen Eure Durchlaucht weitblickend mich beauftragt hatte), und als ich seinen Worten aufmerksam folgte, begriff ich, dass er die Zuhörerschaft zu einem Aufstand gegen die Granden aufwiegelte, wie seinerzeit Bruder Savonarola (allerdings ohne sich, wie der Mönch, dauernd auf Gottes Zorn zu berufen). Um ehrlich zu sein, betrafen die politischen Vorstellungen des Farbmischers – auch wenn man ihn in diesem Augenblick, wie er da von der Kanzel herab in leidenschaftlichem Ton, um seine Zuhörer auf die Umsturzgedanken einzuschwören, fast für einen Bußprediger halten konnte – recht irdische Gegenstände, wie Eure Exzellenz bei der Lektüre der Abschrift feststellen wird, die diesem Bericht beiliegt.

Als ich genug gehört hatte, um zweifelsfrei festzustellen, dass es sich hier um eine verbotene Versammlung mit aufrührerischem Ziel handelte, verschwand ich lautlos, zog mich zurück durch die Sakristei, durch die ich gekommen war, und beauftragte den Befehlshaber der Wachen, unverzüglich die Personalien aller in der Kirche Versammelten aufnehmen zu lassen.

Leider – und entgegen meiner Empfehlung – haben die Wachen es nicht für sinnvoll gehalten, darauf zu achten, dass ihre Rüstungen beim Eindringen in die Kirche nicht gegeneinanderstießen, so dass ihr Einschreiten einen höchst unerwünschten Tumult herbeiführte, denn es war so, als hätten sie die Ankunft von Papst oder Kaiser mit lauten Fanfarenstößen angekündigt. Solchermaßen gewarnt, haben sich die Aufständischen alsbald zerstreut wie ein Vogelschwarm, manche in Brunelleschis Kirche, manche in die Klostergärten, manche in die Kirchenschiffe. Einer wurde sogar dabei entdeckt, wie er versuchte, sich im Sarkophag von Giovanni und Piero, den ruhmreichen Ahnen Eurer Hoheit, zu verstecken.

Immerhin wurden vierundfünfzig von ihnen verhaftet, also praktisch alle Teilnehmer, meist Handwerker in verschiedenen Malerwerkstätten, aber manche arbeiten auch in Druckereien oder Webereien, auch ein Strumpfwirker, ein Schlosser und ein Wollkämmer waren dabei. Einige wenige konnten entkommen, und bedauerlicherweise muss ich Eurer Exzellenz mitteilen, dass sich unter ihnen der Handwerker Marco Moro befindet.

Nach den Aussagen der ersten verhörten Gefangenen fanden seit mehreren Monaten heimliche Versammlungen in der Kirche statt, jeweils von Moro angezettelt. Über stillschweigend von Werkstatt zu Werkstatt weitergereichte Nachrichten wurden die Verschwörer jeweils einige Tage zuvor verständigt, manchmal auch erst am Vortag oder am Tag selbst. Ziel der Zusammenkünfte war, so sagten sie, eine Verbesserung ihrer Lebensbedingungen.

Um es abzuschließen, ohne die wertvolle Zeit Eurer Durchlaucht über Gebühr zu beanspruchen, sehe ich mich verpflichtet, einen Zwischenfall zu erwähnen, der sich im Anschluss an das Eingreifen der Männer vom Bargello und das darauf folgende Handgemenge ereignete. Eure Exzellenz erinnern sich gewisslich der hinreißenden Stuckmedaillons in der alten Sakristei, die Meister Donatello dem Evangelisten Johannes gewidmet hat. Eines davon wurde beschädigt, ich weiß nicht, von wem und wie es passiert ist, glücklicherweise ist es jedoch reparabel, und wenn Eure Exzellenz mir ihr erneutes Vertrauen ausspricht, werde ich die Restaurierung persönlich überwachen, wobei ich Ammannati oder Bandinelli damit beauftragen könnte, die die Aufgabe sehr gut erledigen würden, dafür lege ich die Hand ins Feuer.

91a. *Marco Moro zu den Mitgliedern der Zunft der Ärzte und Apotheker*

Niederschrift der Rede in San Lorenzo,
19. März 1557

Genossen, besinnt euch auf den alten Wahlspruch der Medici: «Die Zeit kehrt wieder.» Formuliert euern eigenen und seid bereit. Verbreitet die Nachricht rundherum: Die Zeit kehrt wieder. Je mehr Anhänger wir für unsere Sache gewinnen, desto stärker sind wir darin, vom Herzog zu fordern, dass er uns die Rechte gibt, die uns zustehen. Unsere Brüder sind die Fischer und Fischhändler, die von den Zünften ausgeschlossen sind. Unsere Brüder sind die Bauern, die für Grundbesitzer aus den Städten die Erde der Toskana beackern, genau wie es die Bauern aus dem Deutschen Reich waren, die die Fürsten vor dreißig Jahren niedermetzeln ließen, weil sie aufgestanden waren gegen die Ungerechtigkeit, die ihnen widerfuhr. Wenn wir nicht dasselbe Schicksal erleiden wollen, müssen wir dem Herzog in hinreichender Stärke entgegentreten und von ihm fordern, dass er uns schützt vor der Habgier der Händler, die uns beschäftigen. Ist dann der *popolo minuto* in einer Truppe geeint, die nicht kleinzukriegen ist, können wir Gesetze erzwingen, die es der Habgier der Wenigen untersagen, die viel Mehreren ins Elend zu stoßen. Wer denkt, das seien nur Luftschlösser und keine vernünftigen Forderungen, der sei darauf hingewiesen: Nirgends wäre derlei so einfach wie in Florenz. In Florenz ist die Menge Stahl geregelt, die zur Herstellung eines Helms verwendet werden darf. In Florenz ist es einem Ladenbesitzer verboten, bestimmte Dinge zu verkaufen, damit er seinem darauf spezialisierten Nachbarn nicht in die Quere kommt. Nichts Leichteres also für den Herzog in einer Stadt, wo es so viele Vorschriften für alles Mögliche gibt, als einen gesetzlichen Mindestlohn festzuschreiben.

92. Cosimo de' Medici, Herzog von Florenz, an Giorgio Vasari

Livorno, den 20. März 1557

Florenz, die Stadt, die Gott mir anvertraut hat, ist also, wenn ich richtig verstanden habe, nicht nur von Verschwörerinnen im Gefolge Savonarolas heimgesucht, sondern auch von aufständischen Ciompi? Jetzt reicht's, ich muss das Ganze säubern. Findet diesen Marco Moro, verhaftet ihn und werft ihn in ein feuchtes Kerkerloch. Heute bedaure ich, dass ich diese Löwen abgeschafft habe, die den Palazzo mit ihrem Gestank einnebelten. Doch was liegt daran! Wenn dieser Farbmischer ein neuer Spartakus werden will, so erfülle ich ihm den Wunsch und kreuzige ihn und seine Spießgesellen entlang der Via Larga.

Das wäre doch ein passendes Schauspiel zur Neujahrsfeier.

93. Giorgio Vasari an Vincenzo Borghini

Florenz, den 20. März 1557

Zum Teufel mit den Klosterschwestern von San Marco, aus Prato, aus Arezzo und sonst woher! Lasst Eure Schäfchen dort und sucht mich im Palazzo auf, sobald Ihr diesen Brief in Händen haltet. Der Herzog gibt uns fünf Tage Zeit, um den Handwerker zu finden. Alle Stadttore sind schon alarmiert, das heißt, dass er nicht aus Florenz herauskonnte. Er versteckt sich also, aber wo? Oder eher: bei wem?

94. Marco Moro an Giovanni Battista Naldini

Florenz, den 21. März 1557

Angst, lieber Battista, hat noch nie Großes hervorgebracht. Allerdings nahmen bei ihr oft niederträchtigste Handlungen ihren Anfang. Ich weiß, dass Du es warst, der die Leute des Herzogs gewarnt hat, Du Hurensohn! Du dachtest, mich guten Gewissens dem Bargello ausliefern zu lassen? Aber ich kenne San Lorenzo besser von innen als Dein Vater Deine Mutter kennengelernt hat, während sie ihren kleinen Bastard zeugten. Als Vasari die herzoglichen Hunde in der Kirche losließ, stand ich auf dem Gerüst; im allgemeinen Chaos stieg ich hinauf bis zu dem Loch, das die Zeichenschüler damals gebrochen hatten, weil sie die Fresken hinter der Bretterwand sehen wollten. Um aufs Dach zu gelangen, musste ich nur noch ein paar Ziegel abnehmen, die ich nachher wieder hinlegte. So bin ich immer noch in Freiheit, und Pontormos Spinnerei war doch zu etwas gut, denn ihr verdanke ich meine Rettung.

Und Du, Du hast Dich auf die Seite der Granden geschlagen, zu denen Du nie gehören wirst. Mangels Weitblick hast Du den Mut zum Verrat gehabt. Sei's drum, mein Freund, ich bete für Dich, Gott möge Dich schützen und gesund erhalten. Achte gut auf Dich, vergiss nicht, Dich auf der Straße oft genug umzusehen, komm dem Arno-Ufer nicht zu nahe; und wenn Du in die Schenke gehst, überzeug Dich davon, dass Dir niemand Gift ins Glas schüttet. Grüß Deine neuen Freunde von mir. Sei ihr Schoßhündchen, Battista, denn das willst Du doch sein. Ich wünsche Dir, dass sie Dir öfter mal einen Knochen hinwerfen. Aber sei auf der Hut, und denk immer daran: Pontormos Tod hat erwiesen, dass es unter ihnen Wölfe gibt. Bist Du Dir wirklich sicher, dass Du mit ihnen an einem Tisch sitzen willst? Lass mich Dir einen letzten Rat geben: Bleib ein Hund, versuch nicht, zum Wolf zu werden. Niemand sollte ein Gewand tragen, das er nicht ausfüllen kann.

95. Benvenuto Cellini an Piero Strozzi, Marschall von Frankreich

Florenz, den 22. März 1557

Möge dieses Sendschreiben seinen Weg zum Empfänger in Person des großartigen und tapferen Signor Strozzi finden, über den das Gerücht geht, er flattere über dem Königreich Neapel wie Zeus über Leda. Ich wünschte, Signor

Piero, das Vorbild Eurer Tapferkeit gäbe diesen Schlappschwänzen von Franzosen ein wenig von dem Kampfgeist zurück, den ihre Ahnen einst an den Tag legten – auch wenn sie mir, ehrlich gesagt, stets vor allem die Kunst des Ausruhens im Sinn zu haben schienen. Wie dem auch sei, für mich besteht kein Zweifel, dass dieser Feldzug unter Euerm Befehl erfolgreicher verlaufen wird als seinerzeit jener von Karl VIII.

Was Euern gehorsamsten Diener angeht, so verdankt er es allein seiner Voraussicht, dass er nicht im herzoglichen Kerker gelandet ist. Unvorstellbar, was für eine Raserei in diesen Tagen Florenz ergriffen hat, was *notabene* nichts mit dem Karneval zu tun hat. Die Männer vom Bargello durchkämmen die Stadt, angeblich auf der Suche nach einem aufständischen Farbmischer, von dem es heißt, er wolle einen Volksaufstand anzetteln, um den Herzog zu stürzen. Keine Werkstatt entgeht ihrem inquisitorischen Furor, und so sind sie auch bei mir aufgeschlagen. Natürlich haben sie nichts gefunden, klar, denn in dem Fall, der uns hier beschäftigt, bin ich zwar der Dieb, aber nicht der Hehler. Irgendwann wird ihnen wohl auch der alte Bacchiacca einfallen. Wenn Ihr ihnen zuvorkommen und Euer Bild sicherstellen wollt, müsste man jemanden finden, der das übernimmt, denn die herzoglichen Spitzel überwachen uns alle, und diesmal kann Euer ergebener Benvenuto es nicht selber tun. Glaubt mir, niemand ist dagegen gefeit: Sogar Bronzinos Liebling Allori haben sie verhaftet.

96. Agnolo Bronzino an Michelangelo Buonarroti

Florenz, den 22. März 1557

Wie klug habt Ihr daran getan, Euch nach Rom zu flüchten, und was für Dummköpfe sind wir alle, die wir nicht Euerm Beispiel gefolgt sind! Kommt bloß nicht nach Florenz zurück, denn dieser Ort ist von jeglicher Gerechtigkeit verlassen. Ihr beklagt Euch, sicher zu Recht, über diesen Carafa, der die Künstler nicht leiden kann – aber wenigstens lässt er sie nicht ins Gefängnis werfen. Und wie entlohnt der Herzog seine treuesten Diener? Mein bester Schüler, mein Sohn, mein Freund, der junge Allori ist verhaftet worden. Ich weiß nicht, welche Gemälde von Sandro Ihr bei seiner Studienreise nach Rom zu sehen bekamt, aber ganz gewiss würdet Ihr, mit Euerm sicheren Blick für Inspiration und Anmut, sie im Haus dieses jungen Mannes sofort wiedererkennen.

In seiner Schlafkammer wurden Skizzen von Signorina Maria gefunden, die jener ziemlich gleichen, die auf Eurer Venus wiedergegeben ist. Da haben wir's doch! Und da sie obendrein in Freundschaft mit Naldini verbunden ist und somit Zugang zu Jacopos Werkstatt hat, wird er nun verdächtigt, bei dem verfluchten Gemälde Hand angelegt zu haben. Und also natürlich eine Rolle beim Tod unseres Freundes gespielt zu haben. Dass Sandro ihm stets größte Sohnestreue erwies, dass seine Schwester Alessandra uns immer zum Essen einlud, was Jacopo genoss, dass die Familie Allori ihn stets mit größter Hochachtung behandelte – mehr braucht es heutzutage nicht, um des Mordes angeklagt zu werden. Sandro, mit einem Hammer bewaffnet, erschlägt Jacopo hinterrücks. Sandro, mit einem Meißel bewaffnet, durchbohrt das Herz des Mannes, der ihn wie einen Sohn geliebt hat. Armer Sandro! Armes Florenz! All die Jahre Arbeit und Mühe im Dienst des Herzogs, unermüdlich die lebenden und toten Medici porträtieren, die Kapelle der Herzogin ausmalen, all ihre Aufträge erfüllen, dabei zusehen, wie meine Gemälde durchreisenden Fürsten als Geschenk dargeboten werden – und das soll nun mein Lohn sein. Eine ganze Weile dachte ich noch, den Schutz des Herzogs zu genießen, als die Nachrichten vom Konzil von Trient zu uns drangen, die von Tag zu Tag mehr nach Scheiterhaufen rochen. Doch was täte er nicht dafür, zum König von Toskana gekrönt zu werden? Wie niederträchtig, wie feige! Um zu regieren, muss er bestrafen, und wenn er befindet, dass der Kopf meines Sandro der Preis seiner Amtsgewalt ist, dann opfert er schamlos das junge Leben eines Unschuldigen. Den Medici die Pest an den Hals! Ihrem Haus und dem Haus Toledo die Pest an den Hals! Pontormo hatte Recht. Unsere Zeit neigt sich dem Ende zu. Die Welt hat sich von uns abgewandt, wir haben in ihr keinen Platz mehr, und die Granden werden uns das klarzumachen verstehen, sagte er.

97. Giorgio Vasari an Vincenzo Borghini

Florenz, den 23. März 1557

Signor Vincenzo, ich nehme an, dass Ihr diese Zeilen bei Eurer Rückkehr vorfindet. Ich bin losgegangen, um in der Schenke auf Euch zu warten; wäre ich im Palazzo geblieben, so hätte ich wohl am Ende jemanden umgebracht. Denn die Dummköpfe vom Bargello haben, nachdem sie die ganze Stadt auf den Kopf gestellt und Marco Moro nicht gefunden haben, schließlich Allori festgenommen mit Berufung auf ein paar Zeichnungen, die in seiner Schlafkammer herumlagen; das zeugt von beispielloser Dummheit, denn wenn er das Bild gemalt hätte, hätte man es doch nicht in Pontormos Wohnung gefunden. Ganz einfach: Wenn ein Gemälde in Pontormos Wohnung gefunden wird, dann ist es von Pontormo gemalt. Nicht so die Fresken: Sie wurden von fremder Hand übermalt! Aber wie soll man das diesen hirnlosen Haudegen verklaren? Ab jetzt ist es ihnen streng untersagt, ohne Begleitung durch Euch oder mich Maler oder Bildhauer aufzusuchen. Höchst ungern bitte ich Euch, mein Freund, mir bei dieser undankbaren Aufgabe zur Seite zu stehen, doch die Erfahrung lehrt, dass wir diese Raubeine in ihrer Ahnungslosigkeit nicht alleinlassen können. Mögen sie bei den Kunsthandwerkern weiter nach Marco Moro suchen, solange sie wollen. Wenn sie ihn finden, sehr gut. Aber der Mann ist wohl gerissener als sie, und ich muss sagen: im Augenblick auch als wir. Weiß Gott, wo dieser Teufelskerl Unterschlupf gefunden hat.

Allori wird erst in ein paar Tagen freigelassen, damit der Herzog uns nicht vorwerfen kann, eine Spur unbeachtet gelassen zu haben. Der Junge wird uns erzählen, was wir längst wissen: dass er übte, die von seinem Meister Bronzino gemalten Porträts von Signorina Maria nachzuahmen. Ihr kennt meine Vermutungen über Bronzino. Gewiss muss noch Licht in das Rätsel um das Gemälde gebracht werden, aber wenn jemand darein verwickelt ist, dann er, und nicht sein Lehrling. Und was die Sache mit Marco Moro angeht, so habe ich große Zweifel, dass ein bei Hofe so angesehener Maler sich in eine Verschwörung der Kunsthandwerker mit hineinziehen lässt.

98. Agnolo Bronzino an Michelangelo Buonarroti

Florenz, den 24. März 1557

Wenn ich Euch, göttlicher Meister, noch einmal schreibe, dann diesmal, weil ich Hilfe brauche, und zwar nicht von irgendwem, sondern von Euch.

Ich habe den Farbmischer von San Lorenzo bei mir aufgenommen und halte ihn versteckt. Der Unglückliche wurde von den Männern des Herzogs verfolgt und wusste nicht wohin, denn alle seine Freunde waren schon verhaftet. Grund dafür seien, so gestand er, verbotene Zusammenkünfte von Kunsthandwerkern. Im Palazzo spricht man unverblümt von einem Umsturzversuch nach Art der Ciompi. Ist mir auch ziemlich egal. Ich habe, seit er bei mir arbeitet, keinen Grund zur Klage gehabt, und da ich gerade viel von ihm mitbekomme, bin ich mir sicher, dass er Jacopo nicht umgebracht hat. Ich werde ihn also keinesfalls an Vasari ausliefern. Ihn nicht und auch sonst niemanden! Mein Farbmischer wird nicht zu meinem Lehrling in den Kerkern des Bargello kommen. Zur Stunde wohnt er in Sandros Schlafkammer, wo nachzusehen niemand auf die Idee käme.

Doch der Herzog lässt überall suchen: Einmal waren die Männer vom Bargello schon da, und sie werden wiederkommen. Er muss unbedingt dazu gebracht werden, die Stadt zu verlassen, die Zeit drängt, und alle Stadttore unterliegen strenger Kontrolle. Und da, göttlicher Meister, ist der Punkt, wo Eure Mitwirkung ansetzen könnte, denn Ihr habt die Festungswälle der Stadt Florenz errichtet, damals in Zeiten der Republik, als die Spanier uns belagerten. So müsstet Ihr auch einen Weg wissen, über den man unbemerkt hinauskommt, einen Durchgang, eine Falltür, einen Tunnel, wer weiß? Vielleicht habt Ihr ihn gar mit eigenen Händen gebaut. Helft dem armen Kerl, Meister, im Angedenken an die Republik, die Ihr seinerzeit verteidigt habt.

99. Malatesta de Malatesti an Maria de' Medici

Florenz, den 24. März 1557

Sobald die Messe fertig ist, täuschst Du ein Unwohlsein vor und bittest um Erlaubnis, Dich in Deinen Gemächern ausruhen zu dürfen. Du tust so, als machtest Du Dich auf den Weg zum Palazzo, doch in Wahrheit gehst Du zur Porta San Gallo, nur Deine Zofe begleitet Dich. Dort erwarte ich Dich mit einem Passierschein, den Dein Vater ungelesen unterschrieben hat. Denk dran, einen Mantel mit Kapuze anzuziehen, damit Du Dein Gesicht verbergen kannst. Inmitten der Festlichkeiten wirst Du Dich ohne Schwierigkeiten unter die Menge mischen, doch achte trotzdem darauf, keine Aufmerksamkeit zu erregen. Entscheidend ist, dass so spät wie möglich bekannt wird, dass die Tochter des Herzogs die Stadt verlassen hat. Ich habe zwei schöne Andalusier ausgesucht, die ich morgens anspannen lasse. Gegen Mittag lasse ich Deine Sachen auf den Wagen laden, während Du noch in Santa Maria bist. Sobald Du bei mir bist, auf nach Frankreich! Bis morgen, Geliebte, jetzt und immerdar.

100. Eleonora di Toledo, Herzogin von Florenz, an Cosimo de' Medici

Florenz, den 25. März 1557

Ich habe dem Briefboten befohlen, Euch aufzusuchen, koste es, was es wolle, und Euch diese Zeilen umgehend auszuhändigen, und wäret Ihr gerade beim Kaiser selbst. Eure Tochter ist verschwunden! Niemand hat sie gesehen, seit sie von Santa Maria weggegangen ist. Ich habe schon nachgeforscht: Eine Kutsche fehlt sowie zwei unserer besten Pferde und Euer Page Malatesti. Wie könnt Ihr Euch mit solchen Leuten umgeben, mein Freund? Dieser Verführer wird sie wohl im Trubel der Neujahrsfeierlichkeiten geraubt haben, und alles deutet darauf hin, dass das Luder ihm nur zu gern gefolgt ist. Dabei habe ich mir solche Sorgen um sie gemacht! Es ist aber auch Eure Schuld: Der Ruf dieses Alfonso zwischen Rohling und Eunuch wird wohl nicht dazu beigetragen haben, dass sie dem Plan der Verheiratung mit der gewünschten Gelassenheit ins Auge gesehen hätte. Wie dem auch sei, wenn Ihr darauf beharrt, sie an den Herzog von Este nach Ferrara zu verscherbeln, müsst Ihr sie erst einmal wiederfinden. Findet mir meine Tochter!

101. Cosimo de' Medici, Herzog von Florenz, an Eleonora di Toledo

Florenz, den 25. März 1557

Dringende Geschäfte rufen mich erneut nach Pisa, ich muss sofort aufbrechen, um morgen früh dort zu sein; doch an einem braucht Ihr keinerlei Zweifel zu hegen: Eure Tochter wird Euch unverzüglich zurückgebracht, darauf gebe ich Euch mein Wort. Und Malatesti, diesen Windbeutel, lasse ich mit dem Buschmesser kastrieren; dann braucht Maria ihm nicht weiter nachzutrauern, nicht wahr? Ich füge auch gleich den anderen Schwur hinzu: Bis zum Sommer ist sie mit dem Herzog von Este verheiratet. Ihr haltet ihn für zeugungsunfähig, aber wer weiß, ob unsere Tochter ihm nicht in Bälde einen Erben schenkt? Solche Wunder soll es schon gegeben haben. Ihr wisst so gut wie ich, dass es an den Höfen ganz Italiens von frühgeborenen Bankerten nur so wimmelt. Wie dem auch sei, Eure Bittschriften haben uns schon genug Zeit verlieren lassen. Und da habt Ihr nun ihren Dank dafür, dass Ihr Euch so für sie eingesetzt habt. Maria hat die väterliche Autorität herausgefordert, und zur Strafe dafür wird sie, sobald sie nach Florenz zurückkehrt, den Weg nach Ferrara gehen, notfalls mit einem ganzen Regiment als Geleitschutz.

102. Cosimo de' Medici, Herzog von Florenz, an Giorgio Vasari

Pisa, den 26. März 1557

Nehmt so viele Männer wie nötig. Eure Aufgabe ist, den Herrn Malatesta de Malatesti und die Fürstin Maria aufzugreifen und nach Florenz zurückzubringen, meine Tochter unverletzt, Malatesti lebend.

103. Maria de' Medici an Catherine de Médicis, Königin von Frankreich

Florenz, den 26. März 1557

Liebe, gute Tante, schimpft nicht mit mir. Mir hämmert das Herz im Leibe, aber ich weiß nicht, ob vor Angst oder vor Aufregung. Ich habe die Dummheit begangen, mit meinem lieben Malatesta zu flüchten. Ich bin mit ihm gegangen, weil wir, wenn auch nicht vor den Menschen, so doch vor Gott, ein Paar sind, und weil er mir geschworen hat, dass das Gemälde von einer besessenen Klosterschwester vernichtet worden ist.

So lasse ich nun meine allzu grausamen Eltern und mein geliebtes Heimatland zurück. Das Exil habt Ihr lange vor mir kennengelernt, und Euer Beispiel gibt mir die nötige Kraft zu einem solchen Unterfangen. Ich bin Flüchtling, Ihr wurdet verkauft wie eine Sklavin. Ich weiß nicht, welches von beiden das weniger begehrenswerte Schicksal ist. Erzählt mir bitte etwas von Frankreich, das wird mir Mut machen. Stimmt es, dass wir am Hof von König

Heinrich willkommen sind? Wie dumm bin ich doch; Ihr könnt mir ja nicht mehr schreiben, weil Ihr nicht wisst, wo ich mich befinde, ich weiß es ja selber nicht. Ich bin in einem dunklen Wald, wie werde ich ohne Eure Hilfe dort je wieder herausfinden?

Am Neujahrstag des alten Kalenders haben wir Florenz verlassen und bewegen uns vorsichtig, abseits der vielbegangenen Straßen, vorwärts, um den Männern zu entkommen, die uns mein Vater ganz gewiss auf den Hals hetzt. Ich zittere um meinen lieben Malatesta, denn selbst wenn der Herzog nicht ganz frei von Gefühlen ist, so sind diese hier kaum zu unseren Gunsten: Er kennt kein Mitleid, wohl aber Zorn. Hier in der Toskana und auch darüber hinaus ist der Zorn meines Vaters gleichbedeutend mit dem Zorn Gottes. Ihr wisst, wie er Lorenzino in Venedig ermorden ließ, elf Jahre nachdem dieser ihren Verwandten Alessandro umgebracht hatte. Es heißt, man habe seinen Leichnam in die Lagune geworfen. Ich frage mich schon, ob dieselben Mörder jetzt hinter uns her sind.

104. Giorgio Vasari an Vincenzo Borghini

Pistoia, den 27. März 1557

Der Herzog weiß, dass meine Ergebenheit ihm gegenüber grenzenlos ist, und deshalb missbraucht er sie. Ich hätte gedacht, dass ich ihm in Florenz nützlicher bin, als wenn ich hinter einer verirrten Fürstin herlaufe, selbst wenn es sich dabei um seine Tochter handelt. Ich bin Maler und Architekt, nicht Kindermädchen und erst recht nicht Anstandswauwau. Immerhin hoffe ich, bald zurück zu sein, denn ich glaube kaum, dass das Fräulein mit seinem Schönling sehr weit kommt. Ein junges Pärchen auf der Landstraße, ohne Geleitschutz, ganz auf sich gestellt, wird bald Aufmerksamkeit erregen, wenn nicht gar Geiselnehmern in die Hände fallen. Der Junge kann von Glück sagen, wenn er nicht halbtot in den Straßengraben geworfen wird. Und was das Mädchen angeht, so habe ich wohl richtig verstanden, dass der Schatz der Unberührtheit nicht mehr zu heben ist, was einerseits eine Last von ihr nimmt, andererseits ihren Wert mindert. Wohl denen, auf die das Damoklesschwert schon herniedergesaust ist, vor allem, wenn sie den Faden selber durchtrennt haben.

105. Piero Strozzi, Marschall von Frankreich, an Benvenuto Cellini

Rom, den 27. März 1557

Um Dir die ganze Wahrheit zu sagen, lieber Benvenuto, so ist es noch ein weiter Weg, bis Neapel unser ist, denn Dein Brief erreicht mich noch immer in Rom. Montluc, dem einzigen halbwegs vernünftigen Franzosen, ist es gelungen, die wahnwitzigen Pläne des Herzogs von Guise für eine Weile im Zaum zu halten. Karl VIII. damals war immerhin bis nach Neapel gelangt, bevor er aus Italien vertrieben wurde. Und wir schaffen es kaum, über Latium hinauszukommen. Ich habe Ostia und Tivoli befreit, aber die Truppen des Herzogs von Alba wüten noch immer. Dabei ist es doch so, dass, wenn man sie weiter gewähren lässt, diese verdammte Familie Toledo sich nach Florenz und Neapel am Ende die ganze Halbinsel unter den Nagel reißt. Du hattest von Deinen Sorgen mit der Herzogin erzählt, aber glaub mir, mit ihrem Onkel ist es kein bisschen einfacher, erst recht, seit er Vizekönig von Neapel ist. Er hockt vielleicht nicht stundenlang auf dem Kackstuhl, dafür aber hat er ein Heer und weiß es einzusetzen.

Was unseren Fall angeht, so tue ich das Nötige. Innert drei Tagen hast Du einen Mann vor Ort, der sich Bacchiaccas annimmt.

106. Catherine de Médicis, Königin von Frankreich, an Piero Strozzi, Marschall von Frankreich

Fontainebleau, den 30. März 1557

Lest diesen Brief von Maria, ich schicke Euch hier eine Abschrift. Ist das nicht witzig? Ist das nicht köstlich? Ist das nicht verschroben ohne Ende? Dann helfen wir ihnen doch erstmal, nach Frankreich zu gelangen. Danach ist immer noch Zeit, sie irgendwohin zu verbannen. Nur das Gemälde fehlt uns noch. Ein Traum wäre, es gelangte mit all dem jungen Volk nach Venedig, so dass die Venezianer *in natura* über die Ähnlichkeit von Vorbild und Porträt urteilen könnten. Ja, ich möchte sie gerne sehen, alle beide! Was sag ich: Alle drei.

107. Maria de' Medici an Catherine de Médicis, Königin von Frankreich

den 28. März 1557

Liebe Tante, wenn Ihr wüsstet! Oh, ich wünschte, Ihr wüsstet es. Wenn Ritter Malatesti mich in den Arm nimmt und küsst, fühle ich mich als Frau. Ich bereue nichts von dem, was ich bis dahin für Narretei hielt, sondern habe ganz im Gegenteil die Gewissheit, die richtige Entscheidung getroffen zu haben, denn ich spüre den Anhauch Gottes jede Nacht, die er werden lässt. Hat Gott die Menschen nicht frei geschaffen? Und sind die Frauen nicht auch Menschen, Gottes Geschöpfe? Ich bin vollkommen verändert, an Leib und Seele. Ich bin vor meinem Vater geflohen, ich weiß, das ist eine Sünde; aber indem ich es getan habe, bin ich näher an Gott, dessen bin ich mir gewiss. Ein Beweis dafür ist, dass ich diesen Monat nicht geblutet habe. Unser Herr Jesus hat meine Sünden am Kreuz gesühnt, nicht wahr?

108. Michelangelo Buonarroti an Agnolo Bronzino

Rom, den 28. März 1557

Signor Agnolo, hier kommt der Plan der Festungsanlage, den ich zwischen all meinen Unterlagen erst heraussuchen musste: Ihr könnt Euch nicht vorstellen, wie viele Zeichnungen, Karten, Verträge, Rechnungen und Geschäftsbücher sich in einem Arbeitsleben angesammelt haben. Ich habe gekennzeichnet, wo sich der Durchlass befindet, durch den Ihr Euern Mann unbemerkt hinausschleusen könnt.

109. Giorgio Vasari an Vincenzo Borghini

Bologna, den 29. März 1557

Wie ein Wilddieb folge ich den Karnickelköteln von Herberge zu Herberge. Doch unsere beiden Turteltäubchen schlagen Haken wie die Hasen, um den Hunden zu entkommen. Ich weiß nicht, wann ich wieder in Florenz sein kann, und so muss ich mich auf Euch verlassen, mein Freund, und Euch beauftragen, die Maler und Künstler, die aus welchem Grund auch immer auf unserer Liste stehen, persönlich aufzusuchen. (Ich glaube, alle, die auch nur ein bisschen malen können, stehen wohl drauf.)

Jedenfalls wollte ich Euch bitten, Cellini zu besuchen, denn der kann mich nicht ausstehen. Geht auch noch einmal zu Bronzino. Wer weiß, ob Ihr nicht etwas findet, was die Trampel vom Bargello übersehen haben, als sie Allori verhafteten. Klopft bei Ammannati und Bandinelli an. Wenn ich in einer Woche noch nicht zurück bin, geht auch zum alten Bacchiacca, damit wir uns nicht vorwerfen müssen, eine Möglichkeit außer Acht gelassen zu haben. Und schließlich muss sich ja der Farbmischer noch irgendwo versteckt halten. Wenn wir ihn finden, finden wir vielleicht zugleich auch das Gemälde und sogar einen Mittäter, oder gar den Mörder.

110. *Agnolo Bronzino an den Vorsteher der Kartause von Galluzzo*

Florenz, den 31. März 1557

Nächster Tage wird, so Gott will, ein Mann, der sich auf mich beruft, an die Pforte Eures Klosters klopfen. Habt die Güte, Pater, mir zuliebe diesen Freund von mir zu empfangen wie einst mich, ohne ihm Fragen zu stellen und ohne mich weiter zu fragen, und denkt dabei an die Fresken, die Jacopo bei Euch gemalt hat und an die Hand anzulegen Gott mir die Ehre zuteilwerden ließ.

111. *Giorgio Vasari an Vincenzo Borghini*

Parma, den 31. März 1557

Lieber Freund, habt Ihr getan, worum ich Euch gebeten habe?

Meine beiden Zugvögel wurden in Modena und in Parma gesehen, scheinen dann aber Kurs auf Mantua genommen zu haben. Ich befürchte, dass sie den Weg nicht wissen und das der Grund für ihren Zickzackkurs ist, was ihre Verfolgung noch schwieriger macht. Wer ständig wechselnde Ziele verfolgt, die ihm selbst unklar und verborgen sind, dessen Handlungen sind nicht vorhersehbar. Das Hirn der jungen Leute ist wie Sand. Man will durchsteigen und versackt. Ich sage Euch das, weil meine Aufgabe mich Gott weiß wie lange an der Rückkehr nach Florenz hindern wird. Ich bedaure, Euch nicht beistehen zu können, aber Ihr werdet die besprochenen

Besuche allein absolvieren müssen. Keine Zurückhaltung mehr! Durchsucht alles, ohne auf irgendjemanden Rücksicht zu nehmen. Ihr habt jetzt die Verantwortung für die Ermittlungen, und dafür, dass der Farbmischer ausfindig gemacht wird. Teilt mir, mein Freund, die Ergebnisse Eurer Besuche mit, und vor allem: Was habt Ihr in Bronzinos Wohnung gefunden?

112. Vincenzo Borghini an Giorgio Vasari

Ferrara, den 2. April 1557

Ihr wisst, Signor Giorgio, dass Ihr immer auf Euern getreuen Vincenzo zählen könnt bei der Erfüllung der Aufgaben, die Ihr ihm zuweist, selbst wenn er wegen außergewöhnlicher Umstände ein wenig in Verzug gerät. Ich bin also am Hof des Herzogs von Este gewesen, wie Ihr mir aufgetragen hattet, und so will ich Euch ohne weitere Umschweife Bericht erstatten über meine Gedanken.

Eines muss man Herzog Ercole lassen: Er ist ein guter Gastgeber. Kein Abend, an dem er seinen Gästen nicht ein Festessen kredenzt hätte, das des französischen Hofes würdig gewesen wäre. Seit vier Tagen ungelogen ist mein Bauch stets gefüllt, und ich muss jede Stunde Stuhlgang haben, wenn ich nicht platzen will wie ein Ballon. Ich bin gewissermaßen im Lande Gargantuas und habe das Ohr voller Musik, denn der Herzog mag die Musiker und Artisten so gerne, dass es kaum einen Augenblick am Tag gibt ohne eine Theater- oder Tanzvorführung, die von Lautenklängen begleitet wird.

Dass der Herzog wahrlich ein Kunstliebhaber ist, bezeugt seine Sammlung von flämischen Gobelins, vor allem aber der Reichtum an Bildern von den Malern, die er immer gerne um sich geschart hat, unlängst die Brüder Dossi; davor Girolamo, von dessen Tod im vergangenen Sommer ich Euch die traurige Nachricht überbringen muss, der junge Bastianino, der in ihre Fußstapfen tritt; und der meiner Meinung nach beste von ihnen, Garofalo, der zwar nicht an unsere Florentiner Meister heranreicht und auch nicht den Titel eines «Raffael von Ferrara» verdient, mit dem seine Heimatstadt wohl ein wenig vorschnell bei der Hand war, der aber doch einen Platz in unseren *Viten* beanspruchen könnte. Ich muss Euch gestehen, dass er zusammen mit den Dossi-Brüdern Altäre gemalt hat, die meinem Auge wohltaten und von denen ich annehme, dass, sollte Gott Eure Schritte einmal in die hiesige Gegend lenken, sie auch vor dem Euern Gnade fänden.

Glaubt jedoch nicht, dass der Herzog von Este nur ein prunkliebender Kunstliebhaber und Mäzen ist. Dieser Fürst regiert seine Stadt mit eiserner Hand, und Mitleid ist eine Anwandlung, die ihm völlig fremd ist. Er selbst hat mir in Gegenwart seiner Frau erzählt, wie er sie, weil sie in lutheranische Kreise gelangt war, im Schlosskerker eingesperrt und so lange der Inquisition überantwortet hat, bis sie einwilligte, wieder zur Messe zu gehen. Im selben Verlies hält er einen Onkel gefangen, der seinerzeit eine Verschwörung gegen seinen Vater angezettelt hatte: der Mann ist neunundsiebzig, hat einundfünfzig Jahre seines Lebens im Kerker verbracht, aber der Herzog, der den Groll seines Vaters wohl geerbt hat, weigert sich hartnäckig, ihn zu begnadigen.

Sein Sohn schlägt ganz nach ihm, daher kann ich gut verstehen, dass die Signorina Maria nicht gerade Freudentänze aufführt bei dem Gedanken, ihn zu heiraten. Ich weiß nicht, ob an den Gerüchten, die man so hört, etwas dran ist, aber ich habe den jungen Fürsten gesehen: Er schien mir keine der Eigenschaften zu haben, die man bei einem Edelmann erwartet. Sein scheeler Blick, seine Überheblichkeit, seine Art, Untergebene mit an Grausamkeit grenzender Härte zu behandeln, bringen mich zu dem Schluss, dass wir auch seinen Namen auf unsere Liste setzen müssen. Der Mann hat das Zeug zum Mörder, dafür lege ich meine Hand ins Feuer. Nun, hielt er sich nicht genau zur Zeit von Jacopos Tod in Florenz auf? Stellt Euch vor, er hätte das Gemälde entdeckt, das seine zukünftige Gattin so beleidigt. Wer weiß, wie ein Choleriker, der von Natur aus zum Jähzorn neigt, reagiert hätte?

Zwar verlängert das unsere Liste, andererseits bin ich zuversichtlich, dass man nun bald den Namen der beiden Schwestern davon tilgen kann. Vor meiner Abreise habe ich bei der armen Plautilla vorbeigeschaut, die sich noch vom Verhör erholt, habe ihr Malsachen gebracht und sie aufgefordert, eine *Kreuzabnahme* zu malen wie die, die sie ihrer Schwester Caterina de' Ricci geschenkt haben will. Dann werden wir ja sehen, was sie kann und wie sie männliche Leiber malt.

Noch etwas: Damit die Baustelle im Palazzo sich durch Eure Abwesenheit und meine nicht allzu sehr verzögert, habe ich den jungen Naldini eingestellt. Ich denke, er wird Euch ein hervorragender Helfer sein.

113. Giorgio Vasari an Vincenzo Borghini

Mantua, den 7. April 1557

Vincenzo, was seid Ihr für ein alter Esel mit Eurer Besorgnis um Ferrara und seinen Herzog! Was kümmern mich Eure Geschichten von Festmählern, Flötenspielern, einem alten Mann im Verlies oder einer lutheranisch gesinnten Gattin? Lasst den Mann seine Frau doch im Eintopf verspeisen, wenn es ihm Spaß macht! Dieser Familie wünsche ich die Pest an den Hals! Ihr findet den Herzog von Este und seinen Sohn degeneriert? Das kann ja heiter werden. Seid Ihr der Einzige, der nicht weiß, dass die Mutter des Herzogs die Schlampe Lucrezia war, die Tochter von Borgia? Gedenkt Ihr noch länger dortzubleiben und die örtlichen Sitten und Gebräuche zu erforschen? Ein Maler ist der Mörder. Kann der Sohn des Herzogs malen? Hatte ich Euch nicht gesagt, Ihr solltet Bronzino aufsuchen? Mein Gefühl sagt mir, dass man dort weiterforschen muss, aber ich bin noch immer dazu verdammt, auf der Jagd nach meinen Zugvögelchen ganz Italien zu durchmessen. Ich habe noch nicht herausfinden können, ob unsere beiden jungen Luftikusse nach Frankreich oder nach Venedig wollen. Ich war schon unterwegs nach Piacenza, da merkte ich, dass sie Kurs nach Norden genommen hatten. Und dann hat Euer Brief über eine Woche gebraucht, bis er mich erreichte! Ich beschwöre Euch, mein Freund, vertut nicht noch mehr Zeit mit den Schmierfinken von Ferrara, mit denen Ihr mir in den Ohren liegt, und verlasst unverzüglich Euer Märchenschloss, das Euch den Kopf verdreht und die Eingeweide umgestülpt hat.

114. Maria de' Medici an Catherine de Médicis, Königin von Frankreich

Verona, den 7. April 1557

Wenn alle seine Bediensteten so schlau und listig wären wie mein Malatesta, hätte mein Vater echt Glück! Aber ehrlich gesagt bezweifle ich das. Ihr solltet ihn hören, wie er alle möglichen Geschichten erfindet, um zu erklären, warum sich ein junges Paar einfach so auf die Walz begeben hat. Diesmal hat er dem Herbergsvater gesagt, wir seien frisch verheiratet und er wolle mit mir seine Ländereien in der Lombardei besichtigen. Übrigens stellt er mich nie anders vor denn als seine Frau, was mich mit Wohlbehagen erfüllt. Ach, ich liebe ihn so! Ich wünschte, Ihr möchtet ihn genauso gern leiden wie ich. Na ja, nicht ganz so, was für Dummheiten sage ich da! Das kommt davon, dass auch ich mich wie in einer Boccaccio-Novelle fühle: eine dieser rätselhaften Frauen, die ein Geheimnis hüten und incognito zu Pferd unterwegs sind, manchmal gar als Mann verkleidet, und am Wegesrand der Liebe begegnen. Wie abenteuerlich! Manchmal habe ich solche Angst, dass mir speiübel wird, aber was ist schon dabei! Ich bedaure nichts, und mein Entschluss lässt keine Rückkehr zu. So möge der, der das Ruder meines Schicksals führt, auch mein Segel lenken! Und ich zögerte erst, ihm zu folgen ... Inzwischen würde ich lieber sterben als nach Florenz zurückkehren. So Gott will, sind wir bald in Mailand, und von da gelangen wir in die Schweiz und dann nach Frankreich. Gott behüte uns! Ich sende Euch einen Kuss, liebe Tante, denn ich höre meinen Malatesta vom Balkon herab rufen, wohin er gegangen ist, um den Himmel auf das morgige Wetter hin zu examinieren (er kann auch die Geheimnisse der Natur entschlüsseln, er weiß so viel!), doch ich vertraue darauf, dass wir uns bald sehen.

115. Vincenzo Borghini an Giorgio Vasari

Florenz, den 15. April 1557

Es betrübt mich, dass meine Ferrara-Reise nicht Euern Beifall gefunden hat, denn außer dem Herzog von Este einen Besuch abzustatten, glaubte ich, ganz im Gegenteil, einer deutlich ausgesprochenen Bitte von Euch nachzukommen. Wahrscheinlich bin ich ein Narr, aber doch ein gelehriger und getreuer, stets bemüht, es Euch recht zu machen. Ich muss gestehen, Euer Brief hat mich beschämt und verlegen gemacht, und es tut mir sehr leid, dass ich Euch verärgert habe. Aber Ihr wisst, dass man mir nichts zweimal sagen muss. Kaum hatte ich den Brief zu Ende gelesen, machte ich mich sogleich auf den Weg nach Florenz, sogar ohne mich vom Herzog zu verabschieden.

Mit einer kleinen Mannschaft habe ich mich sofort zu Agnolo begeben. Leider hat dieser Besuch Eure Vermutung nicht bestätigen können. Die Wachmänner haben seine Wohnung bis in die hintersten Winkel durchstöbert, aber wir haben nichts gefunden. Zwar gab es unter zig, ja hunderten Skizzen und unvollendeten Porträts von anderen auch ein paar von der Signorina, aber wie könnte das anders sein bei dem quasi offiziellen Porträtmaler des Herzogs von Florenz, seiner Familie, seiner Kinder und sogar seiner Vorfahren? Tatsächlich war das einzige Ergebnis unseres Eindringens, dass wir Agnolo wütend und verärgert zurückließen. Es würde mich nicht wundern, wenn er sich beim Herzog beschwerte.

Nachdem ich mich dieser Aufgabe, die Ihr mir zugewiesen hattet, entledigt hatte, unternahm ich es, Plautilla aus ihrer Haft zu befreien mit dem Einverständnis des Herzogs, das er mir ohne Zögern gab, denn er hat jetzt, das wisst Ihr am allerbesten, ganz andere Sorgen. Ich habe die arme Frau bei den Innocenti aufgesucht, wo ich sie nach Lust und Laune malen lasse. Derzeit beobachte ich, dass ihre Gemälde, auch wenn sie nicht einer gewissen Eleganz entbehren, recht weit entfernt sind von der *terribilità* der Fresken in San Lorenzo und von der angsteinflößenden Macht, die Caterina de' Ricci ihnen angesichts der mysteriösen *Kreuzabnahme* attestierte.

Was den Handwerker Marco Moro angeht, so bleibt er unauffindbar, aber folgt man Eurer Überlegung, so spielt es keine große Rolle, ob er irgendwo in einem Erdloch hockt oder auf dem Weg nach Südamerika ist, denn er jedenfalls konnte das Fresko nicht in Pontormos Manier übermalen.

Über Giovanni Battista Naldini, der aus den gleichen Gründen nicht mehr auf unserer Liste steht, kann ich berichten, dass er nun auf der Baustelle im Palazzo angestellt ist. Ich hatte Euch ja gesagt, dass ich ihn schon als Kind kannte, er war ein braver Junge, und ich habe keinen Zweifel, dass er das immer noch ist. Hinsichtlich seiner Malkunst, auch wenn Ihr sie noch niedriger ansiedelt als die seines Meisters (was in gewisser Weise sein Glück ist, denn das entlastet ihn in Euern Augen), so ist nicht gesagt, dass er sich im Umgang mit Euch und durch Eure Unterweisung nicht doch der Euren annähert, ohne ihr allerdings gleichzukommen. Bis es so weit ist, wird es Euch recht sein, einen weiteren Helfer zur Verfügung zu haben, und so nützt es letztlich allen.

116. Giovanni Battista Schizzi, Senatsmitglied und Regent des Herzogtums Mailand, an Cosimo de' Medici, Herzog von Florenz

Mailand, den 15. April 1557

Mailand, das schon immer gut Freund mit den Medici war, erfreut sich der hervorragenden Beziehungen, die es zum Herzog von Florenz, Cosimo I., unterhält. Deshalb wünschen wir um jeden Preis zu vermeiden, verehrter Herzog, dass unsere Vorgehensweise und der Gegenstand dieses Briefes Missverständnisse nach sich ziehen. Ich will Eurer Exzellenz nicht verhehlen, dass dieser Gegenstand Anlass zu einer gewissen Ratlosigkeit gibt.

Wir haben kürzlich auf unserem Territorium ein junges Paar aufgegriffen, das aus Florenz kam mit Reiseziel Frankreich. Nun ist uns zwar der Mann entkommen, aber die Frau behauptet, sie sei Eure älteste Tochter. Auch wenn die beiden im Besitz eines von Euch unterzeichneten Passierscheins waren, beunruhigte uns die Tatsache, dass sie allein reisten, ohne Eskorte und Begleitung, von einer Bediensteten abgesehen; dass sie in einer Herberge abstiegen, anstatt sich bei den Behörden der Stadt zu melden; dass sie eine Reisetruhe voller Kleidung nach spanischer Mode und äußerst wertvollen Schmucks mit sich führten. All das schien uns zu rechtfertigen, dass wir sie zwecks weiterer Aufklärung hier festhalten.

Wenn dieses Fräulein wirklich die Tochter Eurer Exzellenz ist und wenn uns ihr Besuch angekündigt gewesen wäre, hätten wir sie selbstredend mit allen ihrem Rang gebührenden Ehren empfangen. Immerhin hat die angebliche Fürstin auf unsere wiederholten Fragen hin schließlich eingewilligt, Folgendes zu erwidern: Sie sei auf eine geheime Mission zur Königin von Frankreich entsandt. Der junge Mann sei ihre Leibgarde. Aber warum er dann geflohen sei? Darauf konnte sie uns keine befriedigende Antwort geben. Alles in allem scheint uns die Sache ziemlich verwickelt zu sein. Wir würden Euch bitten, verehrter Herzog, uns dabei zu helfen, das Rätsel zu entwirren, und uns Weisung zu geben, wie wir mit der jungen Dame verfahren sollen.

117. Giovanni Battista Naldini an Agnolo Bronzino

Florenz, den 15. April 1557

Eine Zeile, Signor Agnolo, mit der Bitte, diesen Brief Marco Moro auszuhändigen, falls Ihr zufällig wisst, wo er zu finden ist. Keine Angst: Ihr habt keinerlei Indiskretion von mir zu befürchten. Sandro, den Ihr wie einen Sohn anseht, ich aber wie einen Bruder, hat mir alles erzählt. Ich will nicht meine und Eure Freude über seine Befreiung gegeneinander aufrechnen, aber Euch ist ja bewusst, dass mich seine Festnahme in nachtschwarze Verzweiflung gestürzt hatte. Seid daher gewiss, dass ich niemals etwas Unehrenhaftes tun werde, was ihm schaden könnte – oder Euch.

118. Giovanni Battista Naldini an Marco Moro

Florenz, den 15. April 1557

Ich bin nicht Michelangelo, und ich werde es nie sein – glaubt Ihr, ich weiß das nicht? Aber wenn ich, Giambattista Naldini aus dem Waisenhaus der Innocenti, es schaffe, von meiner Kunst zu leben, dann ist das doch schon etwas, nicht wahr? Oder findet Ihr, man dürfe, sofern man nicht Kind von jemandem ist, keinerlei Ehrgeiz entwickeln? Wollt Ihr mich im Ernst dafür tadeln, dass ich von der Pike auf versuchte, zwischen all den großen Florentiner Malern einen Platz zu finden, einen ganz kleinen, nicht mehr als eine Nische hinter dem Altar einer entlegenen Kirche? Und wenn es mir gelänge, wäre das nicht der Beweis für ein gewisses Verdienst? Jeder versucht doch, seinem Schicksal zu entkommen, so gut es geht.

Ja, ich habe Euch an Vasari ausgeliefert. Ja, ich habe ihn nach San Lorenzo geschickt, damit er Euch dort am Abend Eurer Geheimversammlung überrascht. Das konntet Ihr Euch ja denken, nicht wahr? Wer sonst hätte ein Interesse daran haben können? Allori etwa? Allori kann es sich leisten, niemanden zu denunzieren. Aber ich, ich habe meinen Meister verloren und bin allein. Offenbar hat Gott mich zwar mit ein wenig Begabung ausgestattet, aber doch nicht mit genug, dass ich es ganz ohne krumme Touren zu etwas bringen könnte. Der Herr in seiner unendlichen Gnade hat nicht zugelassen, dass die Wachen vom Bargello Euch schnappen. Aber es hat ihm gefallen, dass ich aus meinem Verrat einigen Nutzen ziehe, denn ich werde nun bald die Schar von Vasaris Helfern auf der Baustelle des Palazzo Vecchio verstärken. Es ist mir also gelungen, mir selbst zu nützen, indem ich dem angesehensten Florentiner Maler angenehm auffalle, und das, ohne Euch nachhaltigen Schaden zuzufügen. Ihr solltet also nicht zu streng mit mir sein. Trotzt nicht jeder den Schicksalsschlägen mit den Mitteln, die ihm zu Gebote stehen? Was konnte ich tun nach dem Tod meines Meisters? Was hättet Ihr in meiner Lage getan? Oh, ich weiß, welchen Weg Ihr eingeschlagen habt. Ihr stachelt die anderen Handwerker auf, sich gegen ihr Los aufzulehnen, Ihr setzt Euch an ihre Spitze und drängt sie zum Aufstand. Aber wogegen? Wollt Ihr den Herzog verjagen? Wer sagt Euch denn, dass der nächste nicht schlimmer ist? Wollt Ihr einen neuen Savonarola, der für die Elenden kämpft? Wisst Ihr, was für eine Strafe ein Mann wie er für Leute wie mich bereithielt? Der Herzog sieht wenigstens über Verhaltensweisen hinweg, die von der Kirche verdammt und von der Welt verurteilt werden. Vielleicht hätte er Euch an den Galgen gebracht, wenn Ihr ihm in die Hände gefallen wäret. Aber wäre ich dem Papst in die Hände gefallen, ich wäre bei lebendigem Leibe verbrannt worden. Nicht alle sind ein Cellini, der die Anklage wegen Sodomiterei lebend überstanden hat.

Ich weiß nicht, ob Ihr den alten Pontormo umgebracht habt. Ich halte es nicht für ausgeschlossen, denn ich erinnere mich gut, wie ekelhaft er sein konnte, zu Euch und zu mir – an manchen Tagen hätte ich ihn mit bloßer Hand erwürgen können, so wütend war ich auf ihn. Wenn es der Fall ist, müsst Ihr nur Euch selbst tadeln, denn alles, was Euch seither zugestoßen ist, hat seine Ursache allein in diesem ersten Ereignis. Ohne Pontormos Tod hätte ich Euch niemals denunziert. Aber egal, ob Ihr für seinen Tod verantwortlich seid oder nicht, Euer eigentlicher Fehler ist, dass Ihr Eure Zusammenkünfte wieder aufnehmen wolltet, während die Männer vom Bargello überall herumschnüffelten auf der Suche nach dem Mörder. Ihr wart nah daran, gefasst zu werden, und wenn Ihr dann im Kerker des Bargello gefoltert worden wäret und man Euch gefragt hätte, wer Euch über das Kommen und Gehen des Alten berichtet hat, seid Ihr sicher, dass Euch mein Name dann nicht über die Lippen gekommen wäre? Bedenkt also bitte, ich habe Euch denunziert, um dem zuvorzukommen, dass Ihr meinen Untergang herbeigeführt hättet. In gewisser Weise habe ich, indem ich Euch zur Flucht genötigt habe, uns beide gerettet. Natürlich gehe ich nicht so weit, einen Dank dafür zu erwarten. Aber es wäre mir lieb, wenn Ihr beim Lesen meines Standpunkts die Sache aus anderer Perspektive sehen könntet.

119. Marco Moro an Agnolo Bronzino

Galluzzo, den 15. April 1557

Bevor ich dies Versteck verlasse, das Ihr mir besorgt habt, kritzele ich hier ein paar Zeilen, die der Vorsteher Euch überbringen soll. Ich weiß nicht, warum ein Höfling wie Ihr einem Handwerker wie mir geholfen hat, aber ich will nicht als undankbar gelten. Ihr habt mich gerettet. Dafür also meinen Dank. Ich verschwinde in die Schweiz, dann ins Deutsche Reich oder vielleicht auch nach Flandern. Die Italiener haben in unserer Zunft einen so guten Ruf, dass ich nirgends Schwierigkeiten haben werde, Arbeit zu finden. So gut es mir möglich ist, werde ich mich dafür einsetzen, dass Gottes Reich zu uns herniederkommt und nicht nur im Jenseits besteht und dass es nicht den Wenigen vorbehalten, sondern Allen zugänglich ist.

Und Ihr, was wird aus Euch? Ist Euer Lehrling befreit? Ich würde es wünschen, doch ich ahne, dass Ihr nicht mehr mit Euern Herren zufrieden seid. Dass Ihr mir geholfen habt, war mutig, ein Zeichen von Aufbegehren. Wenn Ihr Euch künftighin gegen die goldene Leine wehrt, die man Euch um den Hals gelegt hat, werdet vielleicht auch Ihr, auf Eure Weise, den Wunsch verspüren, Euch in dieser schlechten Welt gegen gewisse Dinge, die Euch nicht so gerecht erscheinen, einzusetzen. Bis dahin, Gott befohlen. Ich zweifle nicht daran, dass Ihr das Werk Eures verstorbenen Meisters zu vollenden wisst und ihm dabei die Huldigung erweist, die seine Arbeit verdient hat. Gewiss war er als Mensch nicht ganz leicht zu haben – was hatten wir für Wortwechsel! –, aber auch wenn ich nur ein Farbmischer bin, war ich doch voll der Hochachtung vor seiner Liebe zu seiner Kunst und zu seinen Fresken, deren Schönheit ich stets bewunderte.

120. Catherine de Médicis, Königin von Frankreich, an Piero Strozzi, Marschall von Frankreich

Chenonceaux, den 21. April 1557

Ihr werdet Euch wohl erinnern, dass ich auf den Ausflug meiner Nichte keine übermäßigen Hoffnungen gründete, nicht wahr? Nun, lieber Cousin, urteilt selbst, ob ich Unrecht hatte: Der Dussel hat sich in Mailand erwischen lassen. Wenn Ihr diesen Brief in Händen haltet, wird man sie wahrscheinlich schon nach Florenz zurückgebracht haben. So geht uns das Beste durch die Lappen, aber als Erbstück behalten wir den jungen Pagen, mit dem sich nicht viel anfangen lässt, denn stellt Euch vor, er war so schlau, sein Liebchen im Stich zu lassen und sich allein nach Paris zu verfügen. Vielleicht sollte ich ihn in meinen Gemächern aufnehmen: Schließlich kann mir wohl keiner bessere Auskünfte über seinen Herrn geben als er.

Ein Trost bei diesem Reinfall ist es mir, an Cosimo zu denken, der seine Tochter schwanger wiederbekommt und jetzt hart daran arbeiten muss zu retten, was von ihrem guten Ruf noch zu retten ist. Ich weiß, was ich täte, wenn ich er wäre: Ich würde sie unverzüglich mit dem jungen Este verheiraten, damit der kleine Bankert rechtlich anerkannt ist. Cosimo ist kein Dummkopf, er ist sicher schon längst zu diesem Schluss gekommen. Ob der Herzog von Este sein Einverständnis gibt? Nicht unser Problem.

Ansonsten können wir ja noch unsere anfängliche Karte spielen, nicht wahr? Wie weit sind wir eigentlich mit dem Gemälde? Besteht Hoffnung, es vor dem Jüngsten Tag einmal zu sehen zu bekommen, oder wird das eine so lange Geschichte wie der Bau des Petersdoms?

121. *Cosimo de' Medici, Herzog von Florenz, an Ercole d'Este, Herzog von Ferrara*

Florenz, den 21. April 1557

Verzeiht mir die übertriebene Sorgfalt – was sag ich? –, die Zaghaftigkeit, die mich dazu veranlasst hat, die Hochzeit verschieben zu wollen. Ich denke, Maria ist nun absolut bereit, die Gattin Eures Sohnes Alfonso zu werden, und falls nicht, wäre es auch egal: Man muss die Kinder ins Wasser werfen, nur so lernen sie schwimmen. Nehmt also zur Kenntnis, dass wir, ihre Mutter und ich, gewillt sind, einen Termin für die Vermählung festzulegen. Was hieltet Ihr von kommendem Monat? Sagen wir, am 1. Mai? Oder am 8., um meinen Leuten Zeit zu lassen, die Feierlichkeiten dem Anlass entsprechend vorzubereiten! Ich kann gar nicht genug betonen, Herzog, mit welch großer Freude und Stolz mich die Aussicht erfüllt, unsere beiden Häuser bald solchermaßen vereint zu sehen.

122. *Benvenuto Cellini an Piero Strozzi, Marschall von Frankreich*

Florenz, den 21. April 1557

Ich habe den Scoronconcolo Eurer Exzellenz kennen gelernt, und ich kann Euch schon jetzt sagen, dass Ihr mir da, wenn der erste Eindruck nicht trügt, einen ziemlichen Rohling geschickt habt. Kohlschwarze Augen, üppiger Bart, elastischer Gang, großgewachsen, und dann diese Art, ganz leise zu sprechen. Ich befürchte, ich werde ihn bei seiner Mission begleiten müssen, denn ich sehe an ihm eine allenfalls mäßige Liebe zur Kunst, die wohl kaum ausreicht, Pontormos Gemälde in Bacchiaccas Werkstatt sicher zu erkennen. Bald gehen wir hin, morgen oder übermorgen, so Gott will. Am helllichten Tag sind all solche Aktionen riskanter als nötig, andererseits ist es die einzige Möglichkeit zu gewährleisten, dass Bacchiacca nicht zu Hause ist, denn er wird, wie jeden Tag, den der liebe Gott werden lässt, im Palazzo sein und am Bett des Herzogs arbeiten, das es wohl bald mit Michelangelos David oder meinem Perseus aufnehmen kann, wenn man bedenkt, wie viel Arbeitszeit die beiden gekostet haben.

123. Giorgio Vasari an Vincenzo Borghini

Bologna, den 21. April 1557

Wenn es der Handwerker nicht war, und nicht die Nonne und nicht der Gehilfe, dann bleibt uns eigentlich nur noch ein Schuldiger, nicht wahr? Dass wir bei ihm nichts gefunden haben, ändert nichts daran. Wir haben zu lange gewartet, wohl aus falsch verstandener Kollegialität, aber was soll's: Vorbei ist vorbei, reden wir nicht mehr davon. Bloß, wie sollen wir ihn überführen? Geht alle Berichte des Bargello durch, verhört Bronzinos Nachbarn. Morgen gegen Mittag komme ich nach Florenz, aber da ich die Signorina ihrem Vater zurückbringen und ihm Bericht erstatten muss, bin ich wohl den Rest des Tages nicht verfügbar. Verzeiht bitte, wenn mein voriger Brief im Ton etwas scharf war, aber wir haben einfach sehr viel Zeit verloren. Vergessen wir Ferrara. Ich zähle auf Euch, mein Freund, dass wir Bronzino überführen. Ich werde zwei Wachen nehmen und Bacchiacca besuchen, auch wenn ich meine Zweifel daran habe, dass der arme Alte irgendetwas mit der Sache zu tun hat, denn ich will Euch nicht in dem Glauben lassen, ich schöbe die ganze Drecksarbeit Euch zu.

124. Ercole d'Este, Herzog von Ferrara, an Cosimo de' Medici, Herzog von Florenz

Ferrara, den 29. April 1557

Die plötzliche Eile, lieber Herzog, mit der unsere beiden Familien vermählt werden sollen, schmeichelt uns, und seid gewiss, dass auch ich vor Ungeduld brenne, Euch endlich meinen Bruder nennen zu dürfen. Aber erinnert Euch an Euern vorigen Brief. Eure Bittschrift hat mich angerührt. Wie könnte man einem Vater nicht entgegenkommen, der seine Tochter verteidigt? So schreibe ich heute, um Euch zufriedenzustellen, in vollkommener Übereinstimmung mit Alfonso, dem nichts weniger missfiele, als seine Verlobte vor den Kopf zu stoßen. Euer liebenswertes Kind hat schreckliche Angst, den liebenden Eltern entrissen zu werden, vielleicht ist ihr die karge Kühle des Este-Schlosses unheimlich, sie sähe sich in einen Hof geworfen, der ihr zwar den bestmöglichen Empfang böte, wo sie aber niemanden kennt. Sie zittert. Sie ist nicht bereit. Punktum. Es eilt ja auch nicht damit, nicht wahr? Reicht es nicht aus, dass der gleichlautende Wunsch und Wille der Este und der Medici, fest und unerschütterlich auf beiden Seiten, bezeugt wird, sich durch die eine oder andere Heirat zu vereinigen und so die Freundschaft unserer beiden Familien und die Partnerschaft unserer Städte zu besiegeln? Herzog, unter keinen Umständen will ich, dass Ihr an meinem Wunsch, Euch zu Gefallen zu sein, zweifelt, und um Euch zu zeigen, dass das keine leeren Worte sind, will ich Euch den Beweis dafür geben: Lasst uns die Heirat auf den Herbst verschieben. So haben wir Zeit, die boshaften Gerüchte verrauchen zu sehen, die derzeit umgehen, Machenschaften niederträchtiger Verleumder, von denen es in solchen Fällen überall wimmelt. Ich habe gehört, dass Eure liebe Maria kürzlich nach Mailand gereist war. Ich wünsche ihr, dass sie sich nicht überanstrengt hat: Reisen sind ermüdend für Frauen, ganz besonders für junge Mädchen. Achtet darauf, dass Eure Tochter sich davon erholt, und versichert ihr, dass uns, meinem Sohn und mir, nichts mehr am Herzen liegt als ihr Wohlergehen.

125. *Schwester Caterina de' Ricci an Schwester Plautilla Nelli*

Florenz, den 29. April 1557

Gott hat es gefallen, dass Du die Freiheit wiedererlangst, ein weiterer Beweis Seiner Gnade. Ich dagegen bin in den Bargello verlegt worden und werde weiter leiden, solange es Sein Wille ist, denn ich bin mit Unserem Herrn, seinem

Sohn vermählt: Ich werde nicht zulassen, dass irgendwer in Ansehung meines vom Strange – nicht weniger als Seines vom Kreuze – gezeichneten Leibes das Gegenteil behaupte. Die Wundmale sind übrigens wieder da. Ich danke dir, Gott, dass du die Lippen von Schwester Maria Serafina, Schwester Maria Perpetua und Maria Modesta geschlossen hast, diesen elenden Huren, die mein göttliches Erwähltsein nicht ertragen konnten. Es würde mich nicht erstaunen, wenn man dermaleinst dem Kloster von Prato meinen Namen gäbe.

Nur eines bedaure ich, und das ist, dass ich Dein Gemälde verbrannt habe, dessen großen Wert ich nicht erkennen konnte. Aber das liegt daran, dass mich diese neue Malweise verunsichert hat. Ja, vielleicht zu sehr. Das hast Du besser gemacht. Vergib mir, Schwester. Ist es wahr, dass der Vorsteher der Innocenti Dich aufgenommen hat und ermutigt, diesen Weg weiterzugehen? Ich denke, ja, denn er selbst hat mir erlaubt, Dir zu schreiben. Das ist gut so. Er ist ein guter Mensch. Wenn Du ihn das nächste Mal siehst, sag ihm, mir zuliebe, etwas ins Ohr über meinen schlimmen Zustand. Meine Seele wird sich bald zur Seele von Bruder Girolamo gesellen, aber da ich wohl nicht das Glück haben werde, den Scheiterhaufen zu besteigen und wie er geopfert zu werden, würde ich mein Leben am liebsten in einer Zelle aushauchen, wie Gott sie für uns bereithält, und nicht im Bargello.

126. Vincenzo Borghini an Giorgio Vasari

Florenz, den 29. April 1557

So viele Stunden habe ich im Gemäuer des Bargello verbracht, dass ich am Ende dachte, ich sei dort eingesperrt wie all die armen Teufel, deren Stöhnen noch immer in meinem Schädelgewölbe widerhallt. Als Kirchenmann kann ich mich nicht über den exegetischem Aufwand beklagen, den Ihr mir abverlangt, aber ich wünschte doch, dass Ihr mir, nachdem ich einen Tag und eine Nacht lang alle Archive des laufenden und des halben Jahres davor durchwühlt habe, nun Absolution erteilt für meinen Ausflug nach Ferrara! Dies vorausgeschickt, kann ich, so ermüdend diese Arbeit auch war, doch nicht leugnen, dass sie einige Früchte gebracht hat, wie Ihr selbst anhand des Briefes feststellen könnt, den ich diesem Umschlag beifüge, im Vertrauen auf einen Wachmann, der ihn Euch nur eigenhändig zu übergeben hat. Nachdem ich zunächst in den Protokollen der Wachleute vergeblich nach der Spur eines Vorfalls gleich welcher Art gesucht hatte, der mit Bronzino zu tun haben könnte, kam ich auf den Gedanken, mich in den Berg von Denunziationsbriefen zu vertiefen, die tagtäglich im Bargello eintreffen und dort säuberlich aufbewahrt werden. Schaut mal, was ich da gefunden habe! Ich muss dazu sagen, dieser Brief ist nicht der einzige seiner Art, ja, im Gegenteil, es gibt ein halbes Dutzend andere; aber seht auf das Datum, darauf kommt es an.

Bitte entschuldigt, dass ich Euch nicht im Palazzo aufsuchen kann und auch nicht später in der Schenke, aber erschöpft, wie ich bin, fehlt es mir vor allem an dem einen, das alle Wesen am Leben erhält: an Schlaf, und so sehe ich mich gezwungen, unverzüglich mein Bett aufzusuchen.

127. X an den Bargello

Florenz, den 1. Januar 1557

Vergangene Nacht um ein Uhr (ich weiß das, weil genau in diesem Augenblick die Turmuhr von Santa Maria del Fiore schlug) habe ich deutlich gehört, wie Signor Angelo di Cosimo di Mariano, Maler, auch bekannt unter dem Namen Bronzino, in seiner Wohnung am Corso degli Adimari es seinem Lehrling, dem jungen Sandro Allori, besorgt hat. Ich weiß das, weil ich es nicht zum ersten Mal gehört habe und sie auch unter Tags kein Hehl daraus machen: Bronzino schämt sich nicht, ihn zu necken, ihn in die Wange zu kneifen oder ihm wie einem jungen Ding einen Klaps aufs Hinterteil zu geben. Hier im Viertel ist das übrigens allgemein bekannt. An der Identität besteht keinerlei Zweifel, denn die beiden leben allein, abgetrennt von der Familie Allori, die nebenan wohnt, hinter der Waffenschmiede des verstorbenen Tofano Allori, Gott hab ihn selig.

Wie unser guter Herzog bin ich der Meinung, dass Sodomiter streng gezüchtigt gehörten. Deshalb tue ich meine Pflicht und setze Euch ins Bild über diese unerträglichen Vorfälle, die sich gegen unseren Herrgott und gegen die Gesetze Seiner Exzellenz richten. Ich wünsche niemandem den Tod, aber wozu werden Gesetze erlassen, wenn man die Schuldigen nicht bestraft? Ich füge noch an, dass sie auffallend lange gehurt und vor dem Morgengrauen schon wieder damit angefangen haben. Gleichwohl habe ich Bronzino beim Morgenläuten aus dem Haus kommen sehen, er machte nicht den Eindruck, als wäre er von der ausschweifenden Nacht ermüdet, ich würde sogar sagen, er wirkte im Gegenteil ziemlich frisch. Erstaunlich, dass ein Mann seines Alters solche Kräfte an den Tag legt, ich frage mich, ob bei derlei Schamlosigkeiten der Teufel seine Hand im Spiel hat.

Bleibt mir zu sagen, dass ich nur ein treues und gehorsames Wesen bin, das von den Lauten tierischer und naturwidriger Kopulation nicht in seinem Schlaf gestört werden will, und ich versichere Euch, alle ehrbaren Leute in der Straße denken genauso wie ich.

128. Giorgio Vasari an Vincenzo Borghini

Florenz, den 30. April 1557

Nun, Signor Vincenzo, immerhin ist Euer Eifer bei der Sache belohnt worden, und ich würde es nicht noch eine Minute länger aushalten, Euch meine Glückwünsche zu übermitteln. Ist das nicht wunderbar? Ihr entlastet unseren Hauptverdächtigen durch einen Denunziationsbrief, der ihn eines anderen Verbrechens beschuldigt. Darauf muss man erst einmal kommen! Das ist die hohe Schule von Paradox und Komödie! Ihr müsstet Theaterstücke verfassen. Gewiss: Bronzinos Alibi ist zumindest originell. Aber wir müssen überprüfen, ob es der Wahrheit entspricht.

Euer Brief hat erneut meinen Arbeitsplan umgeworfen, und ich musste meinen Besuch bei Bacchiacca verschieben, um bei Bronzino anzuklopfen. Was er gesagt hat, erzähle ich Euch genauer, wenn Ihr wiederauftaucht, jetzt nur so viel: Als ich ihm mitteilte, welche Anschuldigungen gegen ihn vorliegen, nahm er seine letzten Kräfte zusammen und widersprach heftig, was mich einigermaßen überraschte, denn er muss ja von den Gerüchten gewusst haben, die bereits grassieren, seit er als ganz junger Mann bei Pontormo wohnte. Übrigens hat der Herzog trotz seiner neuen Gesetze, wonach auf Sodomiterei die Todesstrafe steht, derlei Dingen nie viel Aufmerksamkeit geschenkt. Erinnert Ihr Euch an den Wortwechsel zwischen Cellini und Bandinelli? Letzterer hatte unseren unbesorgten Strolch gegenüber Seiner Durchlaucht als «niederträchtigen Sodomiter» bezeichnet, und das vor versammeltem Hof, so dass es dem Herzog verwehrt war, ein Auge zuzudrücken, wie er es bis dahin immer getan hatte. Der schlagfertige Cellini zog sich mit einem Scherz aus der Affäre: «Hätte Gott doch zugelassen, dass ich in eine so erlauchte Kunst eingeführt würde!», und ließ sich über eine Praktik aus, die angeblich den Göttern, Kaisern und Königen des alten Rom vorbehalten war, während ein Mickerling wie er einer «so bewundernswerten Sache» unwürdig sei. Er trieb es mit seiner Komik so weit, dass als einzige Reaktion ein allgemeines Gelächter völlig ausreichte. Mehr war nicht nötig, dass der Herzog sich vom Herrschenmüssen befreit fühlte, und das ist noch nicht so lange her, dass man annehmen müsste, es habe sich etwas geändert. Außerdem, warum wehrt sich Bronzino, in eine Rolle zu schlüpfen, die ihn reinwüsche von jedem Verdacht im Zusammenhang mit dem Tod seines Meisters? Da verbirgt sich etwas, das ich mir nicht erklären kann.

Wie dem auch sei, ich gestehe Euch, dass diese überraschende Wende, die wir Eurer bewundernswerten Hartnäckigkeit verdanken, unsere Ermittlungen in Verlegenheit bringt. Bronzino vereinigte auf sich drei Elemente, die einen Schuldigen ausmachen und deren Kenntnis dessen Überführung ermöglicht: das Motiv, die Mittel und den Anlass. Angenommen, der Brief Eures anonymen Denunzianten sagt die Wahrheit, dann entkräftet er wohl den Anlass, denn die Übermalung eines Teils des Wandfeldes erforderte mehrere Stunden, eigentlich wohl die ganze Nacht, da ja zuerst der Putz aufgetragen werden musste, ehe darauf gemalt werden konnte. Durch die Suche nach einem Beweis für seine Schuld habt Ihr ihn also entlastet. Ich verstehe, dass Ihr das Bedürfnis hattet, Euch in Träume zu flüchten, denn auch ich fühle mich einigermaßen bedrückt und plötzlich von einer Art tiefer Müdigkeit überfallen. Was tun, wenn niemand die drei Kriterien erfüllt? Muss man sich dann mit zweien zufriedengeben? Lässt man den Anlass beiseite, verlängert sich unsere Liste allerdings beträchtlich: Unter denen, die das Fresko so gut wie Pontormo übermalen konnten, müssen hinzugefügt werden: Salviati in Frankreich (zumal, wenn ich mich recht entsinne, anfänglich er in Betracht gezogen worden war für die Fresken in San Lorenzo), Tizian in Venedig, Michelangelo in Rom … Mir schwindelt. Wie könnte man in Abwesenheit solch ein Verbrechen begehen? Das alles ergibt keinen Sinn, ich glaube, es ist Zeit, dass auch ich schlafen gehe. Bacchiacca muss noch ein wenig warten, bis ich ihn mit meinem Besuch beehre.

129. Benvenuto Cellini an Piero Strozzi, Marschall von Frankreich

Florenz, den 1. Mai 1557

Einem so erfahrenen Soldaten und noch weniger dem größten Condottiere Italiens, ja Europas, sage ich damit ja nichts Neues, aber es drängt sich einem wirklich auf: Das Schicksal ist eine Frau. Sie sagt Ja oder Nein, und man versteht nie, warum.

Der alte Bacchiacca ist krank geworden, weshalb er zu Hause blieb und das Bett hütete. Ich hatte die größte Mühe, Euern Erfüllungsgehilfen davon zu überzeugen, unseren Besuch in der Werkstatt zu verschieben. Der Trottel wollte nicht einsehen, dass wir das Gemälde *in seiner Abwesenheit* sicherstellen müssen.

Ich kann nur wünschen, dass das Schicksal Euch wohlgesonnen ist und Ihr, wenn es Euch schon verwehrt ist, das verflixte Gemälde zu erhalten, wenigstens Neapel wieder einnehmen könnt, was ja keine schlechte Entschädigung wäre, nicht wahr? Bis dahin heißt es Geduld haben. Behaltet Euer Vertrauen in mich: Es könnte nicht besser investiert sein.

130. Agnolo Bronzino an Giorgio Vasari

Florenz, den 1. Mai 1557

Auch Ihr, Signor Giorgio, müsst die Entscheidung treffen, wer Ihr seid. Freund der Künste oder untertäniger Höfling? Der Autor der *Viten der berühmtesten Maler* oder des

Herzogs Mann fürs Grobe? Habt Ihr immer noch nicht begriffen, warum Jacopo das Bild gemalt hat, das Ihr überall sucht? Euer Auge ist so geübt im Durchdringen der Malerei, wie könnt Ihr da so blind sein, wenn es um Fragen unserer Gegenwart geht? Der Papst, das Konzil, die katholischen Könige, die Inquisition: all diese Mächte, denen unser lieber Herzog den Treueeid leisten muss, wenn er seinen Titel als König von Toskana haben will – den man, wenn Ihr meine tiefste Überzeugung hören wollt, ihm nie zuerkennen wird. Unser ach so liberaler Herzog, Wohltäter der Künstler, die ihm dermaßen am Herzen liegen, nicht wahr? Natürlich schert er sich nicht um die Sodomiter und Hexen und Juden und nicht einmal um die Lutheraner, solange sie nicht die Sicherheit seiner Staatsgebiete bedrohen. Er gehört nicht zu den Fanatikern, die dem Deutschen Reich und der Welt beweisen wollen, dass der katholische Glaube keineswegs ein von liederlichen Mönchen und degenerierten Borgias bevölkerter Sumpf der Verderbnis ist. Dabei ist es ja eigentlich noch viel schlimmer. Wahrscheinlich mag uns der Herzog, aber um den Leuten gefällig zu sein, die uns und unsere Malerei hassen, muss er behaupten, er hasse uns, und wenn er uns umbringen oder wie Vieh in Käfigen an Rom ausliefern müsste, würde er das ohne Zögern tun, denn nichts und niemand könnte ihn von seinem Ziel abbringen, der Königskrone von Toskana. Gegen diese maßlose Kriecherei, gegen diese himmelschreiende Doppelzüngigkeit hatte Jacopo protestieren wollen, indem er jenes Bild malte, das die Familie Medici so gekränkt hat. Er war wütend, weil er sich im Stich gelassen, ja verraten fühlte. Hatte er nicht allen Grund dazu? Was glaubt Ihr, wie weit geht der Herzog damit, denen die Hand zu reichen, von denen seine Krönung abhängt?

Ihr verdächtigt mich, Jacopo umgebracht zu haben, und ich müsste mich darob geschmeichelt sehen, nicht wahr? Denn der Grund dafür ist, dass Ihr mich als den Einzigen anseht, der fähig ist, seinem Meister gleichzukommen und sein Fresko zu übermalen. Doch glaubt mir, wenn ich den Chor von San Lorenzo hätte neu ausmalen müssen, nachdem ich Jacopo zusammengeschlagen hätte, so hätte ich das ganz gewiss nicht so gemacht! Ich hätte Noah betrunken und völlig nackt dargestellt, wie Michelangelo ihn damals an der Decke der Sixtinischen Kapelle, als solch ein Bild noch geduldet wurde, ich hätte ihm Pimmel und Eier extra groß gemalt, um sie Paul IV. und Philipp II. und ihresgleichen unter die Nase zu reiben und den Savonarola-Jüngern, von denen es noch wimmelt, und allen spanischen Herzoginnen, deren Prüderie, Geziertheit und Hochmut mich anekeln und wiederum in mir Mordgelüste wecken.

Aber ich bin nicht schuld am Tod meines Meisters. Und was das andere Verbrechen angeht, dessen man mich bezichtigt: Wir alle sind Geschöpfe Gottes, und ich überlasse es Euerm Gewissen, darüber zu urteilen, ob die Bestrafung, die das Gesetz für derlei Fälle vorsieht, gerechtfertigt ist. Wie immer Ihr Euch entscheidet, habt die Güte, Sandro zu verschonen, der noch jung ist und ein ganzes Leben vor sich hat, um wieder auf den rechten Weg zu kommen.

131. Benvenuto Cellini an Piero Strozzi, Marschall von Frankreich

Florenz, den 2. Mai 1557

Euerm Haudegen die Pest an den Hals! Er wollte die Genesung von Bacchiacca partout nicht abwarten, und so musste ich ihn zur Wohnung des alten Malers begleiten, in der Dämmerung (denn wegen der Sperrstunde war es viel zu gefährlich, nachts auf die Straße zu gehen), einzig bewaffnet mit einem Kapuzenumhang und meiner Unerschrockenheit, denn es fehlte mir an Überzeugung bei einem so gewagten Unterfangen. Was erhoffte er sich? Hineinzugelangen war natürlich ein Kinderspiel, denn kein Türschloss widersteht einem Schmied von meinem Schlag. Ich wusste, wo ich das Gemälde versteckt hatte, und wir konnten den Alten auf seinem Lager stöhnen hören. Aber was glaubt Ihr, was dann geschah? Bacchiacca war krank, aber er war nicht taub. Er hatte uns gehört, wie wir in der Werkstatt umhergingen, und er war auch nicht zu schwach, um sich von seinem Lager zu erheben. So stand er verdutzt vor uns auf der Türschwelle, mit fiebrigem Blick, mit herabgefallener Kinnlade, eine Nachtmütze auf dem Kopf. «Benvenuto?», sagte er, denn ich hatte meine Kapuze heruntergenommen, weil sie mich störte und ich darunter kaum Luft bekam. Ich war dabei, ihn zum Schweigen zu bringen, indem ich ihm eine Ansprache hielt ähnlich der, die ich ihm bei meinem unglaublichen Husarenstück im Palazzo verpasst hatte; schon kam mir die Mischung aus beruhigenden Worten und unmissverständlichen Drohungen auf die Zunge, als plötzlich Euer Scoronconcolo (ich nenne ihn immer den Scoronconcolo, denn er wollte mir nie seinen Namen verraten, jedenfalls war der Handlanger von Lorenzino mit Sicherheit erfindungsreicher, als er ihm dabei half, Alessandro umzubringen!) seinen Dolch zog und auf Bacchiacca einstach, der röchelnd zusammenbrach. Der Schwachkopf! Als ob wir noch eine weitere Leiche gebraucht hätten.

Zu allem Unglück, als wollte Gott uns für die Dummheit Eures Mannes zur Rechenschaft ziehen, hörten wir, noch bevor der Körper des Alten auf dem Boden aufgeschlagen war, Schritte im Treppenhaus. Die Wachmänner! Durch welchen unglaublichen Zauber konnten sie so schnell zur Stelle sein? Und damit nicht genug: Inmitten des Klirrens von Waffen und Rüstungen, das ihr Getrampel begleitete, erkenne ich eine Stimme: die Stimme dieses Hurenbocks Vasari!

Angesichts des am Boden mit dem Tod ringenden Bacchiacca und des Scoronconcolo, dem das Wort «Mörder» auf die Stirn geschrieben schien, war es für mich zu spät, diesem Kläffer etwas vorzumachen, indem ich ihm meine Version aufgetischt hätte. Im Moment treffe ich eine Entscheidung und beschließe mein weiteres Vorgehen: kräftig zuschlagen, schnell weglaufen. In solchen Fällen entscheidet allein die Entschlossenheit über den Erfolg. Kaum beugen sich die Wachen über den Leib des armen Francesco, mache ich einen großen Sprung wie eine Dogge. Zweien von ihnen schneide ich mit meinem Dolch den Hals durch, dann stürze ich mich auf den Dritten, der an der Tür stehen geblieben war. Verängstigt von meiner wilden Miene und dem Anblick meiner blutigen Dolchklinge weicht er zurück und fällt hintenüber. Ich springe über ihn hinweg und stürze mich ins Treppenhaus, wobei ich Euern Mann in den Händen der Wachen zurücklasse – wie viele es insgesamt waren, weiß ich nicht, aber es kam mir so vor, als wäre Vasari mit einem ganzen Bataillon angerückt. Draußen auf der Straße beginne ich sofort «Haltet den Mörder!» zu schreien, um ein Durcheinander auszulösen, das für meine Flucht günstig ist, mische mich unters Volk der ersten Morgenstunde und verschwinde wie ein Gespenst in den Gässchen.

So konnte ich auf wundersame Weise dem Bargello entgehen. Eine unglückliche Verkettung von widrigen Umständen hat verhindert, dass ich das Gemälde an mich nahm, und glaubt mir, das ist ein harter Schlag gegen meine Ehre, denn ich hatte mich Euch und der Königin von Frankreich gegenüber dafür starkgemacht – aber wie Ihr seht, ist es nicht meine Schuld. Es gab keine Möglichkeit, dass Euer Mann hätte mit mir fliehen können, außer man hätte alle umgebracht, aber Vasari ist am Leben; wäre er tot, so wäre diese Nachricht schon zu mir gedrungen. Bleibt zu hoffen, dass Euer Scoronconcolo das Zeitliche gesegnet hat oder, falls er festgenommen wurde, den Mund hält, sonst ist es um mich geschehen. Für alle Fälle halte ich mich bereit, aus der Stadt zu fliehen, aber aus Erfahrung weiß ich, dass Angst ein schlechter Ratgeber ist, und so habe ich beschlossen, abzuwarten und nichts zu tun, was die Aufmerksamkeit auf mich lenken könnte; ich bin mir einigermaßen sicher, dass Vasari mich im Eifer des Gefechts nicht erkannt hat, denn meine Bewegungen waren zu schnell für das menschliche Auge.

132. Giorgio Vasari an Michelangelo Buonarroti

Florenz, den 2. Mai 1557

Ungelogen zehnmal habe ich Borghini meine Geschichte erzählt, noch immer kann ich kaum begreifen, was mir da passiert ist, und er noch weniger: Mit offenem Mund hört er mir zu und nimmt mich in den Arm. Vincenzo ist zwar ein Freund von mir, aber er ist kein Maler. Und mir zittert noch immer die Hand, die Schulter tut mir weh, meine Wange brennt, aber Euch will ich doch die unglaublichen Ereignisse von heute Morgen berichten, Euch, dem Gesandten Gottes auf Erden, mit allen Tugenden begabt, auch der des Zuhörens, also des Sehens aus der Ferne. Der Herzog wird noch etwas auf seinen Bericht warten müssen. Um selber klarer zu sehen, muss ich mein schier unglaubliches Abenteuer Euch erzählen in allen Einzelheiten, so als zeichnete ich es mit feinstem Strich.

Immer wieder sieht man himmlische Einflüsse, die die wertvollsten Gaben herniederregnen lassen auf bestimmte Menschen wie Euch, mein göttlicher Meister, Universalgenie, wie es in einem Jahrhundert kaum ein zweites gibt. (Und auch der großartige Leonardo reicht nicht an Euch heran, denn er hatte weder Eure durchtriebene Frömmigkeit noch Eure bildhauerische Begabung.) Aber der treuwachende Herr im Himmel, der Euch gesandt hat, um uns hienieden durch Eure Augen und Hände die Schönheit der Welt zu weisen und uns in der ergreifenden Betrachtung Eurer Werke eine Vorstellung für die Tiefe unserer Seele zu schenken, hat nicht verabsäumt, gelegentlich, wenn auch in ebenso übernatürlicher Weise, Menschen wie mich an seiner unermesslichen Gnade teilhaben zu lassen. Ein Beweis dafür ist mir der heutige Morgen, an dem ich mich ohne göttliches Eingreifen den drei, wahrscheinlich vier Männern hinzugesellt hätte, die nun den ewigen Schlaf schlafen.

Im Morgengrauen also ging ich zu Francesco Ubertini, genannt Bacchiacca, den Ihr vielleicht noch erinnert: ein Schüler von Pietro Perugino, sehr geschickt in der Darstellung kleiner Figuren, mit einem Sinn fürs Groteske, was wohl der Grund dafür ist, dass Herzog Cosimo ihn häufig mit der Ausschmückung seines Mobiliars beauftragt. Eine Probe seines Könnens ist in San Lorenzo zu sehen, am Märtyrerfries, und an einem anderen Fries in der Kapelle des Gekreuzigten, aber das machte ihn in meinen Augen noch nicht des Mordes an Pontormo verdächtig – dazu hätte es mehr bedurft! –, denn auch wenn Bacchiacca an einem anderen Ort und in einem anderen Jahrhundert den ersten Rang eingenommen hätte, war er doch in unseren Tagen nur ein Künstler unter mehreren, die in der Menge kaum auffielen, und verfügte nicht über die Fähigkeiten, das Fresko in San Lorenzo identisch wiederherzustellen. Das glaubte ich jedenfalls. Außerdem sollte ich ihn nur aufsuchen, um den Wünschen des Herzogs zu willfahren und ihm das Gefühl zu geben, dass wir keine Spur unberücksichtigt ließen. In der festen Überzeugung, dass Bacchiacca nichts mit der Sache zu tun hat, nahm ich bloß zwei Wachmänner mit, was genügen sollte, seine Werkstatt zu durchsuchen, denn es ging uns ja immer noch vor allem darum, das verschwundene Gemälde wiederzufinden.

Als wir nun bei ihm zu Hause ankamen, hörten wir einen eigenartigen Lärm, wie wenn eine Kiste auf den

Boden fiel, und fanden die Tür offen. Wir folgten seinem Röcheln und fanden Francesco im Todeskampf, einen Dolch in der Brust. Doch wie ich mich über ihn beuge, um ihm zu helfen, höre ich eine zweite Klinge durch die Luft pfeifen, die in den Rücken eines meiner beiden Wachmänner eindringt. Vor meinen Augen fällt er tot um. Ich habe kaum Zeit aufzublicken, um zu erfassen, woher der Angriff kam, da kommt eine dritte Klinge, schrammt mir über die Wange und bohrt sich in ein Gemälde, das einen jungen Lautenspieler darstellt vor einem verschneiten Gebirge in *sfumato* und Pferden, die eine Cupido-Statue ziehen. Kleiner Cupido, konntest du mir nicht deinen Bogen leihen? Der zweite Wachmann und ich erkennen, dass wir in Lebensgefahr sind, und werfen uns hinter einen Stapel Bilder. Da hören wir aus einer anderen Ecke der Werkstatt den Schritt eines Mannes, der zur Tür stürzt. Der Wachmann rappelt sich hoch, um ihn festzuhalten, und zielt auf ihn mit seiner Armbrust, doch von dort, wo wir den ersten Hieb bekommen hatten, empfängt nun er einen Dolchstoß, mitten in die Gurgel. Ich sehe noch jemanden flüchten, ich höre ihn die Treppe hinunterrennen, wahrscheinlich ein Spitzel, ein kleines Licht wohl, verschreckt von dieser Wendung der Dinge, aber ich erkenne auch, dass der Mörder, der gerade drei Männer umgebracht hat, noch in der Werkstatt hockt und dass gleich ich sein nächstes Opfer werde.

Mein letztes Stündlein hat geschlagen; was ich nun hinter meiner zufälligen Deckung höre, lässt keinen Zweifel mehr: Ein schwerer Schritt bewegt sich durch die Werkstatt, langsam, drohend. Die Hand des toten Wachmannes neben mir umklammert noch seine Armbrust. Ich möchte sie nehmen, aber die Faust bleibt geschlossen. Die Finger muss ich einzeln wegbiegen, nur der Daumen widersteht, so reiße ich ihm den Handschuh ab und bekomme die Waffe endlich zu fassen. Ohne Überlegen springe ich auf und will schießen, aber das Gerät hat sein Gewicht, und da ich nie zuvor mit so etwas hantiert hatte, rutscht mir der Bolzen aus der Führung, und ich stehe verdutzt einem Riesen gegenüber, dessen ausgemergeltes Gesicht mit Bartstoppeln, einer Narbe unter dem Auge und einer von einem zurückliegenden Nasenbeinbruch völlig platten Nase mir vollkommen unbekannt ist. Ich habe kaum Zeit, den Schein einer Flamme wahrzunehmen, da höre ich schon das Knistern der Lunte und gleich darauf eine Explosion; ein brennender Schmerz in der Schulter, die Beine knicken mir ein, und ich finde mich hinter dem Stoß Bilder wieder, die mir als Schutzschild dienten; doch während ich zurückkippe, stoße ich diese schwankende Pyramide um, und da sehe – sehe! – ich das Gesicht von Signorina Maria über dem entblößten Hals unserer Venus. Hatte demnach Bacchiacca (den ich immer noch sanft röcheln hörte) das Gemälde aus dem Vestibül gestohlen? Aber wie hatte er es denn aus dem Palazzo schaffen können?

Es blieb mir kaum Zeit, mich darüber zu wundern, denn ich hörte den Mörder schon seine winzige Hakenbüchse mit Pulver stopfen. Da der Mann wusste, dass er entdeckt war, traf er keinerlei Vorkehrungen mehr, sein Tun zu verbergen. Er wusste, dass ich allein war, allerdings mit einer Armbrust bewaffnet, und auch wenn er meine erbärmliche Ungeschicklichkeit hätte bemerken können, wollte er wohl jedes Risiko vermeiden und mich mit einem Schuss erledigen. Wieder das Knistern der Lunte. Von welcher Seite würde er kommen? Oder würde er mit einem Schritt über den Bilderstapel steigen und über mich herfallen? Ich durfte die Antwort nicht abwarten, sonst drohte mir der sofortige Tod. Ich hatte ein heftiges Ziehen in der Schulter, und mir war schwindlig, aber es gelang mir, den Bolzen aufzuheben und in die Armbrust zu schieben. Glücklicherweise fiel mir eine Skizze von Leonardo ein, die ich früher einmal gesehen hatte: Ich wusste, dass man die Schnur straffen muss, um die Mechanik zu spannen, was mir mit schier übermenschlicher Anstrengung auch gelang. Das Folgende ereignete sich blitzartig, auch wenn es mir vorkam wie hundert oder gar zweihundert Jahre. Halb liegend tauchte ich, die Waffe am ausgestreckten Arm haltend, aus meinem Versteck auf. Ich sah, wie der Mann die seine auf mich richtete, blickte in das schwarze Auge des Laufs und nahm wahr, wie die Lunte aufbrannte. Und genau in diesem Augenblick ereignete sich das übernatürliche Schauspiel: Der Mann, der mich bedrohte, das Zimmer um ihn herum, die Zeichnungen, das Mobiliar, die Rahmen an den Wänden, die Leinwände, die Gestelle, die Staffeleien, die Farbkleckse am Boden, der eine tote Wachmann vorne, der andere im Hintergrund, Bacchiacca im Sterben (ich hörte sein Röcheln nicht mehr, und auch sonst nichts), all das kam mir vor wie ein makellos komponiertes Gemälde. Aber das ist noch nicht alles: Ich sah Linien sich im Raum abzeichnen, die ein vollkommenes geometrisches Gitter bildeten, und ich erkannte das Alberti-Schema wieder, die Pyramide aus Strahlen, die alle auf einen Punkt zulaufen. Vor meinen Augen nahmen die Gesetze der Perspektive Gestalt an, so präzise, als hätte ich sie selbst mit dem Lineal gezeichnet; ich erfasste die Oberfläche der Dinge, denn was ich da mit Tiefenschärfe sah, war nicht mehr die Wirklichkeit, oder vielmehr: doch!, aber ich sah sie wie durch die *camera obscura* des Signor Brunelleschi – sein Name sei für alle Zeiten gepriesen! –, und so erschien mir die Welt eine Sekunde lang wie eine glatte Oberfläche, geschickt mit Kästchen überzogen, in der bestechenden Klarheit jener Theorie, die uns von den größten Talenten enthüllt wurde, von Brunelleschi, Alberti, Masaccio; seid gerühmt, denn ihr seid die Zierde der unsterblichen Toskana. Und so, während der Mann das Feuer auf mich eröffnete, denn die Lunte war, wie gesagt, kurz davor, ganz aufzubrennen (auch das nahm ich glasklar wahr), sah ich – sah ich! – den Fluchtpunkt auf seine Stirn gezeichnet wie von Alberti selbst und sprach mir mit dem Aufsagen der Worte des großen Meisters Mut zu: «Umsonst spannst du den Bogen, wenn du noch nicht weißt, wohin du den Pfeil lenken willst!» – und ich wusste, wusste es in diesem Augenblick! –, ich löste meinen Schuss aus, und der Bolzen aus meiner Armbrust folgte einer makellosen Flugbahn, die mein Geist *kalkuliert* und die eine unsichtbare Hand in die Luft gezeichnet hatte, und bohrte sich ihm *exakt* zwischen die beiden Augen. Er taumelte rückwärts, sein Schuss ging ins Leere, und für mich war es, als weckte mich die Explosion aus einem langen Sekundentraum.

Aber ich hatte nicht geträumt. Ich hatte mich an die Perspektive *erinnert*. Und daher noch etwas, was ich Euch, verehrter Meister, vortragen möchte. Haben wir in unserem Durst nach einer neuen Malweise, mit der sich die Vollendung, zu der unsere Väter gelangt sind, übertreffen oder zumindest umgehen lässt – wobei Ihr, Raffael und Leonardo zu dritt die Genies der vergangenen Jahrhunderte in den Rang von Vorläufern verwiesen habt, die Euern Auftritt erst vorbereiteten, die Genealogie toskanischer Propheten von Giotto bis Botticelli, bevor die Heilige Dreifaltigkeit auftrat –, haben wir bei alldem nicht aus dem Auge verloren, was genau das Entscheidende dieser Vollendung war? Nicht dass wir das nicht wussten: Wir alle haben ja Albertis Theorie durchgenommen. Doch nach und nach haben wir alle – del Sarto, Rosso, Beccafumi, Salviati, Pontormo, Bronzino und übrigens auch Ihr selbst und Eure römischen Freunde – den Wunsch gehabt, uns von ihr frei zu machen, haben sie vernachlässigt und verachtet. Und begonnen, die Leiber in die Länge zu ziehen und im Raum schweben zu lassen, unsere Verkürzungen zu strecken, unsere Landschaften wie Träume auszubauen und die Wirklichkeit zu verbiegen, anstatt sie nach mathematischen Prinzipien einzuteilen, die uns allzu karg vorkamen. Ordnung und Symmetrie sind uns unerträglich geworden. Unsere großen Ahnen – Brunelleschi, Masaccio, Uccello – haben wir nie verleugnet, aber während wir ihnen weiterhin Respekt zollten, haben wir sie doch links liegen lassen, so wie man schwerhörige alte Männer, die nicht mehr ganz bei Sinnen sind, bei festlichen Anlässen ans Ende der Tafel setzt, wo die anderen Gäste nur bei der Begrüßung ein paar leere Höflichkeitsfloskeln an sie richten und während des Essens nicht mehr an sie denken, ohne sich bewusst zu machen, dass es ohne sie keine Speisen, keinen Wein, kein Festmahl gäbe. Ohne sie säße auch niemand am Tisch, nicht wahr?

Heute, da er mir das Leben gerettet hat, fühle ich

mich undankbar, dass ich einmal geschrieben habe, Paolo Uccello habe sich mit seinen Forschungen zur Perspektive die Begabung und die Gesundheit ruiniert. Und wie grausam kommt mir Donatello vor, der sich über seinen Freund lustig machte mit Zwischenrufen und Gelächter: «He, Paolo! Du mit deiner Perspektive opferst das Gewisse dem Ungewissen. All das hilft nur den Intarsienmeistern!» Inzwischen glaube ich genau das Gegenteil. Es gibt nichts Gewisseres als die Perspektive, nichts Wesentlicheres, nichts Ewigeres. Sie, sie allein hat, mehr als alle Schlachten und alle Dichtungen und alle Abhandlungen von Machiavelli oder Castiglione, unsere Toskana unsterblich gemacht mit dem Ergebnis, dass von uns in Jahrhunderten und Aberjahrhunderten, von China bis Amerika noch die Rede sein wird. «Oh, was für eine liebliche Sache ist doch die Perspektive!», begeisterte sich Signor Uccello über seine Studierstube, in der er arbeitete, wenn seine Frau ihn mitten in der Nacht rief. Und wahrlich, wenn sie für ihn lieblich war, so war sie denen nicht weniger nützlich, die sich dank seiner nach ihm darin geübt haben. Das alles hat mir mein Missgeschick heute Morgen wieder ins Bewusstsein gerufen, und daran wollte ich Euch teilhaben lassen. Verzeiht Euerm Freund, verehrter Meister, diese vom Fieber diktierte Herzensergießung.

133. Vincenzo Borghini an Giorgio Vasari

Florenz, den 5. Mai 1557

Nach der schrecklichen Gefahr, der Ihr durch ein Wunder entronnen seid, und ungeachtet der Leichen, die sich um uns herum anhäufen, oder eigentlich genau wegen all des Mordens, das bei den Leuten Eurer Zunft grassiert, kann ich Euch nur dringend raten, Eure ganzen Baustellen im Palazzo Vecchio, im Palazzo Pitti und sonst wo ruhen zu lassen und Euch etwas Ruhe zu gönnen in Eurer Wohnung in Arezzo.

Leider obliegt es Euch, dieses verrückte Durcheinander zu entwirren, zu dem, wie ich befürchten muss, mein Lieber, auch ich mein Teil beigetragen habe: hier ein Brief, den Bronzino nach Rom geschickt hat und den der herzogliche Geheimdienst abgefangen und mir während Eurer Abwesenheit ausgehändigt hat. Ich lasse Euch Zeit, das nach Eurer Rückkehr in den Palazzo zur Kenntnis zu nehmen, denn zur Stunde haben Eure Nerven etwas Ruhe nötig, nachdem Ihr dem Tode so nahe wart, und auf keinen Fall will ich Eure Erholung stören mit Erkenntnissen, die ein neues – wenn auch einigermaßen diffuses – Licht auf unsere Ermittlungen werfen. Kurz gesagt erfährt man darin, dass Bronzino den Handwerker Moro versteckt und seine Flucht ermöglicht hat, aber, so überraschend das auch sein mag, ich glaube nicht, dass es das Wesentliche ist. Dieser Brief ist in der Tat aufschlussreich, und ich gestehe, dass mir bei der Lektüre schwindlig wurde. Sagt mir, ob Ihr dasselbe daraus lest wie ich.

134. Agnolo Bronzino an Michelangelo Buonarroti

Florenz, den 4. Mai 1557

Wenn Ihr, verehrter Meister, diese Zeilen in Händen haltet, ist mein Sandrino bereits unterwegs nach Rom, wo er ganz gewiss sicherer ist als hier. Ich weiß, unter was für einem Joch der Papst Euch ächzen lässt, ich weiß um die tausend Schikanen, die er Euch in den Weg legt, aber zumindest seid Ihr noch nicht vom Galgen oder vom Scheiterhaufen bedroht.

Euch ist es zu verdanken, dass Sandro die Stadt über denselben geheimen Weg verlassen konnte, den uns zu offenbaren Ihr bereits die Güte hattet, um die Flucht des Handwerkers zu ermöglichen. Und sosehr mir das Herz schwer ist von seinem Abschied, so leicht wird es mir bei dem Gedanken, dass jede weitere Meile, die sich zwischen Sandro und Florenz legt, sich auch zwischen ihn und den Wahnsinn legt, der diese verfluchte Stadt zu seiner neuen Heimstatt erkoren hat. Vorgestern wurde Bacchiacca tot aufgefunden. Es heißt, Vasari habe ihn umgebracht.

Sandro ist in der Nacht aufgebrochen, mit einer Geldbörse, die ich ihm gegeben habe, als einzigem Gepäck, und ein paar Pinseln, nicht einmal ein Pferd hat er. Nicht Gott vertraue ich den an, der mir mehr bedeutet als ein Sohn, sondern Euch, Meister, denn ich kenne Euer gutes Herz, und ich habe mir sagen lassen, dass der junge Mann bei seinem vorigen römischen Aufenthalt durch seine empfindsame Art Eure Sympathie wecken konnte. Außerdem vermute ich, dass seine vielversprechende Kunstfertigkeit Euch für ihn eingenommen hat. Überhaupt gibt es niemanden auf Erden, den er mehr als Euch bewundert, nicht einmal mich. So wage ich die Annahme, dass Ihr ihm Eure Freundschaft und, noch wichtiger, Eure schützende Hand nicht verweigert. Hier spricht ein Verzweifelter zu Euch: Nehmt Euch seiner an. Rettet meinen Schüler, verehrter Meister. Er ist mein ganzes Erbe, und insofern auch das Eure.

135. Giorgio Vasari an Vincenzo Borghini

Florenz, den 6. Mai 1557

Wo seid Ihr, mein Freund? Ich hätte Euch so gerne im Palazzo angetroffen, fand dort aber nur Eure Botschaft vor. Bronzinos Brief habe ich gelesen, und ich glaube zu verstehen, was sich in Euerm Kopf abspielt, wo es fiebriger zugeht als in meinem: «Demnach hat der, den man in Rom wähnte, vielleicht *die Gelegenheit* gehabt, Pontormo umzubringen, denn er hatte *die Möglichkeit*, in die Stadt zu kommen, ohne durch die Stadttore zu müssen, also von niemandem bemerkt.» Aber, Vincenzo, das kann doch nicht sein. Der große Michelangelo hätte doch nicht länger als einen Tag fort sein können, ohne dass man sich beunruhigte. Nun hätte er aber mindestens zwei Tage gebraucht, um die zweihundert Meilen zu durchmessen, die ihn von Florenz trennen, und dann wieder zurück nach Rom. Und diese Annahme gilt nur für einen robusten Mann in den besten Jahren und bei guter Gesundheit, er aber ist ein ehrwürdiger Greis von zweiundachtzig, der seit fünfundzwanzig Jahren keinen Fuß mehr in seine Geburtsstadt gesetzt hat und der sich obendrein in seinen

Briefen seit vielen Jahren über die eigene Hinfälligkeit beklagt. Er bräuchte dafür eine ganze Woche!

Ich lasse diesen Brief zu den Innocenti bringen in der Hoffnung, dass Ihr, egal, was für Geschäfte Euch festhalten, Euch freimachen und Euch mit mir treffen könnt.

136. Vincenzo Borghini an Giorgio Vasari

Florenz, den 6. Mai 1557

Ehrlich gesagt bereiten mir Eure Nonnen von Arezzo einiges Kopfzerbrechen: Stellt Euch vor, sie klagen über die Enge der Zellen, die sie zu mehreren nutzen müssen, weil wir nicht genügend Plätze haben. Dachten sie etwa, sie seien Herbergsgäste? Überhaupt nehmen sie alles zum Anlass, ihren Widerspruchsgeist zu proben, bis hin zur Weinration, die sie im Refektorium unentgeltlich kredenzt bekommen und die sie für unzureichend halten. Und jetzt verlangen sie auch noch eine Wand, an der sie sich dem Jeu de Paume widmen können, was wohl in Siena die Beschäftigung ihrer Mußestunden war! Diesen Beginn eines Aufstands will ich im Keim ersticken, bevor sich das im ganzen Waisenhaus ausbreitet, und aus diesem Grund kann ich mich nicht sogleich in den Palazzo begeben; allerdings ist das, was uns hier beschäftigt, zu wichtig, als dass ich Euch bis heute Abend (denn ich treffe Euch in der Schenke an, nicht wahr?) ohne Antwort lassen könnte, und so nehme ich mir kurz die Zeit, diese Nachricht an Euch zu kritzeln.

Nichts liegt mir ferner als Verdächtigungen, und Ihr,

Signor Giorgio, bringt mich erst auf Gedanken, auf die ich nie gekommen wäre. Wer könnte sich vorstellen, dass unser Universalgenie, das der Herr des Himmels außer mit all den anderen Begabungen auch mit wahrhaft moralischer Haltung, verschönert durch sanfte Poesie, ausgestattet hat, so dass die Welt ihn als ihren einzigartigen Spiegel ansieht und bewundert, zu einem solch schrecklichen Verbrechen in der Lage wäre?

Da wir indessen, gemäß Euern eigenen Regeln, alle Denkbarkeiten mit kühler Logik in Betracht ziehen müssen, kommt mir in den Sinn, was ich neulich in der Schenke gehört habe: Als seinerzeit Lorenzo il Magnifico krank wurde und am Rande des Todes war, drängten sich natürlich seine Freunde an seinem Bett und ebenso eine Vielzahl von Höflingen, darunter ein gewisser Aldobrandino, der sich rühmte, in sieben und einer halben Stunde aus Rom herbeigekommen zu sein. Damals machte man sich über ihn lustig und verbuchte diese Prahlerei unter höfischer Anbiederung. Aber offenbar wollte der Mann nie davon abrücken. Und mir, der ich gewiss wenig weiß über die Reitkunst, denn ich kann allenfalls zwanzig Meilen auf meinem Esel zurücklegen, mir scheint es zumindest rechnerisch nicht ausgeschlossen, die Entfernung zwischen den beiden Städten in so kurzer Zeit zurückzulegen.

Wenn man also die Geschichte dieses Aldobrandino für wahr hält, dann wird in unserem Fall das Unmögliche *theoretisch* möglich: in acht Stunden von Rom nach Florenz zu gelangen. Acht Stunden, um in San Lorenzo einzudringen, Pontormo umzubringen und sein Fresko zu übermalen, einschließlich des Aufziehens von frischem Putz. Und acht Stunden für den Rückweg nach Rom. Ihr habt also doch recht! Das Ganze ist natürlich reine Spekulation, denn es würde voraussetzen, dass ein solcher Ausflug ohne auch nur eine einzige Minute des Ausruhens vollzogen würde, was bereits für einen jungen Mann wie Aldobrandino unwahrscheinlich war – und bei ihm war ja vom Rückweg noch gar nicht die Rede –, erst recht also für einen ehrenwerten Greis wie Signor Buonarroti, selbst wenn er Gottes Gesandter auf Erden wäre (was er offenbar Eurer Überzeugung nach ist).

137. Giorgio Vasari an Cosimo de' Medici, Herzog von Florenz

Florenz, den 8. Mai 1557

Ich werde Eurer Exzellenz nichts sagen, was über das hinausgeht, was ich weiß und sagen kann, jedoch werde ich Euch, der Wahrheit verpflichtet und nichts als der Wahrheit, mitteilen, was ich für gewiss halte, und gelegentlich auch, was ich für wahr halte, ohne in jedem Fall absolut sicher zu sein, denn es ist fast unmöglich, in einer so verwickelten Angelegenheit jeglichen Irrtum auszuschließen.

Erstens, das Gemälde ist vernichtet worden, gemäß dem Wunsch Eurer Durchlaucht.

Zweitens, Signor Francesco Ubertini, genannt Bacchiacca, bei dem das Gemälde gefunden wurde, schwebt immer noch zwischen Leben und Tod und konnte nicht vernommen werden. Jedenfalls ist erwiesen, dass Bacchiacca fast täglich im Vestibül Eurer Exzellenz tätig war, wo ich selbst ihn häufig antraf und wo mehrere Zeugen behaupten, ihn bei verschiedensten Gelegenheiten allein gelassen zu haben; daraus erhellt, dass man ihn mit Fug und Recht für den Dieb des Gemäldes halten kann, wobei er eine List anwandte, die wir noch nicht aufgeklärt haben.

Drittens, die Identität des Angreifers, der die beiden Wachmänner getötet hat, ist weiterhin unbekannt, aber seine Kleidung und seine Fähigkeit im Umgang mit den Waffen legen nahe, dass es sich um einen Söldner, einen Soldaten oder Deserteur handelt, vielleicht auch um einen Berufsmörder. Sein Begleiter hat keine Spur hinterlassen, doch die Tatsache, dass er flüchtete und seinen Mittäter zurückließ in einem Augenblick, wo die beiden realistische Aussicht darauf hatten, im Kräftespiel die Oberhand zu erlangen, lässt vermuten, dass sie nicht Mannschaftskameraden waren und sich kaum kannten, jedenfalls wohl noch nicht lange.

Viertens ist das Gemälde tatsächlich das Werk von Pontormo, und von keinem anderen. Seine Motive bleiben im Dunkeln, scheinen aber mit einer Art Verbitterung zusammenzuhängen, die er wohl gegenüber Eurer Exzellenz entwickelt hat, womit er seinem Herrn und Wohltäter wenig Dankbarkeit bezeigt. Außerdem war der alte Maler nicht mehr ganz bei Sinnen, und aus seiner Umgebung war übereinstimmend zu hören, dass er geistig abbaute, was sich in wachsendem Grimm gegen alle und jeden niederschlug. Allerdings scheint Pontormo nicht die Absicht gehegt zu haben, Eurer Exzellenz zu schaden, indem er das Gemälde herumzeigte, sondern hielt diese Ausgeburt der Frechheit in seiner Werkstatt versteckt. Das gilt wohl nicht in gleicher Weise für Bacchiacca. Warum, für wen hat er sich die Mühe gemacht, das Gemälde zu stehlen?

Die wahrscheinlichste Annahme ist die Eurer republikanischen Feinde, ganz gleich, ob sie von den *fuorusciti* draußen geschickt wurden oder sich in der Stadt heimlich zusammengerottet haben. (Welch letztere Annahme wenig wahrscheinlich ist, versteht es doch die sprichwörtliche Großmut Eurer Durchlaucht schon seit langem, die Herzen aller Florentiner zu gewinnen; die logische Strenge gebietet mir jedoch, auch diese Möglichkeit zu erwähnen.)

Waren es diese, die Pontormo getötet haben? Nichts erlaubt, dies zu behaupten, denn die Annahme einer republikanischen Verschwörung würde nicht erklären, warum das Fresko in San Lorenzo übermalt wurde. Was diesen Aspekt des Rätsels angeht, so kann ich Euch zumindest versichern, dass Bronzino außer Verdacht ist, ebenso wie sein Lehrling Allori. Uns bleibt zu hoffen, dass Bacchiacca sich so weit von seinen Verletzungen erholt, damit man ihn vernehmen kann; im Augenblick ist er mehr tot als lebendig. In der Zwischenzeit muss ich eine andere Spur verfolgen, die Signor Borghini in seiner gewohnt entsagungsvollen Art uns aufzunehmen gestattet hat.

138. Cosimo de' Medici, Herzog von Florenz, an Giorgio Vasari

Florenz, den 9. Mai 1557

Du hast Dir wahrlich eine Ruhepause verdient, mein guter Giorgio, und ich verordne Dir ein paar Tage in Deinem Haus in Arezzo. Ich weiß, mit wie viel Liebe Du an seiner

Verschönerung arbeitest, indem Du es mit Ölgemälden und Fresken schmückst. Jetzt kannst Du einmal etwas für Dich tun, und nicht für Florenz. Nimm Deine Frau mit, kuriere Deine Verletzungen, male schöne Lünetten und hübsche Kreisornamente über die Türen, und dann komm, ganz wiederhergestellt, zu uns zurück.

Dann ist es immer noch nicht zu spät, die letzten dunklen Stellen in dieser Sache ans Licht zu holen. Fürs Erste sollst Du wissen, dass ich sehr zufrieden bin, nimm also meinen Dank: Du hast mir meine Tochter wiedergebracht, Du hast das Gemälde wiedergefunden, das eine Beleidigung meiner Familie ohnegleichen darstellt, Du hast den Dieb gefunden, Du hast mehrere Verschwörungen gegen das Herzogtum Toskana aufgedeckt, die savonarolistischen Nonnen zur Vernunft gebracht, einen Aufstand der neuen Ciompi im Keim erstickt und sogar einen Mörder liquidiert, den mir meine *fuorusciti*-Feinde geschickt haben (denn ich bin mir sicher, dass man, wenn man ein bisschen an der Oberfläche der Verschwörung kratzt, ohne viel Mühe auf den Hundling Strozzi stößt). Dank Deiner ist nun allseits bekannt, was der Preis dafür ist, meine Autorität herauszufordern. Es bleibt nur noch, zu guter Letzt den Mörder von Pontormo zu finden – aber meine Meinung dazu steht fest: Ich bin der Überzeugung, dass es Bacchiacca ist, alles deutet darauf hin.

139. Agnolo Bronzino an Sandro Allori

Florenz, den 10. Mai 1557

Sandrino, ich hatte nicht so sehr auf Vasaris Großzügigkeit gerechnet wie darauf, dass er seine wohlverstandenen Interessen wahrt. Was hätte er gewinnen können, wenn er den verleumderischen Anklagen eines anonymen Zeugen Glauben geschenkt hätte? Der Mann ist nicht blöd, und der Herzog hat ihm nicht aufgetragen, einen Sodomiter zu jagen, sondern jemanden zu finden, der einen Maler umgebracht hat. Aus dieser Überlegung heraus habe ich so getan, als legte ich mein und Dein Schicksal in seine Hände. Seine Zurückhaltung hat ihn nichts gekostet und wirkt sogar vornehm, was seiner Eitelkeit entgegenkommen mochte (denn daran mangelt es ihm nicht, so bescheiden er sich auch gibt), und aus diesem Grund schien er sich zunächst gerne dafür zu entscheiden.

Unglücklicherweise hat sich die Lage inzwischen geändert. Vasari ist im Besitz eines Briefs, in dem ich unvorsichtigerweise zugegeben habe, dass ich dem Handwerker zur Flucht verholfen habe, und das ist heute etwas völlig anderes, denn obzwar der Herzog in seinem Bestreben, sich dem neuen Zeitgeist anzupassen, und den von ihm selbst erlassenen Gesetzen zum Trotz keine Lust hat, sich über die Anzahl der Sodomiter an seinem Hof ein Bild zu machen, genügt doch bereits die Erwähnung eines möglichen Volksaufstands, ihn in Abgründe von Angst und Zorn zu stoßen. Die Sodomiter, wenn's sein muss; aber die Ciompi um keinen Preis. Ein Fürst, der seinen Machiavelli gelesen hat, weiß immer, wen er gewähren lassen kann und wen er fürchten muss.

Vasari hat mich nicht beim Herzog denunziert, aber im Gegenzug zu seinem Schweigen fordert er einige Fakten über Michelangelo, die nur Du für mich herausfinden kannst. Du musst mir sagen, ob der Meister zwischen dem 30. Dezember und dem 3. Januar in Rom war, was er dort tat und wen er getroffen hat – wenn ich das nicht liefern kann, übernachte ich demnächst im Bargello. Du ahnst, wie schwer es mir fällt, Dich nach solch einer scheinbaren Nichtigkeit fragen zu müssen, aber Vasari hat mir den Brief gezeigt, und der bedrückt mich schwer.

140. Sandro Allori an Agnolo Bronzino

Rom, den 17. Mai 1557

Du weißt, dass ich Dir zuliebe die Sixtinische Kapelle von oben bis unten neu ausmalen würde, und worum Du mich gebeten hast, ist wirklich nicht viel verlangt. Michelangelo ähnelt hier unserem Jacopo in Florenz: jähzornig, eigenbrötlerisch, aber umgeben von Freunden, und immerzu verabredet. Sein Ansehen ist unvermindert hoch, trotz seines Alters und der für ihn ungünstigen Bestimmungen des Papstes, so dass alle, die die Ehre hatten, sich genau an Datum und Umstände der Begegnungen mit dem Meister erinnern. Es war daher nicht sehr schwierig, seinen Zeitplan zu rekonstruieren. Es bedurfte nur ein wenig Geduld.

In der ersten Dezemberhälfte begab sich unser göttlicher Buonarroti mehrmals in die Berge bei Spoleto, wo er gerne durch die Wälder streift und die Gesellschaft der Einsiedler sucht, fern von all dem Treiben in Rom. Um den 15. oder 16. kam er von dort zurück und blieb bis Ende des Monats. Tag für Tag ging er in die Basilika, um an seiner Kuppel zu arbeiten, wahrlich eine Herkulesaufgabe, bei der wohl jeden anderen irgendwann der Mut verlassen hätte. Am 30. wurde er vom päpstlichen Kämmerer, Signor Pier Giovanni Aliotti, Bischof von Forli, empfangen, der ihm neue Schrecken einjagte, indem er ihm vom Plan Seiner Heiligkeit erzählte, die Fresken der Sixtinischen Kapelle vollständig zu überdecken, worüber er seinen beiden Freunden Signori Sebastiano del Piombo und Daniele da Volterra sein Leid klagte. Als er abends nach Hause kam, fand er Casciottakäse vor, den ihm die Witwe seines geschätzten Urbino geschickt hatte, deren Kinder seine Patenkinder sind und für deren Unterhalt er fast vollständig aufkommt, sowie einen Brief, der ihn in den Zustand einer selbst für sein cholerisches Temperament ungewöhnlichen Aufregung versetzt zu haben scheint. Diese Auskunft habe ich von den beiden Antonios, die sich seit Urbinos Tod um ihn kümmern; am 31. morgens hat er den Käse, den er für sein Leben gern isst, großzügig mit ihnen geteilt. Gegen neun wurde er nochmal gesehen, hoch zu Ross, auf dem Pferd, das ihm Paul III. damals geschenkt hat und das er heute nur noch bei seltenen Anlässen sattelt. An dem Tag wurde er auf der Baustelle in der Basilika nicht gesehen, aber das erstaunte niemanden, denn es kommt öfter vor, dass er tagelang keinen Fuß dorthin setzt, weil er mit anderen Arbeiten beschäftigt ist. Jedenfalls war er am nächsten Tag zur Zeit der Abendmesse wieder da, wo Signor Sebastiano Malenotti aus San Gimignano, sein Bauleiter im Petersdom, sich an einen Streit mit Signor Sallustio Peruzzi erinnert, dem päpstlichen Architekten, der den Baufortschritt zu inspizieren gekommen war. Signor Sebastiano hat mir versichert, dass derlei Wortwechsel nichts Außergewöhnliches seien. Meister Antonio allerdings, der Maurer, gibt diesem Streit die Schuld daran, dass Buonarroti die folgende Woche krank im Bett verbrachte und nichts anderes tat, als Sonette zu verfassen und über sein Schicksal zu jammern.

Ihr seht also, dass ich nicht untätig war, und um konkret auf Eure Frage zu antworten: Niemand scheint ihm am 31. ab dem späten Vormittag begegnet zu sein. Aber am nächsten Tag, gegen Abend, war er da.

141. Eleonora di Toledo, Herzogin von Florenz, an Cosimo de' Medici

Pisa, den 18. Mai 1557

Mein Freund, die Gesundheit Eurer Tochter zeitigt keine Besserung, sie isst fast gar nicht, was angesichts ihres Zustands eine Gefahr für sie und das Kind darstellt, sie bleibt den ganzen Tag im Bett in der jämmerlichen Verfassung, in der Ihr sie gesehen habt, und weint immerzu. Mit Mühe entlocke ich ihr drei Worte am Tag. Die Nachricht von der Vernichtung des Gemäldes scheint ihr gleichgültig zu sein. Warum nur habt Ihr nicht auf mich gehört? Man hätte das Gemälde sofort, als Ihr es gefunden hattet, verbrennen müssen! So hat es diesem Malatesti die Gelegenheit gegeben, Maria zu verführen, unter dem Vorwand, sie zu trösten angesichts der Beleidigung, deren Opfer sie geworden war. Meine arme Tochter, das unschuldige Opfer eines Verrückten, eines Undankbaren, den Ihr so viele Jahre lang verhätschelt habt. Da sieht man, wozu die Gulden gut waren, die Ihr kistenweise ausgegeben habt für all die Aufträge, die Florenz und die ganze Toskana Euerm Pontormo zukommen ließen! Dabei schändete er den Himmel mit seinen niederträchtigen Fresken, zog unsere Familie ins Lächerliche und beleidigte unsere Tochter mit diesem obszönen Gemälde. Mein einziger Trost ist, dass er in der Hölle braten wird zusammen mit all den nackten Leibern, auf die er so versessen war.

142. *Benvenuto Cellini an Piero Strozzi, Marschall von Frankreich*

Florenz, den 20. Mai 1557

Wenn ich den Nachrichten Glauben schenken soll, die bis hierher dringen, dann hat sich vor dem Heer des Prinzen von Lothringen nicht der Weg nach Neapel aufgetan, und die Spanier unter Führung des Herzogs von Alba haben Euch das Leben schwer gemacht. Aber Ihr seid am Leben, und das ist ein Glück. Euer Benvenuto ist es auch, und das ist ebenso ein Glück. Ich bedaure, dass ich Euch nicht dazu verhelfen konnte, auf dem Schlachtfeld zu siegen. Wer weiß? Wenn ich an Eurer Seite gewesen wäre, hätte ich Euch vielleicht mit einem Büchsenschuss Alba vom Leibe gehalten, wie ich es einst mit dem Bourbonen gemacht hatte.

Zu Vasaris Eindringen in Bacchiaccas Wohnung und

dem anschließenden Desaster durch den Fehler Eures Mannes fällt mir nur der Spruch ein, den unser verstorbener guter König Franz sagte, als er in Pavia in Gefangenschaft geriet: «*Tout est perdu fors l'honneur.*» (Solch Missgeschick und Nachruhm hat der Herzog von Florenz nicht zu befürchten, denn Cosimo ist vorsichtiger als unser Ritterkönig und vermeidet es klüglich, auf den Schlachtfeldern in Erscheinung zu treten.) Doch in Wirklichkeit ist vielleicht noch nicht alles verloren. Euer Mann ist gestorben und hatte keine Gelegenheit, meinen Namen herauszulassen, und der sterbende Bacchiacca ist auch nicht mehr in einem Zustand, das zu tun; so bleibt mir meine Bewegungsfreiheit erhalten. Wenn Gott, wie gewohnt, mit mir ist, werde ich wohl für Euch erlangen, was Ihr Euch wünscht.

Ich lasse diesen Brief nach Rom schicken, wo er Euch bei Eurer Rückkehr erwartet, denn ich zweifle nicht daran, dass Ihr wieder dort vorbeikommt, mit oder ohne Herzog Guise, von dem man sagt, sein Zorn gegen den Papst werde nie abkühlen.

143. Piero Strozzi, Marschall von Frankreich, an Catherine de Médicis, Königin von Frankreich

Rom, den 21. Mai 1557

Sollen sie doch verrecken, der Papst und seine intriganten Nepoten! Wir sind doch ganz schön ungerecht zum Schicksal, indem wir es gern für unsere Niederlagen verantwortlich machen, wo doch fast immer die Gründe in

Verrat zu suchen sind. Dieser Spaltpilz von Carafa ist uns ja nicht nur die versprochene Unterstützung schuldig geblieben und hat damit unsere Aussichten auf die Einnahme von Civitella gefährdet, was uns den Weg nach Neapel frei gemacht hätte, sondern Guise sieht es als gewiss an, dass dieser Arschkriecher heimlich, wenn auch vorerst erfolglos, mit den Spaniern unterhandelt, so dass der Heilige Vater, der dreißig Jahre nach dem Sacco di Roma eine neue Plünderung befürchtet, über seinen Schatten springen und uns anflehen wird, mit dem französischen Heer zum Schutz der Stadt Rom dazubleiben. Und das, nachdem uns Rom seine Unterstützung schmählich versagt hat, als wir so darauf angewiesen waren. Wenn man dann noch bedenkt, dass Süleymans Flotte, die die Küste vor Neapel verwüsten sollte, noch nicht einmal den Bosporus verlassen hat, wird deutlich, was für ein Ding der Unmöglichkeit Guise sich aufgehalst hat. Ich habe ihm das übrigens von Anfang an gesagt. Er hätte besser gegen Florenz ziehen sollen.

Was mich betrifft, so mache ich kehrt. Euerm Gemahl dem König werde ich ein paar Geiseln übergeben in der Hoffnung, dass ihm das recht ist. So Gott will, liebe Cousine, sehen wir uns in Bälde. Ich bedaure zutiefst, dass ich Euch nicht das Gemälde mitbringen kann, wie ich es versprochen hatte, denn auch hier haben sich die Dinge nicht im erhofften Sinne entwickelt. Allerdings bleibt wohl ein kleiner Hoffnungsschimmer, auf den ich nicht viel gebe, der uns aber nichts kostet: Warten wir einfach ab, bald erfahren wir, ob Cellini, dieser Teufelskerl, wirklich die Wunder wirken kann, wie er behauptet, oder ob er, wie Ihr annahmt, doch nur ein Hallodri ist.

144. Cosimo de' Medici, Herzog von Florenz, an Eleonora di Toledo

Florenz, den 27. Mai 1557

Wie geht es Maria? Gebt ihr zu essen, zwingt sie notfalls, denn sie muss so bald wie möglich wieder auf den Beinen sein, bevor ihr Zustand allzu sichtbar wird. Was ich noch sagen wollte: Ich schließe mich Eurer Meinung an. Wenn der Herzog von Este sie nicht mehr haben will für seinen verkorksten Sohn, was schert es uns! Wir finden einen anderen Mann für sie, einen besseren, denn die Lage zeigt sich neuerdings in allerbestem Licht. Die Nachrichten, die aus dem Königreich Neapel zu uns kommen, sind hervorragend, und das Verdienst daran hat Euer Onkel, gepriesen sei er! Der Herzog von Alba hat tatsächlich das französische Heer zu einem schmachvollen Rückzug gezwungen. Guise hat Asyl in Rom, Strozzi ist schon auf dem Weg nach Frankreich. Der Papst verhandelt heimlich mit Euerm Onkel, also der Spanischen Krone. Wenn die Franzosen endgültig aus Italien abgezogen sind, bleibt uns – von ihnen im Stich gelassen, isoliert und ohne Verteidigung – nichts anderes übrig, als uns König Philipp zu unterwerfen. Ihr habt immer gewollt, dass ich mich mit dem Papst gut stelle trotz seiner Feindseligkeit uns gegenüber, und ich bin froh, auf Euch gehört zu haben. Ich werde ihm beweisen, dass Florenz keinen Verstoß wider die guten Sitten zulässt und dass er in mir den treuesten Diener im Kampf gegen Ketzerei und Sittenverfall finden kann. So werde ich, dank Euerm weitblickenden Rat, von ihm den Segen erhalten, mir vom Kaiser den Titel des Königs von Toskana verleihen zu lassen. Und dann kann sich glücklich preisen, wer meine Tochter zur Frau genommen hat.

Seid geküsst, meine Königin, und Gott befohlen.

145. Giorgio Vasari an Vincenzo Borghini

Florenz, den 30. Mai 1557

Schaut mal, Vincenzo, nach unserer Diskussion habe ich noch einmal nachgerechnet

– Aufbruch in Rom im Morgengrauen.
– Ankunft in Florenz um 11 Uhr abends.
– Begegnung mit Pontormo, Streit, Handgemenge, Mord. Verputz. Übermalung.
– Aufbruch in Florenz vor Tagesanbruch, um 4 oder 5 Uhr früh.
– Ankunft in Rom gegen 5 Uhr, spätestens 6 Uhr nachmittags, denn zur Zeit der Vesper wurde er gesehen, wie er mit dem Kämmerer stritt.

Kein Pferd der Welt kann eine solche Entfernung in so kurzer Zeit zurücklegen. Ich werde schamrot bei dem Gedanken, dass ich in Betracht ziehen konnte, der Meister hätte sich einer so schrecklichen Tat schuldig gemacht, die seiner guten Natur und Gott selbst, dessen, jawohl, Gesandter auf Erden er ist, so zuwiderläuft. Unter keinen Umständen konnte Buonarroti in dieser Nacht in Florenz sein und am nächsten Tag in Rom. Ohne geflügeltes Pferd, ohne Pegasus ist das völlig ausgeschlossen.

146. Vincenzo Borghini an Giorgio Vasari

Florenz, den 30. Mai 1557

Ich kann Euch jetzt leider nicht aufsuchen, denn wieder werde ich in den Innocenti festgehalten, wo ich immer noch mit Euern Nonnen verhandeln muss, deren Forderungskatalog täglich anwächst wie das Auftragsbuch eines flämischen Gobelinknüpfers. Jetzt wollen sie auch noch im selben Refektorium speisen wie wir. Gott im Himmel, Signor Giorgio, was für ein Ei habt Ihr uns da ins Nest gelegt!

Bis heute Abend in der Schenke, wenn Gott mich heil aus all dem Schlamassel herauskommen lässt.

PS: Mit einem einzigen Pferd ist es in der Tat unmöglich.

147. Sandro Allori an Agnolo Bronzino

Rom, den 6. Juni 1557

Diesmal war es nicht leicht, aber ich glaube, ich habe die Information erhalten, um die Signor Vasari Dich gebeten hat.

Am vergangenen 31. Dezember hat sich Signor Michelangelo nach Orvieto begeben, offenbar einem plötzlichen Bedürfnis folgend, die unglaublichen Fresken von Signorelli wiederzusehen, die die Kathedrale dort zieren. Das hat er dem Maurer Antonio gestanden, der gegen Abend wegen seiner Abwesenheit beunruhigt war, und noch mehr am nächsten Morgen. Meister Antonio (so nennt er ihn, denn er empfindet tiefe Freundschaft zu ihm) erinnert sich daran, denn Michelangelo hatte ihn gebeten, diesen Ausflug nicht herumzuerzählen, damit der Papst ihm nicht würde vorwerfen können, er habe ohne seine Erlaubnis die Baustelle vom Petersdom verlassen. Indem er mir dies verriet (was mich viel Geduld, Schöntun und Wein gekostet hat) und weil ich weder die Absicht noch die Gelegenheit hatte, es dem Papst oder irgendeinem Kardinal in seiner Umgebung weiterzusagen, war sich der Maurer keines Verrats an seinem Freund bewusst. Dann aber sah ich ihn voller Reue, mir etwas erzählt zu haben, was er geheim halten musste, und er ließ mich schwören, dass ich mit niemandem darüber spräche. Ich habe ihm geschworen, dass ich niemals etwas machen wolle, das dem göttlichen Michelangelo schädlich sein könne. War das ein Fehler, Agnolo?

148. Giorgio Vasari an Michelangelo Buonarroti

Florenz, den 13. Juni 1557

Hochverehrter Michelangelo, meine Feder wiegt wie Blei, aber der Herzog ist mein Gebieter, und ich tue nichts anderes als die Wahrheit suchen. Ich flehe Euch an, verzeiht mir solch eine unverschämte Frage, die ich aber doch stellen muss: Wart Ihr in der Nacht vom 31. Dezember auf den 1. Januar in Florenz?

149. Michelangelo Buonarroti an Giorgio Vasari

Rom, den 21. Juni 1557

Mein lieber Freund Giorgio, Ihr könnt Euch nicht vorstellen, wie wenig Mühe mich dieser Brief kostet, den Ihr, so Gott will, bald in Händen haltet, und zugleich, wie sehr es mich erleichtert, ihn zu schreiben.

Ihr, die Ihr nicht vor den größten Aufträgen zurückschreckt und infolgedessen wisst, wie viel Leid und Angst uns unsere ehrgeizigen Projekte kosten, Ihr müsstet den Zustand tiefer Erschöpfung verstehen, in dem ich mich befinde, seit ich vor zehn Jahren die Baustelle des Petersdoms übernommen habe. Je mehr ich mich in diese Kuppel verbeiße, die mein Sorgenkind bleiben wird, desto mehr neige ich dazu, Euch Recht zu geben in dem, was sich Euch bei dem Missgeschick im Haus des unglücklichen Bacchiacca offenbarte: Brunelleschi ist das größte Genie, das Italien je hervorgebracht, das Europa je gekannt hat. Meine doppelschalige Kuppel hat sechzehn innere und sechzehn äußere Wandflächen, wie findet Ihr das! Kein Pappenstiel, nicht wahr? Und meine mag zwar stabiler sein als seine, aber ohne die hätte es meine nie gegeben, nicht einmal in meinen Träumen.

Glaubt mir, ich sehnte nur das Eine herbei: den Abschluss der Baustelle, dann nach Florenz zurückkehren und mich ausruhen, in guter Gesellschaft mit dem Tod, mit dem ich mich Tag und Nacht vertraut zu machen suche, damit er mich nicht schlechter behandelt als all die anderen Greise. Leider weiß ich inzwischen, dass dieser Wunsch nicht in Erfüllung gehen wird.

Wenn Brunelleschi die Gesetze der Perspektive entdeckt hat, so ist das wie Prometheus, der Gott das Feuer stahl, um es den Menschen zu bringen. Ihm ist es zu verdanken, dass wir Wände nicht mehr, wie damals Giotto mit seinen goldenen Fingern, illuminieren, sondern die Welt darauf abbilden konnten, so wie sie ist. Und auf diese Weise konnte sich der Maler Gott ebenbürtig fühlen: Nun konnten auch wir Wirklichkeit erschaffen. Und in der Folge haben wir, arme Sünder, die wir sind, versucht, unseren Herrn zu übertreffen. Wir konnten die Welt so getreu abbilden, als hätten wir sie selbst modelliert, aber das genügte nicht, unseren Schöpferdurst zu stillen, denn unserem künstlerischen Ehrgeiz war die neue Macht zu Kopfe gestiegen, und er kannte keine Grenze mehr. Wir wollten die Welt auf unsere Weise malen. Wir wollten nicht nur mit Gott in Konkurrenz treten, sondern sein Werk verändern, indem wir die Welt nach unserem Belieben neu zeichneten. Wir haben die Perspektive verzerrt, wir haben sie vernachlässigt, wir haben die Schachbretter unserer Vorgänger blank gerieben, um unsere Figuren frei schweben zu lassen, wir haben mit der Perspektive gespielt wie ein Hund mit seinem Ball, oder wie eine Katze den kleinen Körper eines Spatzen piesackt, den sie selbst getötet hat. Wir haben uns davon abgewandt. Wir haben sie geächtet. Aber wir haben sie nie vergessen.

Wie hätten wir sie vergessen können? Die Perspektive hat uns die Tiefe gegeben. Und die Tiefe hat uns die Tore zur Unendlichkeit geöffnet. Durchtriebenes Schauspiel. Jedes Mal, wenn ich daran denke, wie ich zum ersten Mal Masaccios Fresken in der Brancacci-Kapelle gesehen habe, überkommt mich ein Zittern. Was für eine wunderbare Kenntnis der Verkürzungen! Der aufrechte Mensch, endlich in voller Größe, hat seinen Platz im Raum gefunden, nimmt Einfluss, aus dem Paradies vertrieben, aber auf zwei Beinen stehend, in seiner ganzen sterblichen Wirklichkeit. Das Abbild der Unendlichkeit auf Erden – ohne dass die Einbildungskraft der Künstler in ein Korsett gezwungen würde – hat uns die Perspektivlehre ermöglicht. Gewiss, nur das Abbild … In Wirklichkeit konnten wir nicht behaupten, es Gott dem Schöpfer gleichzutun, aber wir konnten, besser als alle Prediger, sein Wort zwischen stummen Bildern oder Steinskulpturen weitertragen. Maler, Bildhauer, Architekten: Der Künstler ist ein Prophet, weil er mehr als die anderen die Vorstellung von Gott hat, die genau die Unendlichkeit ausmacht, dieses Unvorstellbare, Unbegreifliche. Und doch … Unvorstellbar gewiss, aber nicht undarstellbar. Die Perspektive erlaubt es, die Unendlichkeit zu sehen, zu verstehen, zu empfinden. Die Tiefe auf einer Ebene, die senkrecht die Achse des Sichtkegels schneidet: Hier lässt sich die Unendlichkeit mit den Händen greifen. Die Perspektive ist die Unendlichkeit in Reichweite von allem, was Augen hat. Die bloße Sinneswahrnehmung kannte nicht den Begriff der Unendlichkeit, konnte ihn nicht kennen, so glaubte man. Und nun, dank den Malern, die die optischen Effekte beherrschen, ist dieses Wunder wahr geworden: Man kann *jenseits* sehen. Dem Auge erlauben, Mauern zu durchdringen.

Dieses Gewölbe in Santa Maria Novella mit seinen perspektivisch gemalten Halbbögen, eingeteilt in Kassetten, die mit immer kleiner werdenden Rosetten verziert sind, wirkt so, als reiche es tief in die Mauer hinein: Trompe-l'Œil pur, reine Illusion, aber was für ein Wunder! Keiner kommt dahinter, der nichts von Geometrie versteht? Sei's drum, aber damit nicht genug! Ein Gemälde ist nicht nur, wie Alberti dachte, ein Fenster, durch das man einen Ausschnitt der sichtbaren Welt betrachtet. Oder vielleicht ist es tatsächlich nur das, aber hat man nicht bereits damit ein Wunder, das hinreicht, ihr göttliches Wesen zu beweisen? Wir sind Gottes Fenster. Genau, das sind wir. Gewiss, wer die Rolle überschreitet, die ihm hienieden zugedacht ist, begeht eine Sünde, aber wer sich seiner Aufgabe entzieht, sich aus der Verantwortung stiehlt oder die Sache auf die leichte Schulter nimmt, sündigt nicht weniger, und deshalb dürfen wir unsere Werke nicht gering schätzen, sondern sollen sie im Gegenteil achten, uns um sie kümmern und sie gegen jegliche Angreifer verteidigen – unsere Werke und die der anderen, wenn sie es wert sind.

Ihr fragt mich, ob ich am vergangenen 31. Dezember in Florenz war, und mir ist klar, dass Ihr, wenn Ihr die Frage stellt, die Antwort kennt.

Es war zu Beginn des Winters. Ich kam aus Spoleto zurück, wo ich mich im Einsiedlerleben von der römischen Verdorbenheit gereinigt hatte, und dieser Genesungsaufenthalt hatte mir wieder etwas Kraft gegeben, meine undankbare Fron zur Ehre Gottes wieder aufzunehmen. Sofort war ich wieder den schäbigsten Zumutungen ausgesetzt und mehr denn je mit der schweren Aufgabe befasst, die Erbauung des Petersdoms so weit voranzutreiben, dass sie nicht mehr verdorben oder gegenüber meiner Planung verändert werden kann, als ich einen Brief von dem armen unglücklichen Jacopo erhielt. Und was für einen Brief! Erinnert Ihr Euch an Euern, in dem Ihr meine Hilfe zur Aufklärung des Rätsels um seinen Tod erbatet? Auch er rief mich zu Hilfe, aber wie viel verzweifelter klang sein Brief. Ich kannte ihn kaum, und er hatte mir, seit ich vor zwanzig Jahren Florenz verlassen hatte, nur zu seltenen Anlässen geschrieben, doch schon nachdem ich die ersten Zeilen gelesen hatte, erkannte ich, dass wir als Brüder vereint sind im Leiden an denselben Zumutungen, die ich hier erdulde. Es war das Klagelied eines von seinen Beschützern verlassenen Geschöpfs, das unartikulierte Jaulen eines Tiers, das gleich seinen letzten Atemzug tut, die Worte eines Irren, der die ganze Welt für seinen Todfeind hält. Und trotz dieser unzusammenhängenden Äußerungen, hinter der offenkundigen Übertreibung seiner Verzweiflung und der Litanei seiner Verwünschungen, war dieser Schrei, dieses für jeden anderen unverständliche Geschimpfe, für mich nur allzu nachvollziehbar. Ich weiß, wie fehlerbehaftet die trügerische Leidenschaft ist, die uns die Kunst zum Ideal und Herrscher hat wählen lassen, und wie sehr unsere Sehnsüchte auf unser Übel hinarbeiten. Pontormo hatte geglaubt, es werde seinen Gönnern gefallen, wenn er zur Ehre Gottes malte, doch die Uhren hienieden gehen anders als die im Himmel. Er war zu der Überzeugung gelangt, dass seine Herrschaften nicht mehr mit ihm zufrieden seien, ja dass das Werk, dem er seit mehr als zehn Jahren sein Leben widmete, ihnen zuwider geworden war, und dass ihm die Florentiner ebenso zuwider geworden waren, nachdem sie aller guter Wille verlassen hatte, sich an wahrer Schönheit zu erfreuen. So war er zu dem Entschluss gekommen, seinem Leben ein Ende zu setzen und sein Werk mit ins Grab zu nehmen. Er schwor, bevor er sich umbrachte, seine Fresken, da sie keine Gnade mehr fanden vor den Augen von Herzog und Herzogin, zu zerstören und den

Chorraum von San Lorenzo auf den Rohbauzustand zurückzuführen, um ihn den Fürsten, die ihn mit der Ausgestaltung beauftragt hatten, unbefleckt zurückzugeben, unberührt von seinem Besuch und frei von jeglicher Spur seiner Arbeit.

Dieser Gedanke war mir unerträglich. Bei der Vorstellung, seine Fresken würden abgeschlagen, sah ich meine Sixtinische Kapelle in sich zusammenstürzen oder, schlimmer noch, übermalt werden mit den Schmierereien irgendeines seelenlosen Tagelöhners. Dieses Verbrechen musste ich verhindern. Und ich wollte die Fresken sehen. Jacopos Brief war drei Tage zuvor geschrieben worden, es galt also, keine Zeit zu verlieren. Ich beschloss, unverzüglich nach Florenz aufzubrechen, zitternd vor Angst, ich könnte zu spät kommen. Ich konnte niemandem von dem Vorhaben erzählen, denn ich wusste, dass der Papst, der mich wie einen Gefangenen in Rom festhält, es mir nicht erlauben würde, und dass der Herzog, wenn er von meinem Aufenthalt in Florenz erführe, mich niemals wieder fortließe. Ihr wisst, wie sehr sich die Fürsten um Euern armen Michelangelo streiten, wobei jeder das Recht beansprucht, über mich zu verfügen wie über eine wertvolle Ware, eine Trophäe, die sie einander missgönnen, einen Sklaven, der nur gehorchen und das tun muss, was man ihm anschafft. Früh morgens stahl ich mich weg, man hätte mich sonst nicht fortgelassen, und für den Fall, dass der Papst sich nach meinem Verbleib erkundigte, tat ich so, als wollte ich mir Signorellis Fresken in Orvieto ansehen. Ich schwang mich auf meinen Vollblutaraber, der nichts von seiner guten Art eingebüßt hatte, und galoppierte so rasch, dass ich in fünf Stunden Orvieto erreichte.

Da ließ ich mein Pferd in der Obhut des Kirchendieners und setzte, ohne die Kirche auch nur zu betreten, meinen Weg mit Postpferden fort. Woher nimmt ein armer alter Mann wie ich die Kraft, zwölf Stunden zu reiten, ohne einmal abzusitzen, außer zum Pferdewechseln von Station zu Station? Offenkundig stand mir Gott bei. Am Abend erreichte ich Florenz, den Hintern vom Leder wund, gebeutelt, gerädert, erledigt. Ich nahm den Geheimgang, den ich selber gegraben hatte, ohne ihn in einem einzigen Plan einzuzeichnen, als die Republik mich mit der Errichtung einer Festungsanlage beauftragt hatte mit Blick auf die Belagerung von 1529, und so erreichte ich unbemerkt San Lorenzo; wie ein Dieb hatte ich mich an den Mauern entlanggedrückt.

Dort fand ich den armen Jacopo damit beschäftigt, ein Bein zu malen, und das schien mir ein gutes Vorzeichen: Hatte sich seine melancholische Krise wieder verflüchtigt, und er wollte an die Zeit davor anknüpfen? Leider nicht. Kaum erblickte er mich, fiel er mir weinend um den Hals und stieß ein Dankgebet aus. Während er seine Tränen auf meine Schulter rinnen ließ und seufzte und mich dabei abküsste, konnte ich die Fresken betrachten, die von Kerzen erleuchtet waren. Da stieß auch ich ein Dankgebet aus. Toskana, du Mutter der Schönheit! Auf den ersten Blick war mir klar: Nun hatte auch Florenz seine Sixtina. Wie konntet Ihr Euch darüber so irren, Signor Giorgio? Hat der Herzog solch große Macht über Euch, dass er Euern Blick trüben konnte? Ein Wunder wie diese Fresken gibt es in hundert Jahren keine drei Mal, und wenn die Leute das nicht begreifen, dann weil sie von Tuten und Blasen keine Ahnung haben. Armes Florenz. Schläft denn der

Himmel, dass dich Einer dreist uns rauben konnte und dich an sich raffen?

Je mehr ich meiner Begeisterung und Bewunderung Ausdruck verlieh und ihn an meinem Entzücken teilhaben ließ, desto heftiger wurde Jacopos Schluchzen. «Meister! Ihr seid gekommen! Ihr seid gekommen!», rief er am ganzen Leibe zitternd. Er küsste mir die Füße zum Dank. Nun, da ich sein Werk gesehen habe, könne er sterben, sagte er. Ich versuchte, ihn mit tröstenden Worten zur Vernunft zu bringen, machte geltend, dass er ganz im Gegenteil leben müsse, um sein Werk zu vollenden. Doch bei diesen Worten packte ihn die Wut. Er entfernte sich robbend von mir, griff nach einem Meißel und begann mit dem Ruf «Nach mir die Sintflut!» auf seinen Noah einzudreschen. Er haute und haute immer weiter, und mit jedem Schlag beschädigte er das Fresko mehr. Ich wollte ihn bremsen, aber er stieß mich beiseite, so dass ich zu Boden ging; von maßlosem Ingrimm getrieben, setzte er sein Zerstörungswerk fort. Verdutzt, erschrocken musste ich zusehen, wie sich farbige Placken von der Wand lösten, während er die ganze Zeit schrie: «Für welches Unglück, welches Dasein wurde ich geboren? Es wird mein großes Glück sein, nichts zu sehen und zu fühlen!» Und während er das sagte, war er, der sein Leben lang nur gemalt hatte, durch irgendein Wunder vom Furor des Bildhauers beseelt, der tief und tiefer in den Stein haut.

Da hält er einen Augenblick inne, richtet seinen Blick auf das *Jüngste Gericht* und deklamiert: «Du hemmst und scheuchst zurück, oh Todesschatten, du kräftigst unsre Glieder, unsre matten, du trocknest Tränen, wiegst die Sorgen ein, und rettest Edle vor Verdruss und Wut.» Jetzt kommt es mir so vor, als werde er mit dem Wahnsinn aufhören, als wären seine Nerven endlich von der Müdigkeit besiegt. Weit gefehlt! Ich sehe in seinem Blick eine diabolische Entschlossenheit glühen. Er stellt sich vor das mittlere Bildfeld und holt mit seinem verdammten Meißel aus wie mit einem Dolch. Da nun der Schlag umso kräftiger ist, je höher er ansetzt, sehe ich vor mir, wie er gleich unheilbare Schäden anrichtet. Da findet meine Hand einen Hammer, der zusammen mit anderem Werkzeug daliegt, und nun meinerseits besessen, bin ich ohne weiteres Nachdenken mit einem Satz bei ihm und schlage ihm auf den Kopf, so stark, dass er bewusstlos in sich zusammensackt.

Wie lange mag ich dumpf und stumpf vor diesem Bild des Jammers gestanden haben? Ich weiß es nicht. Aber ich habe keine Zeit zu verlieren. Ihr wisst, dass ich kein schlechter Maler bin und dass mir die Kunst des Freskos nicht ganz fremd ist. Ich habe im Kopf, was ich gesehen habe, ein kurzer Blick hat gereicht, es mir einzuprägen. Ich rühre den Putzmörtel an, trage ihn auf und schließe die Stellen, an denen die Wand beschädigt wurde. Die Farben muss ich selber anreiben, weil mir mein lieber Urbino nicht mehr zur Seite steht, und das ist der schwierigste Teil, denn ich weiß nicht, wie Jacopo es vollbrachte, die für ihn typischen Pastelltöne zu erzeugen. Dann übermale ich Noah. In der Ausführung ist meine Hand stets rasch und entschieden. Ein Stümper wird den Meister nie gut kopieren. Einem Meister wird es viel Mühe machen, den Stümper zu kopieren. Aber Jacopo war kein Stümper, er war ein herausragender Künstler, und so fällt es mir leicht, ihn nachzuahmen. Als ich mit der Arbeit fertig war, hörte ich, wie er zu sich kam. Ich beugte mich über ihn, um zu sehen, ob es ihm, den Umständen entsprechend und nach dem Schlag mit dem Hammer, gut ging. Ich wollte ihm den Kopf stützen, und da sah ich ihm in die Augen, die er wieder geöffnet hatte. In seinem glasigen Blick war noch immer die diabolische Glut. In diesem Augenblick war mir alles klar. Sobald ich weg wäre – und es würde bald tagen und ich musste Florenz verlassen, bevor man mich hier entdeckte –, am nächsten Tag oder in der nächsten Woche, würde er weitermachen: Nichts würde ihn daran hindern, sein Werk zu zerstören. Da gab mir Gott diesen schrecklichen Entschluss ein: Ich nahm einen Meißel zur Hand und bohrte ihn ihm, bevor er wieder ganz zu Bewusstsein kommen konnte, unter Einsatz all meiner Kenntnis der menschlichen Anatomie wohlgezielt in die Brust, genau an der Stelle des Herzens, und gab ihm damit den so sehnlich herbeigewünschten Gnadenstoß. Er war sofort tot. Aber sein Werk war gerettet.

Es tagte, ich musste mich beeilen. Ich verließ die Stadt auf demselben Weg, wie ich sie betreten hatte. Von Fieber geschüttelt, aufgewühlt von meiner Tat, durchquerte ich die Toskana, verdrückte mich wie ein Gespenst, eilte von Poststation zu Poststation, floh zu dem unerreichbaren Horizont, übernahm in Orvieto wieder meinen Vollblutaraber und gelangte sogar noch schneller nach Rom, als ich auf dem Hinweg für die Strecke gebraucht hatte. Am selben Abend war ich wieder im Petersdom. Eine knappe Woche später erhielt ich Euern Brief mit der Bitte um Hilfe bei der Suche nach Pontormos Mörder.

Mehr habe ich Euch nicht zu sagen. Macht Gebrauch von diesem Geständnis, ganz nach Euerm Belieben.

150. Giorgio Vasari an Michelangelo Buonarroti

Florenz, den 27. Juni 1557

Verehrter Meister, göttlicher Michelangelo, vergebt mir, dass ich mit meiner Antwort in Verzug geraten bin, aber es war Johanni, und wie üblich ist es immer noch meine Aufgabe, alles zur nächtlichen Feier vorzubereiten. Ihr kennt Florenz: Es vergeht keine Woche, in der nicht ein Fest gefeiert wird, und fast immer fällt mir die Aufgabe zu, es zu organisieren, so dass es mir außerordentlich schwerfällt, mich all dieser Obliegenheiten zu entledigen und mich mit anderem zu beschäftigen als all dem, wozu vom Herzog beauftragt zu sein ich die Ehre habe, nicht zu reden von den unzähligen Arbeiten im Palazzo, die für mich das sind, was für Euch die Baustelle des Petersdoms ist – auch wenn ich natürlich meine bescheidenen Fähigkeiten als Baumeister nicht vergleichen will mit den Euren, die über jedes Menschenmaß hinausreichen. Der Palio war dies Jahr ein außerordentliches Schauspiel, wobei die Mannschaft von Santa Croce in letzter Sekunde Santa Maria Novella geschlagen hat.

Seine Exzellenz der Herzog hat mich beauftragt, seine Einladung an Euch zu erneuern: Ihr seid stets willkommen in Florenz, das sich nichts sehnlicher wünscht als Eure Heimkehr. Er verspricht Euch, dass Ihr hier mit allen Euerm Ingenium zukommenden Rücksichten empfangen werdet, und er versichert Euch darüber hinaus, dass Pontormos Fresko nach Euern Wünschen fertiggestellt werden wird: Der Herzog wird persönlich darüber wachen, dass Bronzino dem Geist gerecht wird, in dem Pontormo es entworfen hat.

Was den Letzteren angeht, so sichert der Herzog Euch zu, dass niemand Euch die unglücklichen Umstände vergen wird, die ihn das Leben gekostet haben, denn sie bleiben geheim; nur drei Menschen außer Euch wissen davon: der Herzog, der Euch ergeben ist, und Don Vincenzo Borghini, für den ich einstehe wie für mich selbst. An die Öffentlichkeit wird die Sache nicht dringen. Offiziell wird es heißen, dass er selbst seinem Leben ein Ende gesetzt hat. Für den überschaubaren Kreis derer, die von der Sache Wind bekommen haben, halten wir noch eine andere Version bereit und überlassen es dem Geschwätz, sie zu verbreiten: nämlich dass Bacchiacca Pontormo getötet habe, wohl aus Brotneid. Sollte er sich eines Tages erholen (noch ist er schwerverletzt und sein fiebriger Geist kaum bei Sinnen), wird der Herzog in seiner Großmut ihm anstelle des Strangs die Verbannung anbieten, sofern er verspricht zu schweigen. (Außerdem hat der Alte keine Ahnung und kann uns überhaupt nichts anhaben.) Ich sollte noch erwähnen, dass sogar die Herzogin aus dieser Regelung herausgehalten wird und der Herzog es nicht für klug erachtet hat, sie ins Bild zu setzen über alle Einzelheiten, die Ihr mir in Euerm vorigen Brief zu schildern die Güte hattet. Was nun Seine Durchlaucht angeht, so seid versichert, dass er Euch nichts übelnimmt, es sei denn, dass Ihr ihn nicht über Euern Florenzbesuch informiert habt und so rasch wieder abgereist seid. Aber Ihr seid ja gar nicht in Florenz gewesen.

Aus der Sicht Seiner Exzellenz (und allein diese Sicht auf die Dinge ist maßgeblich) ist also alles in Ordnung. Das Bild, das Pontormo in einem Augenblick der Verirrung gemalt hat und das von nicht gerechtfertigter Undankbarkeit zeugte gegenüber der Familie, die ihn mit so vielen Wohltaten überhäuft hatte, ist vernichtet worden. Der von den Exilrepublikanern gedungene Mörder ist außer Gefecht gesetzt worden. Des Weiteren wurde den aufständischen Umtrieben des Verschwörers Marco Moro ein Ende gemacht, er musste fliehen und hat somit Florenz von seiner Anwesenheit befreit. Die junge Fürstin Maria wird in Kürze verheiratet und dem Herzog einen Enkel schenken. Den Nonnen Plautilla Nelli und Caterina de' Ricci, die nun endgültig frei sind von jeglichem Verdacht hinsichtlich des Todes von Pontormo, wird ihr Sympathisieren mit dem Dominikanerbruder Girolamo Savonarola verziehen werden, sollten sie öffentlich seinem Gedankengut abschwören, ihren Irrtum eingestehen und sich verpflichten, sich nie wieder in Fragen der Malerei einzumischen. Bronzino wird als Einziger mit den Fresken in San Lorenzo beauftragt, wofür ihm ein Lohn von zweitausend Dukaten zuerkannt wird. Sollte sein Zögling Sandro Allori aus Rom zurückkehren wollen, so würde ihm verziehen. Die beiden würden freigesprochen von der Anklage wegen Sodomie, die auf ihnen lastete.

Auf Befehl Seiner Exzellenz ist die Sache also abgeschlossen. So kommt alles wieder in Ordnung. Auf Euch wartet ein Florenz, das zu seiner Ruhe zurückgefunden hat.

151. Agnolo Bronzino an Sandro Allori

Florenz, den 10. Juli 1557

Denk daran, Sandro, niemandem zu trauen, und bleib unbedingt in Rom, denn Florenz ist eine einzige Schlangengrube. Gestern hat das Gericht gesprochen: Der Hutmacher erbt alles. Ja, Du hast richtig gelesen: das Haus und die Zeichnungen. Dabei hatte mir der Herzog persönlich versprochen: Nachdem Jacopo ohne Erben verstorben sei und mich wie einen Sohn angesehen habe, müsse sein Eigentum mir zufallen und niemand anderem. Da sieht man, was das Wort eines Fürsten wert ist! Es hat genügt, dass aus dem Nichts dieser Sockenhändler, dieser angebliche Cousin fünften Grades auftauchte, von dem nie jemand etwas gehört hatte, und schon hatte er die Richter auf seiner Seite. Man nennt sie Hüter der Gesetze, aber die bessere Bezeichnung wäre Totengräber der Gerechtigkeit. Man war gerade noch bereit, mir die Skizzen für San Lorenzo zu überlassen, damit ich die Fresken fertigmalen kann – und wenn das Werk abgeschlossen ist, muss ich sie bei der Stadtkämmerei abliefern!

Aber das ist längst nicht alles, denn der bittere Kelch war noch nicht voll eingeschenkt. Unter den korrupten Zeugen, die unter Eid erklärten, sie hätten diesen Schiazzella schon einmal gesehen oder von ihm gehört als Jacopos Angehörigem und Vertrautem, war auch dieser Trottel von Naldini. Ich zweifle nicht daran, dass dieser verlorene Vetter ihm im Tausch gegen den Meineid ein paar Zeichnungen überlassen hat.

Florenz ist wahrlich nur noch ein fauliger Apfel, der nichts Besseres verdient, als von Frankreich oder Spanien abgepflückt zu werden. Schau nur den armseligen Herzog an, er scheut keine Erniedrigung, um es dem Papst oder dem Kaiser recht zu machen, in der Hoffnung, dass man ihm eine Krone hinwirft wie einen Knochen den Hunden, die bei Festmählern unter den Tischen umherstreifen. Wer erbarmte sich seiner und erlöste ihn aus dieser absurden Wahnvorstellung? Ein König ist es sich schuldig, gerecht zu sein und sich noch dem unterwürfigsten seiner Untergebenen erkenntlich zu zeigen. Seit zwanzig Jahren male ich nun jedes Mitglied der Familie, Mutter, Gattin, Kinder. Und das Porträt, das ich von ihm gemacht habe, in diesem albernen Schrank! Nicht jeder kann ein König Franz sein. Gewiss, Cosimo wäre nie in Pavia in Gefangenschaft geraten, aber aus Gründen, denn er wurde nie auf dem Schlachtfeld gesichtet! Sich in Alexander den Großen hineinträumen und doch nur ein Cosimo Popolano sein ... Jacopo hat recht getan, sich mit dem Pinsel über die Eitelkeit dieses Emporkömmlings lustig zu machen. Der Spott findet ja seine Berechtigung, wenn er die Antwort auf Ungerechtigkeit ist. Ist die Satire nicht die Waffe der Schwachen, mit der sie die Großen ins Lächerliche ziehen? Und nachdem dieser Herzog nichts weiter ist als ein Zuhälter, hat er es doch verdient, dass man seine Tochter als Hure gemalt hat.

152. Maria de' Medici an Catherine de Médicis, Königin von Frankreich

Florenz, den 12. Juli 1557

Ich bin nicht tot, liebe Tante, aber bald wird es wohl so weit sein, oder ich werde verrückt, was auf dasselbe hinauskommt, denn dann werde ich nicht mehr wissen, wer ich bin, und wenn mein Leib noch lebt – gewiss nur schwach und aus Gründen, die nicht in meiner Macht liegen! –, so wird meine Seele im All verstreut sein. Wenn das Wasser eines Sees zur Wolke verdunstet ist, ist die dann noch der See oder schon etwas anderes?

Meine Eltern halten mich streng bewacht, ich bin im Palazzo Pitti eingesperrt, dessen nichtendenwollende Baustelle mich Tag für Tag dem Lärm aussetzt, und ins Freie darf ich nur in den Gartenanlagen, von wo aus ich den Blick über die toskanische Landschaft schweifen lassen kann, das ist mein einziges Vergnügen. Wie sehr beneide ich die Zypressen, die ich in der Ferne auf den Hügeln sehen kann!

Der Majordomus eines Edelmannes, der in diplomatischer Mission nach Frankreich muss, hat sich meiner erbarmt und bereit erklärt, Euch diesen Brief unter einem Vorwand zu überbringen. Ich beeile mich, denn er wartet im Vorzimmer darauf, ihn von mir anvertraut zu bekommen. Ich flehe Euch an, Madame, dem Ritter Malatesti den Brief zu übermitteln, den Ihr hier anliegend findet; ich halte ihn seit meiner Rückkehr aus Mailand bereit, schrieb ihn aber jeden Tag neu, und seitdem wartet er auf eine solche Gelegenheit, um zu seinem Adressaten zu gelangen.

153. Maria de' Medici an Malatesta de Malatesti

Florenz, den 12. Juli 1557

Wo bist Du, mein Ritter? Bist Du heil in Frankreich angekommen? Das ist die einzige Hoffnung, die mich am Leben erhält. Ach, wie grausam ist Dein Schweigen, obwohl ich natürlich weiß, dass Du nichts dafür kannst. Hättest Du mich nicht aus den Klauen des Bösewichts Vasari befreien können? Aber ich mache Dir keinen Vorwurf: Dein Leben liegt mir mehr am Herzen als mein eigenes, und ich wäre schon mit Freuden gestorben, wenn mir mein Leben noch allein gehörte; aber ich trage ja nun Deinen Sohn, und auch wenn er nicht nach Dir heißen wird, so bist es doch Du, den ich in meinem Bauch wachsen zu fühlen glaube. Armes unschuldiges Geschöpf. Ich glaube herausgehört zu haben, dass der Herzog von Este sich gegen einen Bastard in seiner Familie sträuben würde. Es soll mir recht sein! Aber ich zweifle nicht daran, dass mein Vater einen anderen Fürsten findet, an den er mich verkaufen kann. Na ja, was soll's! Ich würde lügen, wenn ich nicht zugäbe, dass eine gewisse Erleichterung davon ausgeht, dem finsteren Alfonso entkommen zu sein. Doch letztlich, ob er oder ein anderer, keiner ist mein geliebter Malatesta.

Sag mal, denkst Du noch, inmitten der Freuden des französischen Daseins, an Deine Maria, oder haben mich die schönen Französinnen in Deiner Erinnerung, in Deinem Herzen überstrahlt? Ach, wie eifersüchtig bin ich auf sie und auf alle Menschen, die sich an Deiner Anwesenheit gütlich tun können! Hat Königin Catherine Dich gut aufgenommen? Ihr jedenfalls wirst Du ja nicht den Hof machen, aus Rücksicht auf mich, schließlich ist sie meine Tante, aber auch aus Rücksicht auf König Heinrich, ihren Gatten. Wobei, wenn ich genauer nachdenke, solche Überlegungen Dich Dreckskerl ja auch nicht gebremst haben, als es darum ging, die Tochter des Herzogs, Deines Herrn, zu verführen! Wie gerne würde ich noch einmal erleben, wie Du mir, zitternd aus Angst vor der eigenen Courage, Deine entbrannte Leidenschaft erklärtest …

Komm mich abholen, mein Ritter! Hol mich hier noch einmal raus. Was einer einmal geschafft hat, kann er es nicht nochmal tun? Sei ein Mann, mein schöner Geliebter, und hol Deine Frau ab. Sind wir nicht vor Gott verheiratet, ja sogar vor den Menschen? Hol Deinen Sohn ab. Hol uns beide ab. Lass nicht zu, dass die bösen Zungen Deinen Sohn einen Bastard und Deine Frau eine Hure nennen.

Nein, komm nicht! Ich würde mir nie verzeihen können, wenn Dir etwas zustieße. Sei auf der Hut vor Verrätern und Mördern. Die Mächte des Bösen kriechen auf uns zu wie die Spinnen. Florenz ist eine tödliche Falle, Du darfst Deinen Fuß nie wieder hierhinsetzen, hörst Du? Ach, wie ich leide! Was soll aus mir werden? Wem werde ich ausgeliefert sein? Na ja, mir egal. Für unseren Sohn muss ich leben. (Ich hoffe so sehr, dass es kein Mädchen wird. Das wäre ein weiteres Unglück für das arme Kind.) So gemein kann das Schicksal gar nicht sein, und Du wirst Mittel und Wege finden. Wer weiß? Meine Tante Catherine hat mir schon so viel Gutes getan. Ich fühle, dass sie in der Lage ist, Wunder zu vollbringen. Sie ist so gut, so stark. Hätte ich bloß ihre Stärke und Weisheit!

Gott befohlen, ich mag dieses Blatt gar nicht ziehen lassen und bete, dass es zu Dir gelangt, wenn dieses Glück schon mir selbst versagt ist. Ach! Unvernünftig, wie ich bin, weiß ich doch sehr wohl, dass das nicht möglich ist. Gott befohlen, und vergiss mich nicht. Wer weiß? Das Leben ist lang, und es muss nicht immer das Schlimmste kommen.

154. Benvenuto Cellini an Piero Strozzi, Marschall von Frankreich

Florenz, den 19. Juli 1557

Versprochen ist versprochen, Herr Marschall, das ist meine Devise, und dementsprechend bin ich im Besitz des gesuchten Gemäldes. Ihr fragt Euch, wie ich dieses Wunder ein zweites Mal vollbracht habe? Ich will Euch ein Geheimnis verraten, das Ihr vielleicht schon kennt, denn es gilt gleichermaßen für die Kunst wie für die Kriegführung: Nie zweimal die gleiche Partie spielen.

Diesmal ging es nicht darum, das Bild aus dem Herzen der bestbewachten Festung der ganzen Toskana zu entwenden, zumal es wahrscheinlich auf Befehl des Herzogs vernichtet worden war. Also begab ich mich einfach zu Bronzino, um ihn zu bitten, ein weiteres Exemplar zu malen. Ich habe ihm geschildert, dass eine Venus von seinem Pinsel, der ein Medici-Gesicht verpasst wurde, eine Art Verneigung vor seinem Meister sei, dessen letzte Handlung schließlich diese unverfrorene Geste gewesen war. Ehrlich gesagt war es nicht schwer, ihn zu gewinnen, denn er hatte wohl einigen Grund, sich über den Herzog zu beklagen, ja, er ist ziemlich aufgebracht gegen ihn.

So hat er eine Kopie des Bildes gemalt, ohne Skizze aus dem Gedächtnis, mit einer Abweichung, die Euch gefallen wird, dessen bin ich mir sicher. Da das Gerücht umgeht, die junge Maria habe sich von einem Pagen des Herzogs schwängern lassen, hat er der Venus den dicken Bauch einer fortgeschrittenen Schwangerschaft gemalt. Das Ergebnis ist hinreißend. Dieser Bronzino ist ein erstrangiger Künstler: Eure Cousine die Königin sollte ihn nach Frankreich holen.

Nachdem Vasari nun Pontormos Venus sichergestellt hat, kann ich dieses Gemälde hierbehalten, ohne befürchten zu müssen, dass jemand es bei mir suchen kommt, denn niemand ahnt etwas davon. Ihr braucht mir nur jemanden zu schicken, der es in Empfang nimmt, es wartet hier solange, und diesmal kann ich Euch versichern, dass die Übergabe ohne die gehabten Schwierigkeiten verlaufen wird. Und ich habe bereits begonnen, eine Expertise zu verfassen, die dem Bild beigegeben werden soll, das bereitet mir größtes Vergnügen. Eine Abschrift gebe ich mit, wem immer Ihr wollt, oder ich stelle sie Euch direkt zu.

155. Giovanni Battista Naldini an Giorgio Vasari

Florenz, den 21. Juli 1557

Signor Giorgio, ich weiß nicht, wie ich Euch danken soll, Euch und Signor Vincenzo, dass Ihr mich auf der Baustelle im Palazzo eingestellt habt, und des Weiteren muss ich Euch teilhaben lassen an meinem Stolz, nun zu den Helfern des berühmten Vasari zu zählen. Lange zögerte ich, ehe ich mich zu diesen Zeilen an Euch entschlossen habe, denn ich wollte Eure Ruhe nicht stören, zumal man mir gesagt hatte, wie selten Ihr nur Urlaub nehmt von Euern zahlreichen Aufgaben und Zuständigkeiten, und überdies ist mir bewusst, dass es eigentlich nicht angeht, einen Kollegen zu beschuldigen, vor allem nicht einen dermaßen gut beleumundeten, aber noch mehr Scham müsste ich empfinden, wenn ich Euch über das, was ich weiß (und ich habe es durch Zufall erfahren), nicht in Kenntnis setzte.

Wenn Ihr in der Werkstatt von Signor Benvenuto Cellini nachseht, werdet Ihr dort ein Gemälde finden, das die Tochter des Herzogs schwer beleidigt und die Ehre der ruhmreichen Familie Medici beschädigt.

Nehmt hin, dass ich Euch nicht sage, woher ich das weiß, denn ich möchte niemanden unnötig in noch größere Verlegenheit bringen. Wie dem auch sei, betrachtet meine Indiskretion bitte als einen weiteren Beweis meiner Ergebenheit.

156. Piero Strozzi, Marschall von Frankreich, an Benvenuto Cellini

Fontainebleau, den 24. Juli 1557

Bravo, Signor Benvenuto. Hätte ich in meiner Truppe doch ein paar mehr Männer von Eurer Kragenweite, die so schwungvoll Wagemut und Erfindungsgeist unter einen Hut bringen! Ein Wink von Euch genügt, und ich mache Euch zum Hauptmann, was sage ich, zum General!

Mit Euch ständen wir heute vor Neapel. Stattdessen muss das französische Heer die Champagne gegen spanische Angriffe aus Richtung Brüssel verteidigen! Aber was soll's, wir sind gerettet. Paul IV. hat König Philipp exkommuniziert, aber dem ist das herzlich egal. Ich sage nur: Wir brauchen mehr Cellinis und weniger Carafas. Und ich gehe wieder nach Rom, mit vielen Talern im Gepäck, um den nächsten Italienischen Krieg zu finanzieren.

Nachdem es, wenn ich Euch richtig verstanden habe, unkompliziert ist, ein Gemälde, von dessen Existenz niemand weiß, aus der Stadt zu schaffen, lasst es doch bitte nach Bologna bringen. Dort wird Euch einer der Unseren erwarten und es direkt nach Venedig befördern, wo unsere Leute es öffentlich machen und gehörig herumzeigen. Macht Euch aber wegen des Flugblatts keine Mühe. Wir wollen Euch die Arbeit ersparen, es zu verfassen, und ich kenne einen Vertrauten von Aretino, der sich dieser Aufgabe ebenso gut annehmen kann. Vielleicht kennt Ihr ihn sogar, es ist Lodovico Dolce, ein Drucker, der mit ihm befreundet war und der gerade eine kleine Abhandlung über Malerei in Dialogform herausgebracht hat; ich lasse sie Euch schicken, Ihr werdet sie bald in Händen halten.

157. Giorgio Vasari an Vincenzo Borghini

Arezzo, den 25. Juli 1557

Lieber Vincenzo, diesen Brief habe ich von Naldini bekommen, ich lege Dir eine Abschrift bei. Ich zögere noch, habe keine Ahnung, was für Konsequenzen ich daraus ziehen sollte. Muss ich überhaupt darauf antworten? Hältst Du für möglich, dass der junge Mann Intrigen erfindet, um uns davon berichten und so unsere Gunst erlangen zu können? Selbst wenn wahr ist, was er behauptet, werden wir noch lange keine Männer vom Bargello losschicken, um die Werkstätten der Maler zu durchsuchen, denn das würde Proteste auslösen, die so weit gehen können, dass sich alle gegen uns verbünden. Lass es uns bitte so machen: Sag ihm, er soll die Augen aufhalten und einen oder zwei Offiziere abordnen, die Cellini überwachen – allerdings unauffällig. Ich sage Dir rechtzeitig, wenn ich zurückkomme, was nicht so bald sein wird, so Gott will, denn ich würde allzu gern noch etwas von der wohlverdienten Ruhe haben anstatt noch mehr Hin und Her zwischen Arezzo und Florenz.

Sollte während meiner Abwesenheit etwa ein Brief von Michelangelo für mich eintreffen, lass ihn mir hierher nachsenden.

158. Vincenzo Borghini an Giorgio Vasari

Florenz, den 2. August 1557

Signor Giorgio, mein Freund, nichts würde mir mehr widerstreben, als Euch die Tage der Zurückgezogenheit zu trüben. Aber ich kann Euch nicht in Unkenntnis lassen über die jüngsten Vorkommnisse hier. Gott hat es nicht gefallen, Schwester Plautilla noch länger in dem Zustand der Melancholie zu belassen, in dem sie sich seit der Überstellung in die Kerker des Bargello befand. Leider! Seitdem nämlich führt sie die Proteste an, die Eure verdammten Nonnen in Siena angezettelt haben, und ich wäre nicht überrascht, wenn sie demnächst meinen Kopf forderten mit dem Ziel, die Nelli an meine Stelle zu setzen. Damit also wird mir die Gastfreundschaft gedankt. Ich wünschte von ganzem Herzen, dass Ihr Eure Nonnen nach Arezzo heimholtet, und wenn Ihr erreichen könntet, dass sie Schwester Plautilla mitnehmen, so wäre mein Glück vollkommen. Versprecht ihnen ein kleines, ein mittelgroßes Kloster, eine Abtei oder, wenn nötig, den Heiligen Stuhl, aber habt Erbarmen mit mir und schafft mir diese zänkischen Schreckschrauben vom Hals.

Meister Michelangelo hat Euch nicht auf Euern Brief geantwortet und auch sonst niemandem in Florenz geschrieben, außer seinem lieben Neffen Leonardo, aber da ging es um rein familiäre Dinge. Weitere Nachrichten haben wir nicht und werden wir meiner Meinung nach auch nicht bekommen.

Und Cellini steht unter Bewachung, wie Ihr es mir angeordnet habt, doch die Berichte unserer Späher haben keinerlei Auffälligkeiten berichtet, keine nennenswerten Abweichungen von seinen Gewohnheiten: er betrinkt sich, prügelt sich, hurt herum und arbeitet nicht viel.

159. Benvenuto Cellini an Piero Strozzi, Marschall von Frankreich

Florenz, den 15. August 1557

Eure kleine Abhandlung über Malerei habe ich erhalten und – zu meinem Unglück oder zu Euerm – auch gelesen. Lodovico Dolce ist ein Tropf, und Ihr werdet das Gemälde nicht von mir bekommen. Sagt der Königin, ich bin, so leid es mir tut, von Euerm Mangel an Vertrauen so schwer gekränkt, dass ich es lieber vernichten als den Einlassungen eines verblödeten Venezianers ausliefern will, der Raffael den Vorzug vor Michelangelo gibt und der so weit geht, Tizian höher zu schätzen als unseren göttlichen Buonarroti. Übrigens taugt sein Schreibstil nichts, und wenn er ein Flugblatt gegen die Medici verfasst, dann wirbelt das nicht mehr Staub auf als ein Ameisenfurz.

160. Piero Strozzi, Marschall von Frankreich, an Benvenuto Cellini

Rom, den 1. September 1557

Seid Ihr verrückt geworden, mein Freund? Was redet Ihr davon, das Gemälde, dessen Existenz – was sage ich? dessen Wiedergeburt! – nur Eurem listenreichen Ingenium zu verdanken ist, zu vernichten! Haltet ein. Ich komme sofort. Ihr habt richtig gelesen. Im Namen der Königin wird der Marschall von Frankreich, der, so Gott will, dem gegenwärtigen Herzog von Florenz als *primus inter pares* nachfolgen wird, Euch in vollständigem Inkognito besuchen, damit wir uns in aller Ruhe, wie zwei Krieger, darüber austauschen können, was wir an Kränkendem zueinander gesagt haben. Glaubt mir, sollte es eine Beleidigung gegeben haben, so war sie nicht beabsichtigt und ist unwillentlich entstanden. Letztlich bin ich mir sicher, dass es sich um ein Missverständnis handelt, das wir leicht aus der Welt schaffen können, sobald wir einander Aug in Auge gegenübersitzen.

Seht selbst, ob ich Euch vertraue: Ich lege mein Leben in Eure Hände. Ich habe noch ausreichend Mittel, um heimlich nach Florenz zurückzukehren, aber wenn irgendwer Cosimo darüber ins Bild setzt, ist das mein sicherer Tod.

161. Vincenzo Borghini an Giorgio Vasari

Florenz, den 10. September 1557

Signor Giorgio, diesmal müsst Ihr umgehend wiederkommen, und zwar aus einem so außerordentlichen, so unwahrscheinlichen, so jeder Logik zuwiderlaufenden Grund, dass Ihr es mir nicht glauben würdet, ehe Ihr es nicht mit eigenen Augen gesehen habt. Piero Strozzi ist in der Stadt. Ja, Ihr habt richtig gelesen: Strozzi der Jüngere in Person! Nein, ich bin nicht von Wahnsinn heimgesucht, ich habe keinerlei Fieberphantasien, und ich habe seit gestern keinen Tropfen Wein getrunken. Der Mann wurde beobachtet, als er bei Cellini eintrat, dessen Haus von Spähern bewacht war, und die versicherten mir, er sei, wenn alles mit rechten Dingen zugeht, noch dort. Weil meine Zeilen Euch möglichst rasch erreichen sollen, gehe ich jetzt nicht weiter ins Detail.

Es tut mir leid, dass ich Eure Verschnaufpause so gewalttätig beende und Euch obendrein bei so schlechtem Wetter auf die Straße nötige, aber Eure Gegenwart ist unbedingt erforderlich, denn die Wachen vom Bargello erwarten Weisungen von mir, da Ihr mir Eure Befehlsgewalt übertragen habt; ich aber, dessen einzige Fähigkeiten doch letztlich nur sind, dass ich ein wenig Latein, Griechisch und Hebräisch lesen kann, bin auf die Euren angewiesen.

162. Maria de' Medici an Malatesta de Malatesti

Florenz, den 11. September 1557

Ich nutze eine weitere Gelegenheit, die sich mir bietet, um Euch zu schreiben, trotz der Haft und strengen Überwachung, der ich auf Befehl meines Vaters immer noch unterliege, aber habt keine Angst, Ritter: Dieser Brief, wenn er denn den Weg zu Euch findet, wird der letzte sein, den Ihr von mir erhaltet. Maria, falls Ihr Euch noch für einen Augenblick auf den Namen von der besinnen wollt, die Euern Liebesschwüren geglaubt hat und infolgedessen Euer Kind unterm Herzen trägt, wird Euch nicht weiter lästig fallen.

Was man mir von Euerm Betragen am französischen Hof berichtet hat, gibt meiner Beunruhigung, die Euch gegenüber zu bekunden ich in meinem vorigen Schreiben die Schwäche hatte, reichlich Nahrung. Allem Anschein nach habt Ihr Euch große Mühe gegeben, sie zu rechtfertigen. Eure Geliebten hätte ich Euch verziehen, wenn ich hätte annehmen dürfen, dass sie für Euch wie billiger Wein waren, bei dem Ihr verzweifelt den Nektar zu vergessen suchtet, dessen man Euch beraubt hatte. Ich hätte Euch alles vergeben, wenn ich geglaubt hätte, dass es darum ging, in der Ausschweifung Euern Kummer darüber, von mir getrennt zu sein, zu ertränken. Doch mehrere, allesamt übereinstimmende Zeugnisse haben mir am Ende die Augen geöffnet: Ihr seid, hat man mir gesagt, bester Laune, guter Kumpel und alles andere als ein Kostverächter, so dass jeder und jede Eure Gesellschaft sucht. Wie schön, Monsieur, dass Ihr Euch hinwegtrösten konntet über den Verlust von jener, der Ihr immerhin, wenn ich mich recht entsinne, ewige Treue geschworen habt.

Du Grausamer, wie kannst Du mich so behandeln? Welches Wundermittel verhilft den Männern dazu, so rasch zu vergessen, was sie angebetet haben? Denn geliebt hast Du mich, das weiß ich, und wenn Du das Gegenteil behaupten wolltest, würde ich es Dir selbst heute, da mir die Augen geöffnet sind, nicht glauben. Ich war jung, ich war gutgläubig, ich hatte noch nie Worte gehört, wie Du sie in all Deiner Verwegenheit an mich richtetest, und ich habe alles geopfert: meine Ehre, meinen Ruf, die Liebe meiner Eltern. Du hast ganze Arbeit geleistet. Zwar hatte ich, indem ich Dich liebte, überraschende Freuden, aber sie kosten mich sonderbare Schmerzen, und alle Regungen, die Du mir verursacht hast, sind heftig. Du aber, was hast Du mir geopfert? Was hast Du für mich getan? Wo warst Du, als Du mich in Mailand hättest in Sicherheit bringen müssen? Was für Eigenschaften hast Du in die Waagschale geworfen, um meine Liebe zu erringen? Schöne Worte, eine Verwegenheit, die wie Heldenmut wirkte, die Kraft der Jugendblüte, die ein unerfahrenes junges Mädchen für Leidenschaft hielt. Insgesamt also nicht viel, und recht gewöhnlich bei Menschen von Deinem Schlag. Ich schäme mich dafür, dass ich ihnen immer noch so bitterlich nachtrauere.

Der Bote, der Dir meinen Brief bringen soll, bedrängt mich, denn seit mehreren Tagen regnet es ununterbrochen, und wenn er seine Abreise noch weiter hinauszögert, werden, so behauptet er, die Straßen unpassierbar sein. Aber ich bin noch nicht fertig, er muss noch ein bisschen warten. Habe ich nicht monatelang gewartet, dass Du kommst und mich befreist? Wenn ich mich nun ein allerletztes Mal an Dich wende, will ich nichts vergessen.

Der Herzog von Este hat seine Entscheidung widerrufen. Er verweigert, dass ich seinen Sohn heirate, und weil diese Heirat letztlich Deinetwegen vereitelt worden ist, habe ich mich bei Dir dafür zu bedanken. Er hat allerdings seinen Plan, in die Familie Medici einzuheiraten, nicht aufgegeben und meinem Vater vorgeschlagen, ihm statt meiner nun Lucrezia zu geben. Die Arme hat nicht wie ich die Aussicht, zu einem beschädigten Ding zu werden. Allerdings ist sie erst zwölf, arg jung, um sich von einem Diener schwängern zu lassen. Außer meinem Unglück hast Du also auch das Unglück meiner Schwester verursacht.

Was mich betrifft, so ist keine Zeit mehr, mir einen Ehemann zu finden. Wer würde sich der Lächerlichkeit aussetzen, ein im siebten Monat schwangeres Mädchen zu heiraten? Mir bleibt nur das Kloster. Oder vielleicht, wenn ich das Kind zur Welt gebracht habe, könnte man es mir wegnehmen und einer schlechten Amme anvertrauen, und ich würde dem Fürsten einer reichlich entlegenen Gegend angeboten, wohin die Kunde von meiner Ehrlosigkeit nicht vorgedrungen ist. Ungarn, Polen, oder noch weiter? Wer weiß? Vielleicht schickt mich mein Vater nach Amerika. Wenn mich die Seeräuber gefangen nehmen und ich als Sklavin in Algerien lande, ist eines gewiss: Er wird kein Lösegeld für mich zahlen. Ginge es nach ihm, wäre ich bereits auf dem Weg in Süleymans Harem. Und Du würdest erst recht nicht kommen, um mich zu befreien.

Der Regen wird heftiger, ich muss schließen. Gott befohlen, Signore. Ich überlasse Euch Euern Freuden und beschäftige mich damit, Euch zu vergessen, so wie Ihr mich vergessen habt. Leider fällt es mir nicht so leicht wie Euch.

163. Giorgio Vasari an Vincenzo Borghini

Arezzo, den 12. September 1557

Ich liebe und verehre Eure Umsicht nicht weniger als Eure Treue und Euer Vertrauen in mich. Recht hattet Ihr, mich zu verständigen, ehe Ihr etwas unternahmt. Tut nichts, Signor Vincenzo, und sagt den Männern vom Bargello, sie sollen unter allen Umständen stillhalten. Die Nachricht, die Ihr mir habt überbringen lassen, ist so außerordentlich, dass ich mir dessen ganz sicher sein muss, denn wenn wir bei Cellini einbrechen, bin ich es, der die Verantwortung dafür tragen muss. Bis dahin heißt es vorsichtig sein. Wir wissen nicht, wozu Strozzi fähig ist – wenn er es überhaupt ist, wovon ich noch nicht restlos überzeugt bin.

Diese Zeilen vertraue ich einem Boten an, der mir ein paar Stunden voraus ist, sofern er nicht in den Unwetterfluten ertrinkt, die sich gegenwärtig über die Toskana ergießen.

164. Vincenzo Borghini an Giorgio Vasari

Florenz, den 13. September 1557

Jetzt sind unsere Männer schon mehr als zwölf Stunden auf Posten rund um Cellinis Wohnung, und ich bin noch immer ohne Nachricht von Euch. Der Arno ist über die Ufer getreten und überflutet die Straßen. Wir können nicht länger warten, ich muss den Befehl zur Erstürmung geben, solange das noch möglich ist, denn wenn das Wasser weiter in diesem Tempo steigt, steht es uns bald bis zur Hüfte. Ich lasse diese Nachricht an die Porta San Niccolò bringen in der Hoffnung, dass sie Euch dort wohlbehalten antrifft. Ich wage nicht, mir den Zustand der Straßen auszumalen, und kann nur beten, dass diese Sintflut Euch nicht mitsamt Euerm Pferd mit sich gerissen hat.

165. Benvenuto Cellini an Cosimo de' Medici, Herzog von Florenz

Florenz, den 14. September 1557

Benvenuto Cellini, Goldschmied, Bildhauer, der den Perseus schuf, welcher neben dem David von Signor Buonarroti den Platz vor dem Palazzo ziert, und darüber hinaus ergebener Diener Eurer Exzellenz, wünscht derselben die unerhörten Handlungen des Signor Vincenzo Borghini zur Kenntnis zu bringen, des Vorstehers des Innocenti-Waisenhauses, der keineswegs ein Unschuldslamm ist, sondern ein ausgemachter Spitzbub.

Während ich mit den Fluten kämpfte, die meine Wohnung heimsuchten, und damit beschäftigt war, den Fußboden höher zu legen, um die Werke zu retten, an denen ich Tag und Nacht arbeite zur höchsten Ehre Eurer Exzellenz, sind bewaffnete Männer bei mir eingedrungen, indem sie meine Tür aufbrachen, mit viel Schreien und Keuchen als einziger Ankündigung. Da ich glaubte, von einer rohen Meute heimgesucht zu werden, die das Chaos infolge der Überschwemmungen ausnutzen wollte, um sich der Schätze aus meiner Werkstatt zu bemächtigen, war ich wenig geneigt, ihnen ihr Vorgehen zu erleichtern, indem ich ihnen bereitwillig Stücke überließ, die mich so viel Arbeit und schlaflose Nächte gekostet hatten, sondern im Gegenteil fest entschlossen, diese unschätzbaren Werke unter Einsatz meines Lebens zu verteidigen, also empfing ich sie mit großen Säbelhieben. Es war ein ungleicher Kampf, denn an dem Lärm, den sie verursachten, erkannte ich unschwer, dass eine Rotte gekommen war, wenn auch kein ganzes Regiment. Einer gegen fünfzig würde da kein leichtes Spiel haben. Nichtsdestotrotz, bis zu den Knien im Wasser, schob ich die Eindringlinge zurück, ein Unterfangen, bei dem mir die Schlachtaufstellung zu Hilfe kam. Denn da der Feind meine Tür durchschreiten musste, um meine Wohnung in Besitz zu nehmen, und immer nur ein Mann durchpasste, begann ich mit einer Serie von Duellen, in der ich einem nach dem anderen einzeln gegenüberstand. Sobald ein Feindlicher fiel, trat ein anderer an seine Stelle, aber wenigstens konnten sie nicht im Gleichschritt angreifen. So säbelte ich stundenlang, bis die Angreifer ein Fenster als zweite Schneise aufgebrochen hatten. Von vorn und von der Seite attackiert, blieb mir keine andere Wahl, als mich zu ergeben, nicht ohne mit ein paar letzten Stiefeltritten den nichtswürdigen Lumpen meinen Stempel ins Fleisch zu drücken.

Wie überrascht war ich, den Vorsteher der Innocenti unter ihnen zu entdecken! Und meine Verblüffung wurde noch größer, als selbiger behauptete, er handle im Namen des Herzogs von Florenz. Meine Verwirrung steigerte sich weiter, als ich sah, wie seine Haudegen meine Werkstatt zu plündern begannen, angeblich auf der Suche nach einem Flüchtigen, den ich versteckt haben sollte, und nach einem Gemälde, von dem mir der Vorsteher versicherte, es betreffe Eure Serenissima Exzellenz. So richtig erfuhr ich nicht, wonach sie eigentlich suchten, jedenfalls haben sie es nicht gefunden. Erst als sie alles umgekrempelt hatten, zogen sie von dannen, ohne ein Wort der Erklärung, und erst recht nicht der Entschuldigung. Ich flehe Eure Durchlaucht an, mir dies zu beantworten: Habt Ihr schon einmal so etwas Skandalöses erlebt?

So wende ich mich an Eure hochverehrte Exzellenz mit

dem Ansinnen, Ersatzleistungen für meine Tür und für alle Schäden zu erhalten, die bei mir verursacht wurden, indem man in Raserei wertvolle Gegenstände beschädigte, und schließlich für eine Falltür, die über die oberen Stockwerke zum Dachboden führt, zu der ich den Schlüssel verloren hatte und die man unbedingt öffnen wollte. Eine Auflistung der von den verdorbenen Rüpeln verursachten Schäden kann ich Eurer Durchlaucht jederzeit zur Verfügung stellen. Sollten diese Männer, wie sie behaupten, zum Bargello gehören, so müsste diese ehrenwerte Einrichtung unverzüglich einer Säuberung unterzogen und solche Auswüchse entfernt werden – zum Wohl der Stadt und Eurer Exzellenz.

166. Giovanni Battista Naldini an Vincenzo Borghini

Florenz, den 13. September 1557

Diesen Brief vertraue ich meinem Helfer Bastiano del Gestra an – er ist ein besserer Schwimmer als ich –, mit dem Auftrag, Signor Vasari oder Signor Borghini, wo auch immer sie seien, ausfindig zu machen und ihn ihnen persönlich einzuhändigen.

Um den Fluten des Arno zu entgehen, die gegenwärtig Pontormos Haus unter Wasser setzen, hatte ich mich ins Waisenhaus der Innocenti geflüchtet und wurde dort erneut Zeuge einer Sache, die für Euch von Interesse sein dürfte. Während ich das traurige Schauspiel unseres völlig überfluteten Platzes vor der Santissima Annunziata betrachtete, erblickte ich einen Mann, der über dem Kopf etwas trug, das nach Größe und Form wie ein in Decken gehülltes Gemälde aussah.

Da er nur mühsam vorankam, denn er war bis zur Brust im Wasser, ging Schwester Plautilla, die ihn auch gesehen hatte, hinunter, um ihm die Tür zu öffnen und Zuflucht anzubieten. So konnte ich mir den Mann aus größerer Nähe ansehen: Er hatte die vierzig überschritten, war aber gut gebaut, rotbärtig, mit hochfahrendem Blick, und ich konnte feststellen, dass seine Kleidung aus hochwertigen Stoffen geschneidert war, insbesondere seine Stiefel waren aus Leder erster Wahl gefertigt. Am Gürtel trug er ein Schwert wie jene, die ich einst bei Meister Cristofano Allori bewundern konnte, Sandros Vater, dem ich ansehen konnte, dass es aus bestem Toledo-Stahl geschmiedet war.

Was das Gemälde betrifft, so nahm er die Decken nicht ab, aber eine kleine Ecke schaute heraus, und ich möchte schwören, dass es sich um jenes handelt, das ich Euch beschrieben hatte und das Ihr bei Signor Cellini beschlagnahmen solltet.

167. Vincenzo Borghini an Giorgio Vasari

Florenz, den 14. September 1557

Verrat! Putsch! Wo seid Ihr bloß, mein Freund? Dieser Satansbraten von Plautilla ist nun wohl endgültig entschlossen, meinen Platz einzunehmen, denn sie handelt in meiner Abwesenheit, als wäre sie diejenige, die die Geschicke des Waisenhauses lenkt!

Nachdem ich – in einer Hausdurchsuchung, deren Einzelheiten ich Euch erspare – bei Cellini nicht fündig geworden war, eilte ich, so rasch es die katastrophale Lage zuließ, in die die ganze Stadt versunken war, wieder zu den Innocenti, denn nach einem Hinweis von Naldini hoffte ich, dort den Mann und das Gemälde zu finden.

Plautilla stritt nicht einmal ab, dass sie es auf sich genommen hatte, einem vermeintlichen armen Teufel, den sie in Schwierigkeiten sah, die Tür zu öffnen, wobei sie sich auf das Asylrecht berief, das für uns alle gelte, und derlei weitere Unverfrorenheiten. Doch als ich kam, war er verschwunden, sei es, weil er den Trupp der Wache sah, der mich begleitete, sei es aus einem anderen Grund. Naldini berichtete, er habe ihn Richtung Santa Maria del Fiore schwimmen sehen mit der Menschenmenge, die sich dort Zuflucht suchend drängt. Das Gemälde ist unauffindbar, und Plautilla weigert sich, mir zu sagen, wo sie es versteckt hält (denn ich zweifle nicht daran, dass dieses Ungeheuer in Frauengestalt es irgendwo verräumt hat. Aber wozu? Keine Ahnung. Sie macht sich einen Spaß daraus, meine Autorität zu untergraben). Während ich auf Nachricht von Euch warte, werde ich wohl mein Waisenhaus in seine Bestandteile zerlegen müssen, um das verdammte Gemälde wiederzufinden.

168. Giorgio Vasari an Vincenzo Borghini

Florenz, den 14. September 1557

Lieber Vincenzo, wohl zehnmal hätten mich die Fluten beinahe hinweggespült, aber nun bin ich endlich da, am Leben und halbwegs unverletzt. Ich habe die beiden Nachrichten vorgefunden, die Ihr sinnreich zur Porta San Niccolò habt bringen lassen. Bleibt in den Innocenti, sucht das Gemälde. Ich verfüge mich umgehend nach Santa Maria, zusammen mit einem Trupp Bewaffneter, muss allerdings erst noch Boote beschaffen, denn bald hat selbst ein Pferd keinen Grund mehr in diesem Morast.

169. Schwester Plautilla Nelli an Cosimo de' Medici, Herzog von Florenz

Florenz, den 15. September 1557

Ich flehe Eure Exzellenz an, nicht zu glauben, was man Euch möglicherweise über mich erzählt hat im Zusammenhang mit diesem neuen Vorfall, und ich schwöre bei Gott, dass ich an den neuen Verbrechen ebenso unschuldig bin wie an den vorhergegangenen.

Ja, ich wollte einem Mann in Schwierigkeiten Hilfe leisten, und was soll daran schlecht sein? Hätte ich ihn ertrinken lassen, hätte ich mich damit nicht schuldig gemacht? Ich wusste nichts über die Identität des Mannes, und wie hätte ich wissen können, dass es sich um den großen Feind Eurer Durchlaucht handelte? Von Piero Strozzi, den ich mein Lebtag noch nicht gesehen hatte, nahm man doch an, er sei in Frankreich, nicht wahr? Was machte er sich in Florenz zu schaffen? Vor allem aber: Wie hätte ich ahnen können, wer er war? Vor Gott bin ich verpflichtet, meinem Nächsten zu helfen, und das allein leitet mich und bestimmt mein Verhalten seit jeher. Ja, ich habe dem Fremden Zuflucht gewährt.

Er brachte ein in Decken gehülltes Gemälde mit und hat es in der Zelle, die ich ihm zum Ausruhen, denn er wirkte erschöpft, zur Verfügung gestellt hatte, zurückgelassen. Als er überstürzt verschwunden war, das Bild zurücklassend, flehte mich der junge Naldini an, es ihn ansehen zu lassen. Seine Beharrlichkeit, ich muss es gestehen, erweckte in mir die Sünde der Neugier, die meinem Geschlecht eigen ist. Als der Fremde weg war, begab ich mich in die Zelle, um das Gemälde auszuwickeln. Hier meine umfassende Beichte: Außer der Liebe zu Gott kenne ich nur noch eine andere, die Liebe zur Malerei.

Doch was ich sah, als ich die Decken weggezogen hatte, verschlug mir den Atem. Es handelte sich schlicht und einfach um eine dämonische Vision, wie sie nur ein Besessener haben konnte, und ich selbst war wie behext von diesem Anblick. Die Rückkehr des Vorstehers in Begleitung einer Wache riss mich aus meiner Verblüffung. Ich glaubte, sie kämen mich ein zweites Mal verhaften. Entsetzt von der Vorstellung, dass diese obszöne und blasphemische Darstellung durch mich den Weg gefunden hatte an diesen Ort, der gemeinhin die Unschuld beherbergt und nicht die Unzucht, beschloss ich, es loszuwerden, und warf das Gemälde aus dem Fenster. Als Vorsteher Borghini mir gegenübertrat, oder genauer, als ich hinunterging, um ihn zu begrüßen, befand sich der gesuchte Gegenstand nicht mehr an Ort und Stelle, sondern hatte sich in den Fluten aufgelöst. Verängstigt von der Vorstellung, man könnte mich erneut irgendeiner Missetat bezichtigen, zog ich es vor, gegenüber Don Vincenzo kategorisch zu leugnen, irgendetwas von dem Gemälde zu wissen. Nach dem Ablaufen der Überschwemmung würde man vielleicht das aufgeweichte Holz finden, die Bemalung von den Fluten des Arno abgewaschen. Übrigens geht mir durch den Kopf, ob der Himmel uns diese Sintflut nur schickt, um zugleich mit seinem Zorn darüber auch das Gegengift gegen diese gottlose Malerei zu liefern. Wenn das so wäre, dann wäre alles gesühnt, und ohne so weit zu gehen, mir einzubilden, ich sei das Werkzeug dafür gewesen, kann ich mir doch dazu gratulieren, meinen bescheidenen Anteil daran zu haben.

Ich schwöre bei Gott, dass das die ganze und nichts als die Wahrheit ist, und ich erflehe die Barmherzigkeit Eurer Exzellenz: dass Ihr mir das Recht einräumt, weiterhin zu malen und in mein Kloster in San Marco zurückzukehren, wo ich weiterhin Katharina von Siena, unseren Herrn Jesus, unsere gesegnete Stadt und unseren verehrten Herzog ehren und ansonsten keine weitere Unruhe stiften will.

170. Giorgio Vasari an Cosimo de' Medici, Herzog von Florenz

Florenz, den 16. September 1557

Folgendes hat sich tatsächlich so abgespielt. Das kann ich Eurer Exzellenz unbesorgt versichern, denn ich war dabei, in Euern Diensten. Was ich gesehen habe, habe ich gesehen, und nicht nur das, denn ich glaube ohne Übertreibung sagen zu können, dass ich auch einen (wenngleich bescheidenen) Beitrag geleistet habe zu den Ereignissen, die ich Eurer Durchlaucht nun berichten werde.

Nun denn: Als Piero Strozzi nach seiner überstürzten Flucht aus dem Waisenhaus der Innocenti in der Kathedrale Santa Maria del Fiore gesichtet wurde, begab ich mich mit einem Trupp Soldaten dorthin. Im Innern der Kirche – man hatte die Türen kalfatert – stand das Wasser nur kniehoch, weshalb, außer um von unserem Herrgott Schutz und Hilfe zu erflehen, die Florentiner sich zu hunderten dorthin geflüchtet hatten, so dass es nicht leicht war, hineinzukommen, und erst recht nicht, einen einzelnen Menschen zu finden, der in dieser kopflosen Menge untergetaucht war. Nachdem wir mehrere Stunden lang auch die hintersten Winkel der Kirchenschiffe, des Querschiffs und aller Seitenkapellen durchkämmt hatten, erlangten wir schließlich die Gewissheit, dass Strozzi nicht hier war. Er musste aber hier sein. Ich zog daraus den Schluss, dass nur ein einziges Versteck denkbar war: die Kuppel. Ich befahl sechs Mann, mit mir hinaufzusteigen. Wir erklommen die Stufen, und kurz bevor wir den ersten Laufgang erreichten, sahen wir einen Schatten, der kein anderer als unser Gesuchter sein konnte. Ich rief: «Strozzi, ergib dich, im Namen des Herzogs!» Als einzige Antwort empfingen wir einen Hagel von Steinen und Flüchen, die hier niederzuschreiben mir wenig sinnvoll erscheint, von denen ich allerdings sagen kann, dass sie von republikanischer Gesinnung zeugten und von Feindseligkeit gegen Spanien, gegen den Kaiser, gegen das Herzogtum Toskana und gegen die Familie Eurer Exzellenz.

Wir waren gekommen, um Strozzi zu suchen, und wir hatten ihn gefunden. Doch kaum hatten wir die Ausgänge gesichert, um ihn am Hinuntersteigen zu hindern, da verschwand er wie von Zauberhand auf der Treppe, die in die Laterne der Kuppel führte. Der Zauberer, der dieses Verschwinden möglich machte, hatte einen Namen, und zwar Brunelleschi. Eure Exzellenz weiß, auf welchen Trick der Architekt zurückgegriffen hatte bei der Erbauung dieses Wunderwerks, das für Florenz, die Toskana und die Welt Maßstäbe setzt: Die Kuppel von Santa Maria besteht aus einer doppelschaligen Kalotte, wie zwei ineinandergelegte Eierschalen, wobei die innere der Errichtung der äußeren dient und sie stützt, so dass kein weiteres Gerüst benötigt wird, und aus diesem genialen Einfall ergibt sich ein Gang zwischen den beiden Bauwerken, in den Strozzi gekrabbelt war wie eine Maus. Da ich begriff, dass er uns abzulenken versuchte, indem er zur Rundung der Kuppel strebte, nahm ich die Verfolgung auf, bewaffnet mit einer Armbrust, denn nach meinen jüngsten Missgeschicken hatte ich nicht nur gelernt, damit umzugehen, sondern auch erkannt, um wie viel wirkungsvoller diese Waffe ist im Vergleich zu den Musketen, die schlecht zielen, langsam schießen und kein Wasser vertragen, was in der gegenwärtigen Lage mit Sicherheit dazu geführt hätte, dass alles verpufft wäre. Im selben Augenblick umstellten meine Männer den Laufgang, um unserem Flüchtigen jeden Rückweg abzuschneiden, dem nun kein Türchen mehr blieb. Doch wir hatten nicht mit dem listenreichen Brunelleschi gerechnet. Um die innere Kuppel ohne Gerüst zu bauen, hatte er sich ausgedacht, die Ziegelsteine fischgrätenförmig anzuordnen nach einem Muster, das nur ein Genie wie er ersinnen konnte, so dass sie einen selbsttragenden Bogen bilden. Diese Anordnung nun gab Strozzi die Möglichkeit, uns zu entkommen, indem er auf der inneren Kuppel hinaufkletterte, wobei er sich an den abwechselnd waagerecht und senkrecht vermauerten Steinen hielt, gleichsam eine Relief-Treppe ersteigend. Vor meinen Augen erklomm Strozzi also die Kuppelschale wie ein Salamander eine Mauer. Ich drückte ab, aber mein Bolzen verfehlte sein Ziel, und Strozzi, mittlerweile in fünfundzwanzig Klafter Höhe, machte einen Satz hin zu einer der Öffnungen in der äußeren Kuppel und stürzte sich mit erstaunlicher Geschicklichkeit hinein. Bei der Verfolgung konnte ich meine Armbrust nicht mitnehmen, ließ sie also zurück und kletterte meinerseits, wobei meine Füße auf den himmlischen Ziegelsteinen des großen Brunelleschi Halt fanden. Angekommen auf der Höhe des Kuppelauges, schob ich mich auf die Außenseite der Kuppel. Um die Leibesmitte balancierend, die Beine noch drinnen, das Gesicht vom prasselnden Regen gepeitscht, geblendet von den Blitzen, die den Himmel von Florenz durchzuckten, vom Donner betäubt und wie in Schockstarre von dem eisigen Wind dieser Sintflut, konnte ich Strozzi sehen, wie er sich über die Dachziegel gleiten ließ, wobei er die gewölbte Dachform ausnutzte und sich fast den Hals gebrochen hätte an der Stelle, wo die Neigung in die Senkrechte übergeht, sich woran auch immer festhielt (denn der Tambour unterhalb der Kuppel hat keinerlei Vorsprung), sich wie durch ein Wunder vom Dach der Nordapsis abstieß, weiter über einen der Stützbögen rutschte und ins Leere abtauchte.

Bei normalem Wetter hätte niemand einen solchen

Sturz überleben können, und wir hätten seine Leiche zerschmettert auf dem Straßenpflaster gefunden, aber da das Wasser in den Straßen so hoch gestiegen war, dass es fast den ersten Stock der Häuser erreichte, wollte ich mich doch rückversichern, dass er wirklich tot war, zog also meinen Kopf wieder zurück in die Kuppel und rief den Wachen zu, sie sollten nach seiner Leiche suchen.

Doch angesichts der Lage war mein Befehl schwierig auszuführen. Die kalfaterten Türen konnten wir nicht öffnen, ohne dass sich die Fluten des Arno in die Kathedrale ergossen hätten. So mussten die im Kirchenschiff verbliebenen Wachen ein Fenster einschlagen, das oberhalb des Wasserspiegels lag. Und als ich von der Kuppel herabstieg, hörte ich eine plötzliche Aufregung und Rufe: «Da ist er! Ich sehe ihn! Haltet ihn!» Tatsächlich hatten sie Strozzi entdeckt, er schwamm zwischen Kathedrale und Baptisterium, hielt sich für einen Augenblick am Ghiberti-Portal fest, als wäre es das Tor zum Paradies, und setzte dann seinen Weg nach Süden fort.

Die Wachen standen verstört vor dem Schauspiel dieses mit den Elementen ringenden Mannes, dem die Götter zur Seite zu stehen schienen, doch sobald ich bei ihnen war, entschied ich, wie wir weiter zu handeln hatten. Ich erfragte, wer von den Wachen schwimmen konnte. Diesen befahl ich, Helm und Harnisch abzulegen, ihr Schwert in den Umhang zu wickeln, sich in die Fluten zu stürzen und den Flüchtigen zu verfolgen. Als zehn dem Befehl gefolgt waren, sprang auch ich ins Wasser, und wir schwammen gemeinsam in Richtung Palazzo, denn dorthin hatten sie ihn schwimmen sehen. Unterwegs beschlagnahmte ich ein Boot, auf das Mitbürger ihr Hab und Gut geladen hatten; ihre Möbel und Stoffballen musste ich ins Wasser werfen, um Platz zu schaffen für meine Leute. Fünf Wachmänner konnten mit mir in den Kahn steigen. Dies hielt uns ein wenig auf, aber mit Hilfe der Ruder, die die armen Enteigneten zurückgelassen hatten, konnten wir einen Teil unserer Verspätung wieder aufholen.

Strozzi war so kraftvoll geschwommen, dass er schon beim Ponte Vecchio war. Es sah ganz danach aus, dass er versuchte, in die Hügel des Oltrarno zu gelangen, um zugleich den Fluten und dem Bargello zu entgehen. Ich weiß nicht, woher er noch die Kraft genommen hatte, sich auf das Dach über den Verkaufsbuden der Brücke hinaufzuziehen. Als wir ihn erreichten, sahen wir ihn, sichtlich erschöpft, nach Luft ringen. Er erblickte uns auch und wollte erneut die Flucht ergreifen, für ihn nicht schwer, denn er war nicht mehr im Wasser und musste nicht mehr schwimmen, sondern konnte über die Häuser entlang des Ponte Vecchio laufen, jedenfalls bis zum anderen Ufer (außer an der einen Stelle, wo die Abfolge von Buden unterbrochen ist, was ihn genötigt hätte, wieder ins Wasser zu gehen), und vielleicht hatte er den Plan, wenn er erst einmal drüben war, erneut über die Dächer zu laufen und uns zu entkommen, aber dafür hätte es einen Verbindungsgang zwischen den Häusern gebraucht. Stattdessen kam ein Polizeiboot von der Oltrarno-Seite, so dass Strozzi in die Zange genommen war. Allerdings hatten wir, die wir, um ihn schwimmend verfolgen zu können, Armbrüste und Musketen in Santa Maria gelassen hatten, nun keine Handhabe, ihn aus der Ferne zu jagen. So mussten die Wachmänner sich seiner annehmen und zu diesem Zwecke eine Möglichkeit finden, zu ihm zu gelangen, was nicht einfach war, denn die Boote schaukelten hier mächtig in der Strömung des Flusses und waren schwer in Bewegung zu setzen, nicht zu reden von den Ausdünstungen der Werkstätten der Färber und der Innereienmetzger, die uns zusetzten und uns in unseren Möglichkeiten einschränkten. Wir hatten bereits erheblich unter der Kälte gelitten, von der unsere Knochen ganz steif waren. Während die Wachmänner ungeschickt versuchten, ihr Boot festzumachen, um auf den Dächern an Land zu gehen (die immerhin noch drei oder vier Klafter über dem Wasserspiegel waren), erwartete Strozzi sie oben, aufrecht stehend, mit gezücktem Schwert. Sobald es einem der Wachmänner gelungen war, sich auf das Dach zu hieven, kam er ihn niedersäbeln und rannte ans andere Ende, um dasselbe mit denen von der anderen Polizeistreife zu machen. Aber diese Position würde er nicht lange halten können, und ihm musste klar sein, dass sich die Schlinge bald enger um ihn legen würde. So entschied er sich, abzuwarten, in gleichem Abstand zwischen den beiden Trupps, breitbeinig, die Waffe gesenkt, aber zum Kampf bereit. Er wirkte, als sei er eher bereit, kämpfend zu sterben, als sich zu ergeben. Doch als die Wachmänner sich ihm vorsichtig näherten, während das Unwetter erneut auffrischte und die Stadt mit einer Macht peinigte, wie Ihr ja sehen konntet, erhob sich plötzlich eine Welle aus dem Flussbett des Arno, die eine bis dahin nie gekannte Höhe erreichte. Die Männer, die auf allen vieren vorrückten, aus Angst, das Gleichgewicht zu verlieren, drückten sich an die Dachziegel, er aber, der aufrecht stand, wurde von einer Welle umgeworfen und vom Strom davongetragen. Diesmal sahen wir ihn nicht mehr aus den Fluten auftauchen. So deutet alles auf die Annahme hin, dass er nicht überlebt hat, sondern ertrinkend untergegangen ist. Vielleicht gibt der Arno ja seine Leiche im Frühjahr wieder her, oder auch schon vorher, wenn sich der Fluss wieder in sein Bett zurückgezogen hat.

171. Giorgio Vasari an Vincenzo Borghini

Florenz, den 5. Oktober 1557

Bacchiacca ist gestorben, ohne noch einmal zu Bewusstsein gekommen zu sein. So nimmt er sein Geheimnis mit ins Grab, und wir werden wohl nie erfahren, welche Rolle er in dieser dunklen Angelegenheit gespielt hat, und auch nicht, wie er das Gemälde aus dem Palazzo herausbugsieren konnte. Ich habe gehört, Cellini habe ihn am Tag vor seinem Tod besucht. Der Herzog weiß, was ich darüber denke. Cellini gegenüber kann man gar nicht misstrauisch genug sein.

172. Vincenzo Borghini an Giorgio Vasari

Livorno, den 29. November 1557

Mein Brief überbringt Euch eine traurige Nachricht, und ich bin tief betrübt, ihn Euch schreiben zu müssen. Die arme Maria ist im Wochenbett gestorben. Die Herzogin ist am Boden zerstört und hat sich mit ihren Söhnen nach Pisa zurückgezogen. Der Herzog ist untröstlich, aber nicht so sehr, dass er seine Regierungsgeschäfte vernachlässigte. Nun wird seine Jüngste, Lucrezia, mit Herzog Alfonso d'Este verheiratet werden, und so werden die Verbindungen zwischen Florenz und Ferrara gestärkt, wie es vorgesehen war. Nutzt Eure Bleibe in Arezzo. Die Fresken im Palazzo können warten. Wer weiß, wie viel Zeit uns bleibt?

173. Catherine de Médicis, Königin von Frankreich, an Piero Strozzi, Marschall von Frankreich

Paris, den 7. Januar 1558

Es ist ein Ruhmestag für das Königreich Frankreich, und es überrascht mich wenig, dass wieder einmal mein unschlagbarer Cousin daran teilhat. Unglaublich! Zweihundert Jahre lang war Calais englisch, und es bedurfte nicht mehr als einer Woche Belagerung, die Stadt zurückzuholen? Der Herzog von Guise ist gewiss nicht ungeschickt auf dem Schlachtfeld, aber ich, ich weiß, welch bedeutende Rolle Ihr in seiner Umgebung spielt. Frankreich kann sich glücklich schätzen, einen so tüchtigen General wie Euch in seinen Diensten zu haben. Und jetzt auch noch die Spanier! Mit Gottes und Eurer Hilfe wird Guise seine Heimat Lothringen zurückerobern, den Spanier aus Luxemburg vertreiben und danach endlich das burgundische Erbe des Habsburgers zerschlagen.

Derweil hier ein paar Nachrichten aus Frankreich, die Euch vielleicht Freude machen. Erinnert Ihr Euch an den Ritter Malatesti, der hier bei Hofe Zuflucht suchte, nachdem er die älteste Tochter von Cosimo geschwängert hatte? Er ist tot, erdolcht in Paris, wo er inmitten unserer Mitbürger ein ausschweifendes Leben führte. Sein Leichnam wurde aus der Seine geborgen, seine Mörder hatten ihn hineingeworfen. Das Gerede sagt, es sei im Affekt gewesen, aber ich zweifle keine Sekunde: Cosimo ist nachtragend, und er wird dem Pagen seine Mordjungen auf die Fersen gehetzt haben, so wie er sie vor zehn Jahren nach Venedig geschickt hatte, um Lorenzino umzubringen – und wer weiß, vielleicht waren es dieselben? Seine Tochter ist tot, und das ist sehr traurig, aber er hat noch viele andere Kinder, denn seine Spanierin war fruchtbar. Popolanos Linie scheint sich durchzusetzen. Na ja, und wir uns auch! Gott sei Dank habe ich Jungen, die die Valois-Linie fortsetzen. Ihr, Cousin, seid Marschall von Frankreich, und ich Königin von Frankreich. Durch ein Wunder seid Ihr bei Euerm wahnwitzigen Ausflug in unsere Heimatstadt mit dem Leben davongekommen, wo alle Welt dachte, die Fluten hätten Euch verschlungen und Ihr wäret tot. Gut, lassen wir es uns gesagt sein. Gott wollte Euern Tod nicht, aber er hat auch nicht gewollt, dass unser Unternehmen gelingt. Vielleicht ist die Zeit gekommen, wo wir Florenz und Italien vergessen müssen. Wir haben jetzt andere Probleme.

174. Agnolo Bronzino
an Michelangelo Buonarroti

Florenz, den 23. Juli 1558

Vergebt mir, Meister, dass ich mich nach diesen langen Monaten des Schweigens mit Nachrichten bei Euch melde, um die Ihr mich in keinster Weise gebeten habt und die aus einer Stadt kommen, mit der Ihr nichts mehr zu tun haben wollt. Ihr seid Florenz untreu geworden, und Ihr habt recht daran getan. Ich hätte es machen sollen wie Ihr, oder wie der Farbmischer, der aufs Geratewohl fortgegangen ist.

Gestern fand die Einweihung der Fresken in San Lorenzo statt, die ich so getreu wie möglich fertiggestellt habe. Der Herzog hatte mir schließlich freie Hand gelassen, so zu malen, wie ich wollte, und auch die Herzogin, ganz mit ihrer Trauer beschäftigt, hat mich in Ruhe gelassen. Ich kann mir vorstellen, dass das Ergebnis in etwa so ist, wie Jacopo es sich gewünscht hätte. Das Publikum allerdings, dem die Fresken enthüllt wurden, schien meine Zufriedenheit nicht zu teilen. Es ist nicht übertrieben, von einer verhaltenen Reaktion zu sprechen, einer Reaktion von jener frostigen Höflichkeit, der man genau anmerkt, was eigentlich gemeint ist, und die genauso viel bedeutet wie lautstarke Missbilligung. Immerhin hat mich die Anwesenheit des Herzogs wohl vor handfesteren Unmutsäußerungen geschützt. Unbehagen und Verlegenheit waren in den Gesichtern zu lesen. Und hinzu kam eine andere Enttäuschung: Alle hatten gehofft, Euch anzutreffen, denn es ist ein offenes Geheimnis, dass der Herzog seine Einladung an Euch erneuert hat und sich nichts sehnlicher wünscht als Eure Heimkehr, wofür er alle Hebel in Gang zu setzen bereit ist. Auch ich hätte mich gefreut, wenn Ihr da gewesen wäret. Wer außer Euch könnte Pontormos Werk ernstlich schätzen? Allerdings habe ich keine Zweifel, dass die Zeit ihm wird Gerechtigkeit widerfahren lassen.

Sandro lässt grüßen und küsst Euch die Hand. Ich schließe mich an. Vergesst uns nicht ganz.

175. Michelangelo Buonarroti an Agnolo Bronzino

Rom, den 10. August 1558

Was ich Euerm Brief entnehme, lieber Agnolo, erfüllt mich mit Trauer, aber es wäre gelogen zu behaupten, dass es mich erstaunte. Unsere Zeit ist vorbei, Agnolo, sogar meine. Die Schmeicheleien, mit denen der Herzog mich umgarnt, sind in Wahrheit nur Nachrufe. Eure Melancholie kommt mir geradezu optimistisch vor. Die Zeit wird niemandem Gerechtigkeit widerfahren lassen. Die Menschen von morgen werden nicht besser sein als die von heute. Alles wird vernichtet werden. Am Ende bleiben von uns nur Asche und Ruinen. Pontormo hatte das verstanden. Lest, was er mir geschrieben hatte. Ich habe seinen Brief aufbewahrt, und weil ich weiß, wie sehr Ihr ihn mochtet, schenke ich ihn Euch. Lebt wohl, mein Sohn.

176. Pontormo an Michelangelo

Florenz, den 29. Dezember 1556

Ach, verehrter Meister! Es ist so weit. Die Zeit ist gekommen, dass ich meine Schulden bezahlen muss. Nun, es ist ganz einfach: Ich schulde Euch alles. Ich möchte Euch sagen, ich bereue nichts. Heute, da ich am Rande des Grabes stehe, fallen mir Eure Worte wieder ein: «Gott hat diesem jungen Mann das Leben geschenkt, um unsere Kunst in den Himmel zu erheben.» Was für eine Ehre für das Kind, das ich war! Aber auch was für eine Last. Gottesengel, was hast Du mir da angetan? Von dem Tag an habe ich mein Leben der Erfüllung Deiner Prophetie gewidmet. Welche höhere Aufgabe hätte mir zugewiesen werden können? Aber auch, mit wie viel Leiden musste ich dafür bezahlen. Gewiss habe ich den Himmel erklommen, aber ich bin auch tief abgestürzt. Auf die oberen Wandfelder in San Lorenzo habe ich Adam und Eva gemalt, mein Blick darauf ist heute von Erfahrung geprägt: Hochmut kommt vor dem Fall. Was habe ich falsch gemacht? Ich weiß es nicht.

Kommt, Meister! Signor Michelangelo, ich werde verrückt in meiner Einsamkeit. Naldini verachtet mich, macht sich über mich lustig und klaut mir mein Fleisch. Bronzino lauert auf mein Erbe. Die Familie Allori behandelt mich, wie man vertrottelte alte Männer behandelt. Die Herzogin kann meine Fresken nicht leiden. Der Herzog bereut es, mich damit beauftragt zu haben. Varchi tut mir schön, lehnt aber alle Bildmotive ab, die wir doch gemeinsam in Absprache mit Signor Riccio zusammengestellt hatten. Und der ist im Irrenhaus, wie bald auch ich, wenn ich dann noch unter den Lebenden wäre. Alle haben sich gegen mich verbündet und zittern vor dem Papst, ich aber scheiße Blut. Wenn Gott mir mitteilen wollte, dass Er mich fallengelassen hat, könnte Er es nicht deutlicher sagen, aber ich glaube, Er hat auch die Toskana, Rom und ganz Italien verlassen. Das gilt ebenso für meinen Farbmischer, der sich renitent aufführt und mich jeden Tag, den Gott werden lässt, provoziert.

Verfluchte Medici! Der Herzog gibt und nimmt. Ist solch ein Benehmen eines Fürsten würdig? Elf Jahre meines Lebens habe ich damit verbracht, seine Kirche auszuschmücken. Er wird keine zwei Jahre damit warten, alles zu zerstören, ich schwöre es, und wenn er es nicht tut, dann tun es seine Nachkommen, denn diese Familie betrachtet nun Florenz als ihr Privateigentum. Verdammtes Adelsgeschlecht. Die Mühe brauchen sie sich nicht zu machen! Niemandem werde ich die Last aufhalsen, mein Werk zu zerstören. Adieu meine Sintflut! Adieu meine Auferstehung. Adieu meine Himmelfahrt der Seelen. Adieu mein Noah, adieu mein heiliger Lorenz, der mich so viel Mühe gekostet hat. Doch was wissen diese Leute über die Mühen dessen, der arbeitet? Über die Leiden des von der Kunst ermatteten Leibes? Weiß Gott eher Stumpfsinn als Lebenserfüllung! Vermessen, die Dinge der Natur nachahmen zu wollen mit Farben, die sie echt wirken lassen, oder sie sogar zu verschönern, um die Arbeiten reich und voller verschiedener Dinge in strahlendem Licht zu schmücken, die Nächte mit Feuer und anderen ähnlichen Lichtquellen, Himmel, Wolken, Landschaften in Nähe und Ferne, Wohnstätten in unterschiedlichen Perspektiven, Tiere aller Art in verschiedensten Farben, und alle

Dinge, die sich inszenieren lassen, wie es die Natur nie vollbringt … Und sie dann noch zu verfeinern und ihnen durch die Kunst Eleganz verleihen, indem man sie in Haltung und Verteilung so darstellt, wie sie am besten wirken. Was wissen sie von den verschiedenen Malweisen – Fresko, Öl, Tempera, Leimfarbe –, die jeweils große Fähigkeiten in der Handhabung so vieler verschiedener Farben erfordern, ohne die Effekte und die unterschiedlichen Anmischungen, Hell und Dunkel, Licht und Schatten, Spiegelungen und all die Kombinationen daraus? …

Ach, wie sehne ich mich zurück in die Zeit der Kartause, wo ich den Olivenhain malte … Agnolo war damals so jung, und schön wie ein von ihm selbst gemalter Engel … Die Kunde von der Pest, die in Florenz wütete, erreichte uns kaum, die Tage flossen friedlich dahin, und ich war zufriedener, als ich es seither je wieder gewesen bin. Vielleicht sucht die Pest Florenz erneut heim – viel fehlt nicht, und ich hielte es, wie Savonarola, für gerecht! –, aber die schönen Tage von Galluzzo sind nun zu Ende. Die längst vergangene Glückseligkeit lässt in uns nur die Bitternis des verlorenen Paradieses zurück.

Aber ich werde nicht von dannen ziehen, ohne mich ein wenig gerächt zu haben. Ich habe ja immer noch die Skizze von Eurer Venus, nicht wahr? Der Herzog und die Herzogin beleidigen mich mit ihrer Verachtung. Ist es nicht angemessen, dass ich es ihnen heimzahle? Ich werde ihnen einen Streich spielen und dabei Eure Skizze zu Hilfe nehmen. Sie mögen keine Aktbilder? Na dann, an die Arbeit! Sie sollen noch ein letztes Mal sehen, was für ein Maler ich bin.

So werde ich also, wie Leonardo und Ihr im Ratssaal,

meine Fresken unvollendet lassen, und sie werden das gleiche Schicksal haben. Das Gemälde ist ein der Hölle entwendetes Stück Stoff, das nicht lange halten wird. Was soll's! So ist es eben. Ich habe nur noch ein Bedürfnis, ehe ich sterbe: dass der göttliche Michelangelo seinen Blick darauf wirft. Ihr als Einziger versteht wirklich, worum es geht: die Natur übertreffen, indem man versucht, einer Figur Geist einzuhauchen und sie in flacher Darstellung lebendig wirken zu lassen.

Schaut Euch meine Fresken an, wenigstens ein Mal! Kommt sie ansehen, kommt mich besuchen, ich bitte Euch herzlich. Verweigert mir nicht diesen letzten Wunsch eines Verdammten, der mit seinem Werk verschwinden wird. Danach kann ich friedlich sterben, reingewaschen von aller irdischen und meiner eigenen Fäulnis. Letztlich gibt es nur eine anständige Sache hienieden, die Zeichnung. Der Mensch aber ist bloß ein verblassender Fleck an der Wand.

Dank

Dank an Philippe Costamagna, der mir den Zugang zum italienischen Manierismus eröffnet, und an Marcello Simonetta, der mich durch das Florenz der Medici geführt hat.

Weitere Titel

Die siebte Sprachfunktion

Eroberung

HHhH

Politische Lage in Italien
während des Feldzugs von
Herzog Franz von Guise
1556/1557
HZM. SAVOIEN
HZM. MAILAND
Mailand
Pavia
Verona
HZM. MANTUA
Mantua
Turin
Valenza
Parma
HZM. PARMA
KÖNIGREICH FRANKREICH
Modena
HZM. MODENA
Genua
REPUBLIK GENUA
FSM. PIEMONT
nach Avignon
REP
REP. LUCCA
Lucca
HZM
Florenz
Pisa
Ligurisches Meer
nach Marseille
FSM. PIOMBINO
Piombino
Elba
Stato de
Presidi
Korsika
(genuesisch)
Ajaccio
Tyrrhenisches Meer
Stellungen Heinrich II. von Frankreich
von Frankreich besetzte Gebiete
Verbündete des Königreichs Frankreich
Feldzug des Herzogs von Guise
Vorrücken des Heeres
(Nov. 1556 bis April 1557)
Plünderung der Stadt Valenza
Niederlage bei Civitella
(Mai 1557)
Rückzug des Heeres
(Mai bis September 1557)
Stellungen Philipp II. von Spanien
Grenzen des Heiligen Römischen Reichs
Besitzungen Philipp II.
KÖNIGREICH SARDINIEN
(spanisch)
0
50
10
Kilometer